T&P BOOKS

ZWEEDS

WOORDENSCHAT

THEMATISCHE WOORDENLIJST

NEDERLANDS ZWEEDS

De meest bruikbare woorden
Om uw woordenschat uit te breiden en
uw taalvaardigheid aan te scherpen

7000 woorden

Thematische woordenschat Nederlands-Zweeds - 7000 woorden

Door Andrey Taranov

Woordenlijsten van T&P Books zijn bedoeld om u woorden van een vreemde taal te helpen leren, onthouden, en bestudering. Dit woordenboek is ingedeeld in thema's en behandelt alle belangrijk terreinen van het dagelijkse leven, bedrijven, wetenschap, cultuur, etc.

Het proces van het leren van woorden met behulp van de op thema's gebaseerde aanpak van T&P Books biedt u de volgende voordelen:

- Correct gegroepeerde informatie is bepalend voor succes bij opeenvolgende stadia van het leren van woorden
- De beschikbaarheid van woorden die van dezelfde stam zijn maakt het mogelijk om woordgroepen te onthouden (in plaats van losse woorden)
- Kleine groepen van woorden faciliteren het proces van het aanmaken van associatieve verbindingen, die nodig zijn bij het consolideren van de woordenschat
- Het niveau van talenkennis kan worden ingeschat door het aantal geleerde woorden

T&P Books Publishing
www.tpbooks.com

ISBN: 978-1-78492-330-3

Dit boek is ook beschikbaar in e-boek formaat.
Gelieve www.tpbooks.com te bezoeken of de belangrijkste online boekwinkels.

ZWEEDSE WOORDENSCHAT
nieuwe woorden leren

T&P Books woordenlijsten zijn bedoeld om u te helpen vreemde woorden te leren, te onthouden, en te bestuderen. De woordenschat bevat meer dan 7000 veel gebruikte woorden die thematisch geordend zijn.

- De woordenlijst bevat de meest gebruikte woorden
- Aanbevolen als aanvulling bij welke taalcursus dan ook
- Voldoet aan de behoeften van de beginnende en gevorderde student in vreemde talen
- Geschikt voor dagelijks gebruik, bestudering en zelftestactiviteiten
- Maakt het mogelijk om uw woordenschat te evalueren

Bijzondere kenmerken van de woordenschat

- De woorden zijn gerangschikt naar hun betekenis, niet volgens alfabet
- De woorden worden weergegeven in drie kolommen om bestudering en zelftesten te vergemakkelijken
- Woorden in groepen worden verdeeld in kleine blokken om het leerproces te vergemakkelijken
- De woordenschat biedt een handige en eenvoudige beschrijving van elk buitenlands woord

De woordenschat bevat 198 onderwerpen zoals:

Basisconcepten, getallen, kleuren, maanden, seizoenen, meeteenheden, kleding en accessoires, eten & voeding, restaurant, familieleden, verwanten, karakter, gevoelens, emoties, ziekten, stad, dorp, bezienswaardigheden, winkelen, geld, huis, thuis, kantoor, werken op kantoor, import & export, marketing, werk zoeken, sport, onderwijs, computer, internet, gereedschap, natuur, landen, nationaliteiten en meer ...

INHOUDSOPGAVE

UITSPRAAKGIDS

Letter	Zweeds voorbeeld	T&P fonetisch alfabet	Nederlands voorbeeld
Aa	bada	[ɑ], [ɑː]	acht
Bb	tabell	[b]	hebben
Cc [1]	licens	[s]	spreken, kosten
Cc [2]	container	[k]	kennen, kleur
Dd	andra	[d]	Dank u, honderd
Ee	efter	[e]	delen, spreken
Ff	flera	[f]	feestdag, informeren
Gg [3]	gömma	[j]	New York, januari
Gg [4]	truga	[g]	goal, tango
Hh	handla	[h]	het, herhalen
Ii	tillhöra	[iː], [ɪ]	team, iemand
Jj	jaga	[j]	New York, januari
Kk [5]	keramisk	[ɕ]	Chicago, jasje
Kk [6]	frisk	[k]	kennen, kleur
Ll	tal	[l]	delen, luchter
Mm	medalj	[m]	morgen, etmaal
Nn	panik	[n]	nemen, zonder
Oo	tolv	[ɔ]	aankomst, bot
Pp	plommon	[p]	parallel, koper
Qq	squash	[k]	kennen, kleur
Rr	spelregler	[r]	roepen, breken
Ss	spara	[s]	spreken, kosten
Tt	tillhöra	[t]	tomaat, taart
Uu	ungefär	[u], [ʉː]	hoed, fuut
Vv	overall	[v]	beloven, schrijven
Ww [7]	kiwi	[w]	twee, willen
Xx	sax	[ks]	links, maximaal
Yy	manikyr	[y], [yː]	neus, treurig
Zz	zoolog	[s]	spreken, kosten
Åå	sångare	[ə]	formule, wachten
Ää	tandläkare	[æ]	Nederlands Nedersaksisch - dät, Engels - cat
Öö	kompositör	[ø]	neus, beu

Lettercombinaties

Ss [8]	sjösjuka	[ʃ]	shampoo, machine
sk [9]	skicka	[ʃ]	shampoo, machine
s [10]	först	[ʃ]	shampoo, machine
J j [11]	djärv	[j]	New York, januari

Letter	Zweeds voorbeeld	T&P fonetisch alfabet	Nederlands voorbeeld
Lj [12]	ljus	[j]	New York, januari
kj, tj	kjol	[ɕ]	Chicago, jasje
ng	omkring	[ŋ]	optelling, jongeman

Opmerkingen

 kj voornaamwoorden als
 ng draagt een nasaal geluid over
[1] voor e, i, y
[2] elders
[3] voor e, i, ä, ö
[4] elders
[5] voor e, i, ä, ö
[6] elders
[7] in leenwoorden
[8] in sj, skj, stj
[9] voor de benadrukte e, i, y, ä, ö
[10] in combinatie rs
[11] in dj, hj, gj, kj
[12] aan het begin van woorden

11

AFKORTINGEN
gebruikt in de woordenschat

Nederlandse afkortingen

abn	-	als bijvoeglijk naamwoord
bijv.	-	bijvoorbeeld
bn	-	bijvoeglijk naamwoord
bw	-	bijwoord
enk.	-	enkelvoud
enz.	-	enzovoort
form.	-	formele taal
inform.	-	informele taal
mann.	-	mannelijk
mil.	-	militair
mv.	-	meervoud
on.ww.	-	onovergankelijk werkwoord
ontelb.	-	ontelbaar
ov.	-	over
ov.ww.	-	overgankelijk werkwoord
telb.	-	telbaar
vn	-	voornaamwoord
vrouw.	-	vrouwelijk
vw	-	voegwoord
vz	-	voorzetsel
wisk.	-	wiskunde
ww	-	werkwoord

Nederlandse artikelen

de	-	gemeenschappelijk geslacht
de/het	-	gemeenschappelijk geslacht, onzijdig
het	-	onzijdig

Zweedse afkortingen

pl	-	meervoud

Zweedse artikelen

den	-	gemeenschappelijk geslacht
det	-	onzijdig
en	-	gemeenschappelijk geslacht
ett	-	onzijdig

BASISBEGRIPPEN

Basisbegrippen Deel 1

1. Voornaamwoorden

ik	jag	['ja:]
jij, je	du	[dʉ:]
hij	han	['han]
zij, ze	hon	['hʊn]
het	det, den	[dɛ], [dɛn]
wij, we	vi	['vi]
jullie	ni	['ni]
zij, ze	de	[de:]

2. Begroetingen. Begroetingen. Afscheid

Hallo! Dag!	Hej!	['hɛj]
Hallo!	Hej! Hallå!	['hɛj], [ha'lʲo:]
Goedemorgen!	God morgon!	[ˌgʊd 'mɔrgɔn]
Goedemiddag!	God dag!	[ˌgʊd 'dag]
Goedenavond!	God kväll!	[ˌgʊd 'kvɛlʲ]
gedag zeggen (groeten)	att hälsa	[at 'hɛlʲsa]
Hoi!	Hej!	['hɛj]
groeten (het)	hälsning (en)	['hɛlʲsniŋ]
verwelkomen (ww)	att hälsa	[at 'hɛlʲsa]
Hoe gaat het met u?	Hur står det till?	[hʉr sto: de 'tilʲ]
Hoe is het?	Hur är det?	[hʉr ɛr 'de:]
Is er nog nieuws?	Vad är nytt?	[vad æ:r 'nʏt]
Tot ziens! (form.)	Adjö! Hej då!	[a'jø:], [hɛj'do:]
Doei!	Hej då!	[hɛj'do:]
Tot snel! Tot ziens!	Vi ses!	[vi ses]
Vaarwel!	Adjö! Farväl!	[a'jø:], [far'vɛ:lʲ]
afscheid nemen (ww)	att säga adjö	[at 'sɛ:ja a'jø:]
Tot kijk!	Hej då!	[hɛj'do:]
Dank u!	Tack!	['tak]
Dank u wel!	Tack så mycket!	['tak sɔ 'mʏkə]
Graag gedaan	Varsågod	['va:ʂo:gʊd]
Geen dank!	Ingen orsak!	['iŋən 'ʊ:ʂak]
Geen moeite.	Ingen orsak!	['iŋən 'ʊ:ʂak]
Excuseer me, ... (inform.)	Ursäkta, ...	['ʉ:ˌʂɛkta ...]
Excuseer me, ... (form.)	Ursäkta mig, ...	['ʉ:ˌʂɛkta mɛj ...]

excuseren (verontschuldigen)	att ursäkta	[at 'ʉːˌsɛkta]
zich verontschuldigen	att ursäkta sig	[at 'ʉːˌsɛkta sɛj]
Mijn excuses.	Jag ber om ursäkt	[ja ber ɔm 'ʉːˌsɛkt]
Het spijt me!	Förlåt!	[fœːˈlʲoːt]
vergeven (ww)	att förlåta	[at 'fœːˌlʲoːta]
Maakt niet uit!	Det gör inget	[dɛ jør 'iŋet]
alsjeblieft	snälla	['snɛla]

Vergeet het niet!	Glöm inte!	['glʲøːm 'intə]
Natuurlijk!	Naturligtvis!	[na'tʉrligvis]
Natuurlijk niet!	Självklart inte!	['ɧɛlʲvklʲaṭ 'intə]
Akkoord!	OK! Jag håller med.	[ɔ'kej] , [ja 'hoːlʲer me]
Zo is het genoeg!	Det räcker!	[dɛ 'rɛkə]

3. Kardinale getallen. Deel 1

nul	noll	['nɔlʲ]
een	ett	[ɛt]
twee	två	['tvoː]
drie	tre	['treː]
vier	fyra	['fyra]

vijf	fem	['fem]
zes	sex	['sɛks]
zeven	sju	['ɧʉː]
acht	åtta	['ota]
negen	nio	['niːʊ]

tien	tio	['tiːʊ]
elf	elva	['ɛlʲva]
twaalf	tolv	['tɔlʲv]
dertien	tretton	['trɛttɔn]
veertien	fjorton	['fjʊːʈɔn]

vijftien	femton	['fɛmtɔn]
zestien	sexton	['sɛkstɔn]
zeventien	sjutton	['ɧʉːttɔn]
achttien	arton	['aːʈɔn]
negentien	nitton	['niːttɔn]

twintig	tjugo	['ɕʉgʊ]
eenentwintig	tjugoett	['ɕʉgʊˌɛt]
tweeëntwintig	tjugotvå	['ɕʉgʊˌtvoː]
drieëntwintig	tjugotre	['ɕʉgʊˌtreː]

dertig	trettio	['trɛttiʊ]
eenendertig	trettioett	['trɛttiʊˌɛt]
tweeëndertig	trettiotvå	['trɛttiʊˌtvoː]
drieëndertig	trettiotre	['trɛttiʊˌtreː]

veertig	fyrtio	['fœːʈiʊ]
eenenveertig	fyrtioett	['fœːʈiʊˌɛt]
tweeënveertig	fyrtiotvå	['fœːʈiʊˌtvoː]
drieënveertig	fyrtiotre	['fœːʈiʊˌtreː]

vijftig	femtio	['fɛmtiʊ]
eenenvijftig	femtioett	['fɛmtiʊ͵ɛt]
tweeënvijftig	femtiotvå	['fɛmtiʊ͵tvoː]
drieënvijftig	femtiotre	['fɛmtiʊ͵treː]

zestig	sextio	['sɛkstiʊ]
eenenzestig	sextioett	['sɛkstiʊ͵ɛt]
tweeënzestig	sextiotvå	['sɛkstiʊ͵tvoː]
drieënzestig	sextiotre	['sɛkstiʊ͵treː]

zeventig	sjuttio	['ɧuttiʊ]
eenenzeventig	sjuttioett	['ɧuttiʊ͵ɛt]
tweeënzeventig	sjuttiotvå	['ɧuttiʊ͵tvoː]
drieënzeventig	sjuttiotre	['ɧuttiʊ͵treː]

tachtig	åttio	['ottiʊ]
eenentachtig	åttioett	['ottiʊ'ɛt]
tweeëntachtig	åttiotvå	['ottiʊ͵tvoː]
drieëntachtig	åttiotre	['ottiʊ͵treː]

negentig	nittio	['nittiʊ]
eenennegentig	nittioett	['nittiʊ͵ɛt]
tweeënnegentig	nittiotvå	['nittiʊ͵tvoː]
drieënnegentig	nittiotre	['nittiʊ͵treː]

4. Kardinale getallen. Deel 2

honderd	hundra (ett)	['hundra]
tweehonderd	tvåhundra	['tvoː͵hundra]
driehonderd	trehundra	['tre͵hundra]
vierhonderd	fyrahundra	['fyra͵hundra]
vijfhonderd	femhundra	['fem͵hundra]

zeshonderd	sexhundra	['sɛks͵hundra]
zevenhonderd	sjuhundra	['ɧʉː͵hundra]
achthonderd	åttahundra	['ota͵hundra]
negenhonderd	niohundra	['niʊ͵hundra]

duizend	tusen (ett)	['tʉːsən]
tweeduizend	tvåtusen	['tvoː͵tʉːsən]
drieduizend	tretusen	['treː͵tʉːsən]
tienduizend	tiotusen	['tiːʊ͵tʉːsən]
honderdduizend	hundratusen	['hundra͵tʉːsən]
miljoen (het)	miljon (en)	[mi'ljʊn]
miljard (het)	miljard (en)	[mi'ljaːɖ]

5. Getallen. Breuken

breukgetal (het)	bråk (ett)	['broːk]
half	en halv	[en 'halʲv]
een derde	en tredjedel	[en 'trɛdjə͵delʲ]
kwart	en fjärdedel	[en 'fjæːɖe͵delʲ]

een achtste	en åttondedel	[en 'otɔndeˌdelʲ]
een tiende	en tiondedel	[en 'ti:ɔndeˌdelʲ]
twee derde	två tredjedelar	['tvoː 'trɛdjəˌdelʲar]
driekwart	tre fjärdedelar	[treː 'fjæːdeˌdelʲar]

6. Getallen. Eenvoudige berekeningen

aftrekking (de)	subtraktion (en)	[subtrak'fjʊn]
aftrekken (ww)	att subtrahera	[at subtra'hera]
deling (de)	division (en)	[divi'fjʊn]
delen (ww)	att dividera	[at divi'dera]

optelling (de)	addition (en)	[adi'fjʊn]
erbij optellen	att addera	[at a'de:ra]
(bij elkaar voegen)		
optellen (ww)	att addera	[at a'de:ra]
vermenigvuldiging (de)	multiplikation (en)	[mʉlʲtiplika'fjʊn]
vermenigvuldigen (ww)	att multiplicera	[at mulʲtipli'sera]

7. Getallen. Diversen

cijfer (het)	siffra (en)	['sifra]
nummer (het)	tal (ett)	['talʲ]
telwoord (het)	räkneord (ett)	['rɛkneˌʊ:d]
minteken (het)	minus (ett)	['minus]

| plusteken (het) | plus (ett) | ['plʉs] |
| formule (de) | formel (en) | ['fɔrməlʲ] |

| berekening (de) | beräkning (en) | [be'rɛkniŋ] |
| tellen (ww) | att räkna | [at 'rɛkna] |

| bijrekenen (ww) | att beräkna | [at be'rɛkna] |
| vergelijken (ww) | att jämföra | [at 'jɛmˌføra] |

Hoeveel? (ontelb.)	Hur mycket?	[hʉr 'mʏkə]
Hoeveel? (telb.)	Hur många?	[hʉr 'mɔŋa]
som (de), totaal (het)	summa (en)	['suma]

| uitkomst (de) | resultat (ett) | [resulʲ'tat] |
| rest (de) | rest (en) | ['rɛst] |

| enkele (bijv. ~ minuten) | flera | ['flʲera] |
| restant (het) | det övriga | [dɛ øv'riga] |

| anderhalf | halvannan | [halʲ'vanan] |
| dozijn (het) | dussin (ett) | ['dusin] |

middendoor (bw)	i hälften	[i 'hɛlʲften]
even (bw)	jämnt	['jɛmnt]
helft (de)	halva (en)	['halʲˌva]
keer (de)	gång (en)	['gɔŋ]

8. De belangrijkste werkwoorden. Deel 1

aanbevelen (ww)	att rekommendera	[at rekɔmən'dera]
aandringen (ww)	att insistera	[at insi'stera]
aankomen (per auto, enz.)	att ankomma	[at 'aŋˌkɔma]
aanraken (ww)	att röra	[at 'rø:ra]
adviseren (ww)	att råda	[at 'ro:da]

afdalen (on.ww.)	att gå ned	[at 'go: ˌned]
afslaan (naar rechts ~)	att svänga	[at 'svɛŋa]
antwoorden (ww)	att svara	[at 'svara]
bang zijn (ww)	att frukta	[at 'frʉkta]
bedreigen	att hota	[at 'hʊta]
(bijv. met een pistool)		

bedriegen (ww)	att fuska	[at 'fʉska]
beëindigen (ww)	att sluta	[at 'slʉ:ta]
beginnen (ww)	att begynna	[at be'jina]
begrijpen (ww)	att förstå	[at fœ:'ʂto:]
beheren (managen)	att styra, att leda	[at 'styra], [at 'lʲeda]
beledigen	att förolämpa	[at 'førʉˌlʲɛmpa]
(met scheldwoorden)		
beloven (ww)	att lova	[at 'lʲɔva]
bereiden (koken)	att laga	[at 'lʲaga]
bespreken (spreken over)	att diskutera	[at diskʉ'tera]

bestellen (eten ~)	att beställa	[at be'stɛlʲa]
bestraffen (een stout kind ~)	att straffa	[at 'strafa]
betalen (ww)	att betala	[at be'talʲa]
betekenen (beduiden)	att betyda	[at be'tyda]
betreuren (ww)	att beklaga	[at be'klʲaga]
bevallen (prettig vinden)	att gilla	[at 'jilʲa]
bevelen (mil.)	att beordra	[at be'o:dra]
bevrijden (stad, enz.)	att befria	[at be'fria]
bewaren (ww)	att behålla	[at be'ho:lʲa]
bezitten (ww)	att besitta, att äga	[at be'sita], [at 'ɛ:ga]

bidden (praten met God)	att be	[at 'be:]
binnengaan (een kamer ~)	att komma in	[at 'kɔma 'in]
breken (ww)	att bryta	[at 'bryta]
controleren (ww)	att kontrollera	[at kɔntrɔ'lʲera]
creëren (ww)	att skapa	[at 'skapa]

deelnemen (ww)	att delta	[at 'dɛlʲta]
denken (ww)	att tänka	[at 'tɛŋka]
doden (ww)	att döda, att mörda	[at 'dø:da], [at 'mø:da]
doen (ww)	att göra	[at 'jø:ra]
dorst hebben (ww)	att vara törstig	[at 'vara 'tø:ʂtig]

9. De belangrijkste werkwoorden. Deel 2

een hint geven	att ge en vink	[at je: en 'viŋk]
eisen (met klem vragen)	att kräva	[at 'krɛ:va]

excuseren (vergeven)	att ursäkta	[at 'ʉːˌsɛkta]
existeren (bestaan)	att existera	[at ɛksi'stera]
gaan (te voet)	att gå	[at 'goː]

gaan zitten (ww)	att sätta sig	[at 'sæta sɛj]
gaan zwemmen	att bada	[at 'bada]
geven (ww)	att ge	[at jeː]
glimlachen (ww)	att småle	[at 'smoːlʲe]
goed raden (ww)	att gissa	[at 'jisa]

grappen maken (ww)	att skämta, att skoja	[at 'hɛmta], [at 'skɔja]
graven (ww)	att gräva	[at 'grɛːva]

hebben (ww)	att ha	[at 'ha]
helpen (ww)	att hjälpa	[at 'jɛlʲpa]
herhalen (opnieuw zeggen)	att upprepa	[at 'uprepa]
honger hebben (ww)	att vara hungrig	[at 'vara 'huŋrig]

hopen (ww)	att hoppas	[at 'hɔpas]
horen (waarnemen met het oor)	att höra	[at 'høːra]
huilen (wenen)	att gråta	[at 'groːta]
huren (huis, kamer)	att hyra	[at 'hyra]
informeren (informatie geven)	att informera	[at infɔr'mera]

instemmen (akkoord gaan)	att samtycka	[at 'samˌtʏka]
jagen (ww)	att jaga	[at 'jaga]
kennen (kennis hebben van iemand)	att känna	[at 'ɕɛna]
kiezen (ww)	att välja	[at 'vɛlja]
klagen (ww)	att klaga	[at 'klʲaga]

kosten (ww)	att kosta	[at 'kɔsta]
kunnen (ww)	att kunna	[at 'kuna]
lachen (ww)	att skratta	[at 'skrata]
laten vallen (ww)	att tappa	[at 'tapa]
lezen (ww)	att läsa	[at 'lʲɛːsa]

liefhebben (ww)	att älska	[at 'ɛlʲska]
lunchen (ww)	att äta lunch	[at 'ɛːta ˌlʉnɕ]
nemen (ww)	att ta	[at ta]
nodig zijn (ww)	att vara behövd	[at 'vara be'høːvd]

10. De belangrijkste werkwoorden. Deel 3

onderschatten (ww)	att underskatta	[at 'undəˌskata]
ondertekenen (ww)	att underteckna	[at 'undəˌtɛkna]
ontbijten (ww)	att äta frukost	[at 'ɛːta 'frʉːkɔst]
openen (ww)	att öppna	[at 'øpna]
ophouden (ww)	att sluta	[at 'slʉːta]
opmerken (zien)	att märka	[at 'mæːrka]

opscheppen (ww)	att skryta	[at 'skryta]
opschrijven (ww)	att skriva ner	[at 'skriva ner]

plannen (ww)	att planera	[at plʲaˈnera]
prefereren (verkiezen)	att föredra	[at ˈførədra]
proberen (trachten)	att pröva	[at ˈprøːva]
redden (ww)	att rädda	[at ˈrɛda]

rekenen op …	att räkna med …	[at ˈrɛkna me …]
rennen (ww)	att löpa, att springa	[at ˈlʲøːpa], [at ˈspriŋa]
reserveren	att reservera	[at resɛrˈvera]
(een hotelkamer ~)		
roepen (om hulp)	att tillkalla	[at ˈtilʲˌkalʲa]
schieten (ww)	att skjuta	[at ˈɧʉːta]
schreeuwen (ww)	att skrika	[at ˈskrika]

schrijven (ww)	att skriva	[at ˈskriva]
souperen (ww)	att äta kvällsmat	[at ˈɛːta ˈkvɛlʲsˌmat]
spelen (kinderen)	att leka	[at ˈlʲeka]
spreken (ww)	att tala	[at ˈtalʲa]
stelen (ww)	att stjäla	[at ˈɧɛːlʲa]
stoppen (pauzeren)	att stanna	[at ˈstana]

studeren (Nederlands ~)	att studera	[at stuˈdera]
sturen (zenden)	att skicka	[at ˈɧika]
tellen (optellen)	att räkna	[at ˈrɛkna]
toebehoren …	att tillhöra …	[at ˈtilʲˌhøːra …]
toestaan (ww)	att tillåta	[at ˈtilʲoːta]
tonen (ww)	att visa	[at ˈvisa]

twijfelen (onzeker zijn)	att tvivla	[at ˈtvivlʲa]
uitgaan (ww)	att gå ut	[at ˈgoː ʉt]
uitnodigen (ww)	att inbjuda, att invitera	[at inˈbjʉːda], [at inviˈtera]
uitspreken (ww)	att uttala	[at ˈʉtˌtalʲa]
uitvaren tegen (ww)	att skälla	[at ˈɧɛlʲa]

11. De belangrijkste werkwoorden. Deel 4

vallen (ww)	att falla	[at ˈfalʲa]
vangen (ww)	att fånga	[at ˈfoŋa]
veranderen (anders maken)	att ändra	[at ˈɛndra]
verbaasd zijn (ww)	att bli förvånad	[at bli førˈvoːnad]
verbergen (ww)	att gömma	[at ˈjœma]

verdedigen (je land ~)	att försvara	[at fœːˈʂvara]
verenigen (ww)	att förena	[at ˈførena]
vergelijken (ww)	att jämföra	[at ˈjɛmˌføra]
vergeten (ww)	att glömma	[at ˈglʲœma]
vergeven (ww)	att förlåta	[at ˈfœːˌlʲoːta]

verklaren (uitleggen)	att förklara	[at førˈklʲara]
verkopen (per stuk ~)	att sälja	[at ˈsɛlja]
vermelden (praten over)	att omnämna	[at ˈɔmˌnɛmna]
versieren (decoreren)	att pryda	[at ˈpryda]
vertalen (ww)	att översätta	[at ˈøːvəˌsæta]
vertrouwen (ww)	att lita på	[at ˈlita pɔ]
vervolgen (ww)	att fortsätta	[at ˈfʊtˌsæta]

verwarren (met elkaar ~)	att förväxla	[at før'vɛkslʲa]
verzoeken (ww)	att be	[at 'be:]
verzuimen (school, enz.)	att missa	[at 'misa]

vinden (ww)	att finna	[at 'fina]
vliegen (ww)	att flyga	[at 'flʲyga]
volgen (ww)	att följa efter ...	[at 'følja 'ɛftər ...]
voorstellen (ww)	att föreslå	[at 'førə‚slʲo:]
voorzien (verwachten)	att förutse	[at 'førʉt‚sə]
vragen (ww)	att fråga	[at 'fro:ga]

waarnemen (ww)	att observera	[at ɔbsɛr'vera]
waarschuwen (ww)	att varna	[at 'va:ɳa]
wachten (ww)	att vänta	[at 'vɛnta]
weerspreken (ww)	att invända	[at 'in‚vɛnda]
weigeren (ww)	att vägra	[at 'vɛgra]

werken (ww)	att arbeta	[at 'ar‚beta]
weten (ww)	att veta	[at 'veta]
willen (verlangen)	att vilja	[at 'vilja]
zeggen (ww)	att säga	[at 'sɛ:ja]
zich haasten (ww)	att skynda sig	[at 'ɧynda sɛj]

zich interesseren voor ...	att intressera sig	[at intrɛ'sera sɛj]
zich vergissen (ww)	att göra fel	[at 'jø:ra ‚felʲ]
zich verontschuldigen	att ursäkta sig	[at 'ʉ:‚sɛkta sɛj]
zien (ww)	att se	[at 'se:]

zijn (ww)	att vara	[at 'vara]
zoeken (ww)	att söka ...	[at 'sø:ka ...]
zwemmen (ww)	att simma	[at 'sima]
zwijgen (ww)	att tiga	[at 'tiga]

12. Kleuren

kleur (de)	färg (en)	['fæ:rj]
tint (de)	nyans (en)	[ny'ans]
kleurnuance (de)	färgton (en)	['fæ:rj‚tʊn]
regenboog (de)	regnbåge (en)	['rɛgn‚bo:gə]

wit (bn)	vit	['vit]
zwart (bn)	svart	['sva:t]
grijs (bn)	grå	['gro:]

groen (bn)	grön	['grø:n]
geel (bn)	gul	['gʉ:lʲ]
rood (bn)	röd	['rø:d]

blauw (bn)	blå	['blʲo:]
lichtblauw (bn)	ljusblå	['jʉ:s‚blʲo:]
roze (bn)	rosa	['rɔsa]
oranje (bn)	orange	[ɔ'ranʃ]
violet (bn)	violett	[viʊ'lʲet]
bruin (bn)	brun	['brʉ:n]

| goud (bn) | guld- | ['gulʲd-] |
| zilverkleurig (bn) | silver- | ['silʲvər-] |

beige (bn)	beige	['bɛʃ]
roomkleurig (bn)	cremefärgad	['krɛːmˌfæːrjad]
turkoois (bn)	turkos	[tur'koːs]
kersrood (bn)	körsbärsröd	['çœːʂbæːʂˌrøːd]
lila (bn)	lila	['lilʲa]
karmijnrood (bn)	karmosinröd	[kar'mosinˌrøːd]

licht (bn)	ljus	['jʉːs]
donker (bn)	mörk	['mœːrk]
fel (bn)	klar	['klʲar]

kleur-, kleurig (bn)	färg-	['fæːrj-]
kleuren- (abn)	färg-	['fæːrj-]
zwart-wit (bn)	svartvit	['svaːt̪vit]
eenkleurig (bn)	enfärgad	['ɛnˌfæːrjad]
veelkleurig (bn)	mångfärgad	['mɔŋˌfæːrjad]

13. Vragen

Wie?	Vem?	['vem]
Wat?	Vad?	['vad]
Waar?	Var?	['var]
Waarheen?	Vart?	['vaːt̪]
Waar ... vandaan?	Varifrån?	['varifroːn]
Wanneer?	När?	['næːr]
Waarom?	Varför?	['vaːføːr]
Waarom?	Varför?	['vaːføːr]

Waarvoor dan ook?	För vad?	['før vad]
Hoe?	Hur?	['hʉːr]
Wat voor ...?	Vilken?	['vilʲkən]
Welk?	Vilken?	['vilʲkən]

Aan wie?	Till vem?	[tilʲ 'vem]
Over wie?	Om vem?	[ɔm 'vem]
Waarover?	Om vad?	[ɔm 'vad]
Met wie?	Med vem?	[me 'vem]

| Hoeveel? (telb.) | Hur många? | [hʉr 'mɔŋa] |
| Van wie? (mann.) | Vems? | ['vɛms] |

14. Functiewoorden. Bijwoorden. Deel 1

Waar?	Var?	['var]
hier (bw)	här	['hæːr]
daar (bw)	där	['dæːr]

| ergens (bw) | någonstans | ['noːgɔnˌstans] |
| nergens (bw) | ingenstans | ['iŋənˌstans] |

bij ... (in de buurt)	vid	['vid]
bij het raam	vid fönstret	[vid 'fœnstrət]

Waarheen?	Vart?	['va:t]
hierheen (bw)	hit	['hit]
daarheen (bw)	dit	['dit]
hiervandaan (bw)	härifrån	['hæ:ri̞fro:n]
daarvandaan (bw)	därifrån	['dæ:ri̞fro:n]

dichtbij (bw)	nära	['næ:ra]
ver (bw)	långt	['lʲɔŋt]

in de buurt (van ...)	nära	['næ:ra]
vlakbij (bw)	i närheten	[i 'næ:r̩hetən]
niet ver (bw)	inte långt	['intə 'lʲɔŋt]

linker (bn)	vänster	['vɛnstər]
links (bw)	till vänster	[tilʲ 'vɛnstər]
linksaf, naar links (bw)	till vänster	[tilʲ 'vɛnstər]

rechter (bn)	höger	['hø:gər]
rechts (bw)	till höger	[tilʲ 'hø:gər]
rechtsaf, naar rechts (bw)	till höger	[tilʲ 'hø:gər]

vooraan (bw)	framtill	['framtilʲ]
voorste (bn)	främre	['frɛmrə]
vooruit (bw)	framåt	['framo:t]

achter (bw)	bakom, baktill	['bakɔm], ['bak'tilʲ]
van achteren (bw)	bakifrån	['baki̞fro:n]
achteruit (naar achteren)	tillbaka	[tilʲ'baka]

midden (het)	mitt (en)	['mit]
in het midden (bw)	i mitten	[i 'mitən]

opzij (bw)	från sidan	[frɔn 'sidan]
overal (bw)	överallt	['ø:vər̩alʲt]
omheen (bw)	runt omkring	[runt ɔm'kriŋ]

binnenuit (bw)	inifrån	['ini̞fro:n]
naar ergens (bw)	någonstans	['no:gɔn̩stans]
rechtdoor (bw)	rakt, rakt fram	['rakt], ['rakt fram]
terug (bijv. ~ komen)	tillbaka	[tilʲ'baka]

ergens vandaan (bw)	från var som helst	[frɔn va sɔm 'hɛlʲst]
ergens vandaan	från någonstans	[frɔn 'no:gɔn̩stans]
(en dit geld moet ~ komen)		

ten eerste (bw)	för det första	['før de 'fœ:ʂta]
ten tweede (bw)	för det andra	['før de 'andra]
ten derde (bw)	för det tredje	['før de 'trɛdjə]

plotseling (bw)	plötsligt	['plʲøtslit]
in het begin (bw)	i början	[i 'bœrjan]
voor de eerste keer (bw)	för första gången	['før 'fœ:ʂta 'gɔŋən]
lang voor ... (bw)	långt innan ...	['lʲɔŋt 'inan ...]

| opnieuw (bw) | på nytt | [pɔ 'nʏt] |
| voor eeuwig (bw) | för gott | [før 'gɔt] |

nooit (bw)	aldrig	['alˈdrig]
weer (bw)	igen	['ijɛn]
nu (bw)	nu	['nʉ:]
vaak (bw)	ofta	['ɔfta]
toen (bw)	då	['do:]
urgent (bw)	brådskande	['brɔˌskandə]
meestal (bw)	vanligtvis	['vanˌlitvis]

trouwens, ...	förresten ...	[fœ:'rɛstən ...]
(tussen haakjes)		
mogelijk (bw)	möjligen	['mœjligən]
waarschijnlijk (bw)	sannolikt	[sanʊ'likt]
misschien (bw)	kanske	['kanɧə]
trouwens (bw)	dessutom ...	[des'ʉ:tʊm ...]
daarom ...	därför ...	['dæ:før ...]
in weerwil van ...	i trots av ...	[i 'trɔts av ...]
dankzij ...	tack vare ...	['tak ˌvarə ...]

wat (vn)	vad	['vad]
dat (vw)	att	[at]
iets (vn)	något	['no:gɔt]
iets	något	['no:gɔt]
niets (vn)	ingenting	['iŋəntiŋ]

wie (~ is daar?)	vem	['vem]
iemand (een onbekende)	någon	['no:gɔn]
iemand	någon	['no:gɔn]
(een bepaald persoon)		

niemand (vn)	ingen	['iŋən]
nergens (bw)	ingenstans	['iŋənˌstans]
niemands (bn)	ingens	['iŋəns]
iemands (bn)	någons	['no:gɔns]

zo (Ik ben ~ blij)	så	['so:]
ook (evenals)	också	['ɔkso:]
alsook (eveneens)	också	['ɔkso:]

15. Functiewoorden. Bijwoorden. Deel 2

Waarom?	Varför?	['va:fø:r]
om een bepaalde reden	av någon anledning	[av 'no:gɔn 'anˌlˈedniŋ]
omdat ...	därför att ...	['dæ:før at ...]
voor een bepaald doel	av någon anledning	[av 'no:gɔn 'anˌlˈedniŋ]

en (vw)	och	['ɔ]
of (vw)	eller	['ɛlˈer]
maar (vw)	men	['men]
voor (vz)	för, till	['fø:r]
te (~ veel mensen)	för, alltför	['fø:r], ['alˈtfø:r]
alleen (bw)	bara, endast	['bara], ['ɛndast]

precies (bw)	precis, exakt	[prɛ'sis], [ɛk'sakt]
ongeveer (~ 10 kg)	cirka	['sirka]

omstreeks (bw)	ungefär	['uŋə,fæ:r]
bij benadering (bn)	ungefärlig	['uŋə,fæ:lig]
bijna (bw)	nästan	['nɛstan]
rest (de)	rest (en)	['rɛst]

de andere (tweede)	den andra	[dɛn 'andra]
ander (bn)	andre	['andrə]
elk (bn)	var	['var]
om het even welk	vilken som helst	['vilʲkən sɔm 'hɛlʲst]
veel (grote hoeveelheid)	mycken, mycket	['mʏkən], ['mʏkə]
veel mensen	många	['mɔŋa]
iedereen (alle personen)	alla	['alʲa]

in ruil voor ...	i gengäld för ...	[i 'jɛŋɛld ,før ...]
in ruil (bw)	i utbyte	[i 'ʉt,bytə]
met de hand (bw)	för hand	[før 'hand]
onwaarschijnlijk (bw)	knappast	['knapast]

waarschijnlijk (bw)	sannolikt	[sanʉ'likt]
met opzet (bw)	med flit, avsiktligt	[me flit], ['avsiktlit]
toevallig (bw)	tillfälligtvis	['tilʲfɔlitvis]

zeer (bw)	mycket	['mʏkə]
bijvoorbeeld (bw)	till exempel	[tilʲ ɛk'sɛmpəl]
tussen (~ twee steden)	mellan	['mɛlʲan]
tussen (te midden van)	bland	['blʲand]
zoveel (bw)	så mycket	[sɔ 'mʏkə]
vooral (bw)	särskilt	['sæ:,ṣilʲt]

25

Basisbegrippen Deel 2

16. Dagen van de week

maandag (de)	**måndag (en)**	['mɔn,dag]
dinsdag (de)	**tisdag (en)**	['tis,dag]
woensdag (de)	**onsdag (en)**	['ʊns,dag]
donderdag (de)	**torsdag (en)**	['tʊːʂ,dag]
vrijdag (de)	**fredag (en)**	['fre,dag]
zaterdag (de)	**lördag (en)**	['lʲøːdag]
zondag (de)	**söndag (en)**	['sœn,dag]
vandaag (bw)	**i dag**	[i 'dag]
morgen (bw)	**i morgon**	[i 'mɔrgɔn]
overmorgen (bw)	**i övermorgon**	[i 'øːvə,mɔrgɔn]
gisteren (bw)	**i går**	[i 'goːr]
eergisteren (bw)	**i förrgår**	[i 'fœːr,goːr]
dag (de)	**dag (en)**	['dag]
werkdag (de)	**arbetsdag (en)**	['arbets,dag]
feestdag (de)	**helgdag (en)**	['hɛlj,dag]
verlofdag (de)	**ledig dag (en)**	['lʲedig ,dag]
weekend (het)	**helg, veckohelg (en)**	[hɛlj], ['vɛkɔ,hɛlj]
de hele dag (bw)	**hela dagen**	['helʲa 'dagən]
de volgende dag (bw)	**nästa dag**	['nɛsta ,dag]
twee dagen geleden	**för två dagar sedan**	[før ,tvoː 'dagar 'sedan]
aan de vooravond (bw)	**dagen innan**	['dagən 'inan]
dag-, dagelijks (bn)	**daglig**	['daglig]
elke dag (bw)	**varje dag**	['varjə dag]
week (de)	**vecka (en)**	['vɛka]
vorige week (bw)	**förra veckan**	['fœːra 'vɛkan]
volgende week (bw)	**i nästa vecka**	[i 'nɛsta 'vɛka]
wekelijks (bn)	**vecko-**	['vɛkɔ-]
elke week (bw)	**varje vecka**	['varjə 'vɛka]
twee keer per week	**två gångar i veckan**	[tvoː 'gɔŋar i 'vɛkan]
elke dinsdag	**varje tisdag**	['varjə ,tisdag]

17. Uren. Dag en nacht

morgen (de)	**morgon (en)**	['mɔrgɔn]
's morgens (bw)	**på morgonen**	[pɔ 'mɔrgɔnən]
middag (de)	**middag (en)**	['mid,dag]
's middags (bw)	**på eftermiddagen**	[pɔ 'ɛftə,midagən]
avond (de)	**kväll (en)**	[kvɛlʲ]
's avonds (bw)	**på kvällen**	[pɔ 'kvɛlʲen]

nacht (de)	natt (en)	['nat]
's nachts (bw)	om natten	[ɔm 'natən]
middernacht (de)	midnatt (en)	['mid,nat]

seconde (de)	sekund (en)	[se'kund]
minuut (de)	minut (en)	[mi'nʉːt]
uur (het)	timme (en)	['timə]
halfuur (het)	halvtimme (en)	['halʲv,timə]
kwartier (het)	kvart (en)	['kvaːt]
vijftien minuten	femton minuter	['fɛmtɔn mi'nʉːtər]
etmaal (het)	dygn (ett)	['dʏgn]

zonsopgang (de)	soluppgång (en)	['sʊlʲ ,up'gɔŋ]
dageraad (de)	gryning (en)	['gryniŋ]
vroege morgen (de)	tidig morgon (en)	['tidig 'mɔrgɔn]
zonsondergang (de)	solnedgång (en)	['sʊlʲ 'ned,gɔŋ]

's morgens vroeg (bw)	tidigt på morgonen	['tidit pɔ 'mɔrgɔnən]
vanmorgen (bw)	i morse	[i 'mɔːʂə]
morgenochtend (bw)	i morgon bitti	[i 'mɔrgɔn 'biti]
vanmiddag (bw)	i eftermiddag	[i 'ɛftə,midag]
's middags (bw)	på eftermiddagen	[pɔ 'ɛftə,midagən]
morgenmiddag (bw)	i morgon eftermiddag	[i 'mɔrgɔn 'ɛftə,midag]
vanavond (bw)	i kväll	[i 'kvɛlʲ]
morgenavond (bw)	i morgon kväll	[i 'mɔrgɔn 'kvɛlʲ]

klokslag drie uur	precis klockan tre	[prɛ'sis 'klʲɔkan treː]
ongeveer vier uur	vid fyratiden	[vid 'fyra,tidən]
tegen twaalf uur	vid klockan tolv	[vid 'klʲɔkan 'tɔlʲv]

over twintig minuten	om tjugo minuter	[ɔm 'ɕʉgɔ mi'nʉːtər]
over een uur	om en timme	[ɔm en 'timə]
op tijd (bw)	i tid	[i 'tid]

kwart voor ...	kvart i ...	['kvaːt i ...]
binnen een uur	inom en timme	['inɔm en 'timə]
elk kwartier	varje kvart	['varjə kvaːt]
de klok rond	dygnet runt	['dʏgnet ,runt]

18. Maanden. Seizoenen

januari (de)	januari	['janu,ari]
februari (de)	februari	[fɛbrʉ'ari]
maart (de)	mars	['maːʂ]
april (de)	april	[a'prilʲ]
mei (de)	maj	['maj]
juni (de)	juni	['juːni]

juli (de)	juli	['juːli]
augustus (de)	augusti	[au'gusti]
september (de)	september	[sɛp'tɛmbər]
oktober (de)	oktober	[ɔk'tʊbər]
november (de)	november	[nɔ'vɛmbər]
december (de)	december	[de'sɛmbər]

lente (de)	vår (en)	['voːr]
in de lente (bw)	på våren	[pɔ 'voːrən]
lente- (abn)	vår-	['voːr-]

zomer (de)	sommar (en)	['sɔmar]
in de zomer (bw)	på sommaren	[pɔ 'sɔmarən]
zomer-, zomers (bn)	sommar-	['sɔmar-]

herfst (de)	höst (en)	['høst]
in de herfst (bw)	på hösten	[pɔ 'høstən]
herfst- (abn)	höst-	['høst-]

winter (de)	vinter (en)	['vintər]
in de winter (bw)	på vintern	[pɔ 'vintərn]
winter- (abn)	vinter-	['vintər-]

maand (de)	månad (en)	['moːnad]
deze maand (bw)	den här månaden	[dɛn hæːr 'moːnadən]
volgende maand (bw)	nästa månad	['nɛsta 'moːnad]
vorige maand (bw)	förra månaden	['fœːra 'moːnadən]

een maand geleden (bw)	för en månad sedan	['før en 'moːnad 'sedan]
over een maand (bw)	om en månad	[ɔm en 'moːnad]
over twee maanden (bw)	om två månader	[ɔm tvoː 'moːnadər]
de hele maand (bw)	en hel månad	[en helʲ 'moːnad]
een volle maand (bw)	hela månaden	['helʲa 'moːnadən]

maand-, maandelijks (bn)	månatlig	[mo'natlig]
maandelijks (bw)	månatligen	[mo'natligən]
elke maand (bw)	varje månad	['varjə ˌmoːnad]
twee keer per maand	två gånger i månaden	[tvoː 'gɔŋər i 'moːnadən]

jaar (het)	år (ett)	['oːr]
dit jaar (bw)	i år	[i 'oːr]
volgend jaar (bw)	nästa år	['nɛsta ˌoːr]
vorig jaar (bw)	i fjol, förra året	[i 'fjulʲ], ['fœːra 'oːret]

een jaar geleden (bw)	för ett år sedan	['før et 'oːr 'sedan]
over een jaar	om ett år	[ɔm et 'oːr]
over twee jaar	om två år	[ɔm tvoː 'oːr]
het hele jaar	ett helt år	[ɛt helʲt 'oːr]
een vol jaar	hela året	['helʲa 'oːret]

elk jaar	varje år	['varjə 'oːr]
jaar-, jaarlijks (bn)	årlig	['oːʟig]
jaarlijks (bw)	årligen	['oːʟigən]
4 keer per jaar	fyra gånger om året	['fyra 'gɔŋər ɔm 'oːret]

datum (de)	datum (ett)	['datum]
datum (de)	datum (ett)	['datum]
kalender (de)	almanacka (en)	['alʲmanaka]

een half jaar	halvår (ett)	['halʲvˌoːr]
zes maanden	halvår (ett)	['halʲvˌoːr]
seizoen (bijv. lente, zomer)	årstid (en)	['oːʂˌtid]
eeuw (de)	sekel (ett)	['sekəlʲ]

19. Tijd. Diversen

tijd (de)	tid (en)	['tid]
ogenblik (het)	ögonblick (ett)	['ø:gɔn,blik]
moment (het)	ögonblick (ett)	['ø:gɔn,blik]
ogenblikkelijk (bn)	ögonblicklig	['ø:gɔn,bliklig]
tijdsbestek (het)	tidsavsnitt (ett)	['tids,avsnit]
leven (het)	liv (ett)	['liv]
eeuwigheid (de)	evighet (en)	['evig,het]

epoche (de), tijdperk (het)	epok (en)	[ɛ'pɔ:k]
era (de), tijdperk (het)	era (en)	['era]
cyclus (de)	cykel (en)	['sykəlʲ]
periode (de)	period (en)	[peri'ʊd]
termijn (vastgestelde periode)	tid, period (en)	['tid], [peri'ʊd]

toekomst (de)	framtid (en)	['fram,tid]
toekomstig (bn)	framtida	['fram,tida]
de volgende keer	nästa gång	['nɛsta ,gɔŋ]
verleden (het)	det förflutna	[dɛ 'før,flʉ:tna]
vorig (bn)	förra	['fœ:ra]
de vorige keer	förra gången	['fœ:ra 'gɔŋən]

later (bw)	senare	['senarə]
na (~ het diner)	efter	['ɛftər]
tegenwoordig (bw)	nuförtiden	['nʉ:,før'tidən]
nu (bw)	nu	['nʉ:]
onmiddellijk (bw)	omedelbart	[ʊ:'medəlʲ,ba:t]
snel (bw)	snart	['sna:t]
bij voorbaat (bw)	i förväg	[i 'før,vɛ:g]

lang geleden (bw)	längesedan	['lʲɛŋə,sedan]
kort geleden (bw)	nyligen	['nyligən]
noodlot (het)	öde (ett)	['ø:də]
herinneringen (mv.)	minnen (pl)	['minən]
archief (het)	arkiv (ett)	[ar'kiv]

tijdens ... (ten tijde van)	under ...	['undər ...]
lang (bw)	länge	['lʲɛŋə]
niet lang (bw)	inte länge	['intə 'lʲɛŋə]
vroeg (bijv. ~ in de ochtend)	tidigt	['tidit]
laat (bw)	sent	['sɛnt]

voor altijd (bw)	för alltid	['før 'alʲtid]
beginnen (ww)	att börja	[at 'bœrja]
uitstellen (ww)	att skjuta upp	[at 'ɧʉ:ta up]

tegelijkertijd (bw)	samtidigt	['sam,tidit]
voortdurend (bw)	alltid, ständigt	['alʲtid], ['stɛndit]
constant (bijv. ~ lawaai)	konstant	[kɔn'stant]
tijdelijk (bn)	tillfällig, temporär	['tilʲ,folig], [tempo'rɛr]

soms (bw)	ibland	['iblʲand]
zelden (bw)	sällan	['sɛlʲan]
vaak (bw)	ofta	['ɔfta]

20. Tegenovergestelden

rijk (bn)	rik	['rik]
arm (bn)	fattig	['fatig]
ziek (bn)	sjuk	['ɧʉːk]
gezond (bn)	frisk	['frisk]
groot (bn)	stor	['stʊr]
klein (bn)	liten	['litən]
snel (bw)	fort, snabbt	[fʊːt], ['snabt]
langzaam (bw)	långsamt	['lʲɔŋˌsamt]
snel (bn)	snabb	['snab]
langzaam (bn)	långsam	['lʲɔŋˌsam]
vrolijk (bn)	glad	['glʲad]
treurig (bn)	sorgmodig	['sɔrjˌmʊdig]
samen (bw)	tillsammans	[tilʲ'samans]
apart (bw)	separat	[sepa'rat]
hardop (~ lezen)	högt	['hœgt]
stil (~ lezen)	för sig själv	[før ˌsɛj 'ɧɛlʲv]
hoog (bn)	hög	['høːg]
laag (bn)	låg	['lʲoːg]
diep (bn)	djup	['jʉːp]
ondiep (bn)	grund	['grʉnd]
ja	ja	['ja]
nee	nej	['nɛj]
ver (bn)	fjärran	['fʲæːran]
dicht (bn)	nära	['næːra]
ver (bw)	långt	['lʲɔŋt]
dichtbij (bw)	i närheten	[i 'næːrˌhetən]
lang (bn)	lång	['lʲɔŋ]
kort (bn)	kort	['kɔːt]
vriendelijk (goedhartig)	god	['gʊd]
kwaad (bn)	ond	['ʊnd]
gehuwd (mann.)	gift	['jift]
ongehuwd (mann.)	ogift	[ʊ:'jift]
verbieden (ww)	att förbjuda	[at før'bjʉːda]
toestaan (ww)	att tillåta	[at 'tilʲoːta]
einde (het)	slut (ett)	['slʉːt]
begin (het)	början (en)	['bœrjan]

| linker (bn) | vänster | ['vɛnstər] |
| rechter (bn) | höger | ['hø:gər] |

| eerste (bn) | först | [fœ:ʂt] |
| laatste (bn) | sista | ['sista] |

| misdaad (de) | brott (ett) | ['brɔt] |
| bestraffing (de) | straff (ett) | ['straf] |

| bevelen (ww) | att beordra | [at be'o:dra] |
| gehoorzamen (ww) | att underordna sig | [at 'undər,ɔ:dna sɛj] |

| recht (bn) | rak, rakt | ['rak], ['rakt] |
| krom (bn) | krokig | ['krʊkig] |

| paradijs (het) | paradis (ett) | ['para,dis] |
| hel (de) | helvete (ett) | ['hɛlʲvetə] |

| geboren worden (ww) | att födas | [at 'fø:das] |
| sterven (ww) | att dö | [at 'dø:] |

| sterk (bn) | stark | ['stark] |
| zwak (bn) | svag | ['svag] |

| oud (bn) | gammal | ['gamalʲ] |
| jong (bn) | ung | ['uŋ] |

| oud (bn) | gammal | ['gamalʲ] |
| nieuw (bn) | ny | ['ny] |

| hard (bn) | hård | ['hoːd] |
| zacht (bn) | mjuk | ['mjʉːk] |

| warm (bn) | varm | ['varm] |
| koud (bn) | kall | ['kalʲ] |

| dik (bn) | tjock | ['ɕøk] |
| dun (bn) | mager | ['magər] |

| smal (bn) | smal | ['smalʲ] |
| breed (bn) | bred | ['bred] |

| goed (bn) | bra | ['brɔː] |
| slecht (bn) | dålig | ['doːlig] |

| moedig (bn) | tapper | ['tapər] |
| laf (bn) | feg | ['feg] |

21. Lijnen en vormen

vierkant (het)	kvadrat (en)	[kva'drat]
vierkant (bn)	kvadratisk	[kva'dratisk]
cirkel (de)	cirkel (en)	['sirkəlʲ]
rond (bn)	rund	['rund]

| driehoek (de) | triangel (en) | ['tri͵aŋəlʲ] |
| driehoekig (bn) | triangulär | [triaŋu'lʲæ:r] |

ovaal (het)	oval (en)	[ʊ'valʲ]
ovaal (bn)	oval	[ʊ'valʲ]
rechthoek (de)	rektangel (en)	['rɛk͵taŋəlʲ]
rechthoekig (bn)	rätvinklig	['rɛt͵viŋklig]

piramide (de)	pyramid (en)	[pyra'mid]
ruit (de)	romb (en)	['rɔmb]
trapezium (het)	trapets (en)	[tra'pets]
kubus (de)	kub (en)	['kʉ:b]
prisma (het)	prisma (en)	['prisma]

omtrek (de)	omkrets (en)	['ɔm͵krɛts]
bol, sfeer (de)	sfär (en)	['sfæ:r]
bal (de)	klot (ett)	['klʲɔt]

diameter (de)	diameter (en)	['dia͵metər]
straal (de)	radie (en)	['radiə]
omtrek (~ van een cirkel)	perimeter (en)	[peri'metər]
middelpunt (het)	medelpunkt (en)	['medəlʲ͵puŋkt]

horizontaal (bn)	horisontal	[hʊrisɔn'talʲ]
verticaal (bn)	lodrät, lod-	['lʲod͵rɛt], ['lʲod-]
parallel (de)	parallell (en)	[para'lʲɛlʲ]
parallel (bn)	parallell	[para'lʲɛlʲ]

lijn (de)	linje (en)	['linjə]
streep (de)	linje (en)	['linjə]
rechte lijn (de)	rät linje (en)	[rɛ:t 'linjə]
kromme (de)	kurva (en)	['kurva]
dun (bn)	tunn	['tun]
omlijning (de)	kontur (en)	[kɔn'tʉ:r]

snijpunt (het)	skärningspunkt (en)	['ʃærniŋs͵punkt]
rechte hoek (de)	rät vinkel (en)	[rɛ:t 'viŋkəlʲ]
segment (het)	segment (ett)	[seg'mɛnt]
sector (de)	sektor (en)	['sektʊr]
zijde (de)	sida (en)	['sida]
hoek (de)	vinkel (en)	['viŋkəlʲ]

22. Meeteenheden

gewicht (het)	vikt (en)	['vikt]
lengte (de)	längd (en)	[lʲɛŋd]
breedte (de)	bredd (en)	['brɛd]
hoogte (de)	höjd (en)	['hœjd]
diepte (de)	djup (ett)	['jʉ:p]
volume (het)	volym (en)	[vɔ'lʲym]
oppervlakte (de)	yta, areal (en)	['yta], [are'alʲ]

| gram (het) | gram (ett) | ['gram] |
| milligram (het) | milligram (ett) | ['mili͵gram] |

kilogram (het)	kilogram (ett)	[ɕilʲɔ'gram]
ton (duizend kilo)	ton (en)	['tʊn]
pond (het)	skålpund (ett)	['skoːlʲˌpund]
ons (het)	uns (ett)	['uns]
meter (de)	meter (en)	['metər]
millimeter (de)	millimeter (en)	['miliˌmetər]
centimeter (de)	centimeter (en)	[sɛnti'metər]
kilometer (de)	kilometer (en)	[ɕilʲɔ'metər]
mijl (de)	mil (en)	['milʲ]
duim (de)	tum (en)	['tum]
voet (de)	fot (en)	['fʊt]
yard (de)	yard (en)	['jaːɖ]
vierkante meter (de)	kvadratmeter (en)	[kva'dratˌmetər]
hectare (de)	hektar (ett)	[hɛk'tar]
liter (de)	liter (en)	['litər]
graad (de)	grad (en)	['grad]
volt (de)	volt (en)	['vɔlʲt]
ampère (de)	ampere (en)	[am'pɛr]
paardenkracht (de)	hästkraft (en)	['hɛstˌkraft]
hoeveelheid (de)	mängd, kvantitet (en)	['mɛŋt], [kwanti'tet]
een beetje ...	få ..., inte många ...	['foː ...], ['intə 'mɔŋa ...]
helft (de)	hälft (en)	['hɛlʲft]
dozijn (het)	dussin (ett)	['dusin]
stuk (het)	stycke (ett)	['stʏkə]
afmeting (de)	storlek (en)	['stʊːˌlʲek]
schaal (bijv. ~ van 1 op 50)	skala (en)	['skalʲa]
minimaal (bn)	minimal	[mini'malʲ]
minste (bn)	minst	['minst]
medium (bn)	medel	['medəlʲ]
maximaal (bn)	maximal	[maksi'malʲ]
grootste (bn)	störst	['støːʂt]

23. Containers

glazen pot (de)	glasburk (en)	['glʲasˌburk]
blik (conserven~)	burk (en)	['burk]
emmer (de)	hink (en)	['hiŋk]
ton (bijv. regenton)	tunna (en)	['tuna]
ronde waterbak (de)	tvättfat (ett)	['tvætˌfat]
tank (bijv. watertank-70-ltr)	tank (en)	['taŋk]
heupfles (de)	plunta, fickflaska (en)	['plʉnta], ['fikˌflʲaska]
jerrycan (de)	dunk (en)	['duːŋk]
tank (bijv. ketelwagen)	tank (en)	['taŋk]
beker (de)	mugg (en)	['mug]
kopje (het)	kopp (en)	['kop]

schoteltje (het)	tefat (ett)	['te͵fat]
glas (het)	glas (ett)	['glʲas]
wijnglas (het)	vinglas (ett)	['vin͵glʲas]
steelpan (de)	kastrull, gryta (en)	[ka'strulʲ], ['gryta]

fles (de)	flaska (en)	['flʲaska]
flessenhals (de)	flaskhals (en)	['flʲask͵halʲs]

karaf (de)	karaff (en)	[ka'raf]
kruik (de)	kanna (en) med handtag	['kana me 'han͵tag]
vat (het)	behållare (en)	[be'ho:lʲarə]
pot (de)	kruka (en)	['krʉka]
vaas (de)	vas (en)	['vas]

flacon (de)	flakong (en)	[flʲa'kɔŋ]
flesje (het)	flaska (en)	['flʲaska]
tube (bijv. ~ tandpasta)	tub (en)	['tʉːb]

zak (bijv. ~ aardappelen)	säck (en)	['sɛk]
tasje (het)	påse (en)	['poːsə]
pakje (~ sigaretten, enz.)	paket (ett)	[pa'ket]

doos (de)	ask (en)	['ask]
kist (de)	låda (en)	['lʲoːda]
mand (de)	korg (en)	['kɔrj]

24. Materialen

materiaal (het)	material (ett)	[mate'rjalʲ]
hout (het)	trä (ett)	['trɛː]
houten (bn)	trä-	['trɛ:-]

glas (het)	glas (ett)	['glʲas]
glazen (bn)	av glas, glas-	[av glʲas], [glʲas-]

steen (de)	sten (en)	['sten]
stenen (bn)	sten-	['sten-]

plastic (het)	plast (en)	['plʲast]
plastic (bn)	plast-	[plʲast-]

rubber (het)	gummi (ett)	['gumi]
rubber-, rubberen (bn)	gummi-	['gumi-]

stof (de)	tyg (ett)	['tyg]
van stof (bn)	tyg-	['tyg-]

papier (het)	papper (ett)	['papər]
papieren (bn)	papper-	['papər-]

karton (het)	papp, kartong (en)	['pap], [ka:'tɔŋ]
kartonnen (bn)	papp-, kartong-	['pap-], [ka:'tɔŋ-]
polyethyleen (het)	polyetylen (en)	['polʲɛty͵lʲen]
cellofaan (het)	cellofan (en)	[sɛlʲʉ'fan]

multiplex (het)	kryssfaner (ett)	['krys͵fa'nɛ:r]
porselein (het)	porslin (ett)	[pɔ:'ʂlin]
porseleinen (bn)	av porslin	[av pɔ:'ʂlin]
klei (de)	lera (en)	['lʲera]
klei-, van klei (bn)	ler-	['lʲer-]
keramiek (de)	keramik (en)	[ɕera'mik]
keramieken (bn)	keramisk	[ɕe'ramisk]

25. Metalen

metaal (het)	metall (en)	[me'talʲ]
metalen (bn)	metall-	[me'talʲ-]
legering (de)	legering (en)	[lʲe'ge:riŋ]

goud (het)	guld (ett)	['gulʲd]
gouden (bn)	guld-	['gulʲd-]
zilver (het)	silver (ett)	['silʲvər]
zilveren (bn)	silver-	['silʲvər-]

IJzer (het)	järn (ett)	['jæ:ɳ]
IJzeren (bn)	järn-	['jæ:ɳ-]
staal (het)	stål (ett)	['sto:lʲ]
stalen (bn)	stål-	['sto:lʲ-]
koper (het)	koppar (en)	['kopar]
koperen (bn)	koppar-	['kopar-]

aluminium (het)	aluminium (ett)	[alʉ'mi:nium]
aluminium (bn)	aluminium-	[alʉ'mi:nium-]
brons (het)	brons (en)	['brɔns]
bronzen (bn)	brons-	['brɔns-]

messing (het)	mässing (en)	['mɛsiŋ]
nikkel (het)	nickel (ett)	['nikəlʲ]
platina (het)	platina (en)	['plʲatina]
kwik (het)	kvicksilver (ett)	['kvik͵silʲvər]
tin (het)	tenn (ett)	['tɛn]
lood (het)	bly (ett)	['blʲy]
zink (het)	zink (en)	['siŋk]

MENS

Mens. Het lichaam

26. Mensen. Basisbegrippen

mens (de)	människa (en)	['mɛniŋa]
man (de)	man (en)	['man]
vrouw (de)	kvinna (en)	['kvina]
kind (het)	barn (ett)	['baːn]
meisje (het)	flicka (en)	['flika]
jongen (de)	pojke (en)	['pɔjkə]
tiener, adolescent (de)	tonåring (en)	[tɔ'noːriŋ]
oude man (de)	gammal man (en)	['gamalʲ ˌman]
oude vrouw (de)	gumma (en)	['guma]

27. Menselijke anatomie

organisme (het)	organism (en)	[ɔrga'nism]
hart (het)	hjärta (ett)	['jæːʈa]
bloed (het)	blod (ett)	['blʲʊd]
slagader (de)	artär (en)	[a'ʈæːr]
ader (de)	ven (en)	['veːn]
hersenen (mv.)	hjärna (en)	['jæːɳa]
zenuw (de)	nerv (en)	['nɛrv]
zenuwen (mv.)	nerver (pl)	['nɛrvər]
wervel (de)	ryggkota (en)	['rʏɡˌkɔta]
ruggengraat (de)	ryggrad (en)	['rʏɡˌrad]
maag (de)	magsäck (en)	['magˌsɛk]
darmen (mv.)	tarmar, inälvor (pl)	['tarmar], [inɛlʲʲvʊr]
darm (de)	tarm (en)	['tarm]
lever (de)	lever (en)	['lʲevər]
nier (de)	njure (en)	['njʉːrə]
been (deel van het skelet)	ben (ett)	['beːn]
skelet (het)	skelett (ett)	[ske'lʲet]
rib (de)	revben (ett)	['revˌbeːn]
schedel (de)	skalle (en)	['skalʲe]
spier (de)	muskel (en)	['muskəlʲ]
biceps (de)	biceps (en)	['bisɛps]
triceps (de)	triceps (en)	['trisɛps]
pees (de)	sena (en)	['seːna]
gewricht (het)	led (en)	['lʲed]

longen (mv.)	lungor (pl)	['lʊŋʊr]
geslachtsorganen (mv.)	könsorganen (pl)	['ɕœns ɔr'ganən]
huid (de)	hud (en)	['hʉ:d]

28. Hoofd

hoofd (het)	huvud (ett)	['hʉ:vʉd]
gezicht (het)	ansikte (ett)	['ansiktə]
neus (de)	näsa (en)	['nɛ:sa]
mond (de)	mun (en)	['mu:n]

oog (het)	öga (ett)	['ø:ga]
ogen (mv.)	ögon (pl)	['ø:gɔn]
pupil (de)	pupill (en)	[pʉ'pilʲ]
wenkbrauw (de)	ögonbryn (ett)	['ø:gɔnˌbryn]
wimper (de)	ögonfrans (en)	['ø:gɔnˌfrans]
ooglid (het)	ögonlock (ett)	['ø:gɔnˌlʲɔk]

tong (de)	tunga (en)	['tuŋa]
tand (de)	tand (en)	['tand]
lippen (mv.)	läppar (pl)	['lʲɛpar]
jukbeenderen (mv.)	kindben (pl)	['ɕindˌbe:n]
tandvlees (het)	tandkött (ett)	['tandˌɕœt]
gehemelte (het)	gom (en)	['gʊm]

neusgaten (mv.)	näsborrar (pl)	['nɛ:sˌbɔrar]
kin (de)	haka (en)	['haka]
kaak (de)	käke (en)	['ɕɛ:kə]
wang (de)	kind (en)	['ɕind]

voorhoofd (het)	panna (en)	['pana]
slaap (de)	tinning (en)	['tiniŋ]
oor (het)	öra (ett)	['ø:ra]
achterhoofd (het)	nacke (en)	['nakə]
hals (de)	hals (en)	['halʲs]
keel (de)	strupe, hals (en)	['strʉpə], ['halʲs]

haren (mv.)	hår (pl)	['ho:r]
kapsel (het)	frisyr (en)	[fri'syr]
haarsnit (de)	klippning (en)	['klipniŋ]
pruik (de)	peruk (en)	[pe'rʉ:k]

snor (de)	mustasch (en)	[mʉ'sta:ʃ]
baard (de)	skägg (ett)	['ɧɛg]
dragen (een baard, enz.)	att ha	[at 'ha]
vlecht (de)	fläta (en)	['flʲɛ:ta]
bakkebaarden (mv.)	polisonger (pl)	[pɔli'sɔŋər]

ros (roodachtig, rossig)	rödhårig	['rø:dˌho:rig]
grijs (~ haar)	grå	['gro:]
kaal (bn)	skallig	['skalig]
kale plek (de)	flint (en)	['flint]
paardenstaart (de)	hästsvans (en)	['hɛstˌsvans]
pony (de)	lugg, pannlugg (en)	[lʊg], ['panˌlʊg]

29. Menselijk lichaam

hand (de)	hand (en)	['hand]
arm (de)	arm (en)	['arm]
vinger (de)	finger (ett)	['fiŋǝr]
teen (de)	tå (en)	['to:]
duim (de)	tumme (en)	['tumǝ]
pink (de)	lillfinger (ett)	['lilɪfiŋǝr]
nagel (de)	nagel (en)	['nagǝlɪ]
vuist (de)	knytnäve (en)	['knʏtˌnɛ:vǝ]
handpalm (de)	handflata (en)	['handˌflɪata]
pols (de)	handled (en)	['handˌlɪed]
voorarm (de)	underarm (en)	['undǝrˌarm]
elleboog (de)	armbåge (en)	['armˌbo:gǝ]
schouder (de)	skuldra (en)	['skʉlɪdra]
been (rechter ~)	ben (ett)	['be:n]
voet (de)	fot (en)	['fʊt]
knie (de)	knä (ett)	['knɛ:]
kuit (de)	vad (ett)	['vad]
heup (de)	höft (en)	['hœft]
hiel (de)	häl (en)	['hɛ:lɪ]
lichaam (het)	kropp (en)	['krɔp]
buik (de)	mage (en)	['magǝ]
borst (de)	bröst (ett)	['brœst]
borst (de)	bröst (ett)	['brœst]
zijde (de)	sida (en)	['sida]
rug (de)	rygg (en)	['rʏg]
lage rug (de)	ländrygg (en)	['lɪɛndˌrʏg]
taille (de)	midja (en)	['midja]
navel (de)	navel (en)	['navǝlɪ]
billen (mv.)	stjärtar, skinkor (pl)	['ɧæ:ʈar], ['ɧiŋkʊr]
achterwerk (het)	bak (en)	['bak]
huidvlek (de)	leverfläck (ett)	['lɪevǝrˌflɛk]
moedervlek (de)	födelsemärke (ett)	['fø:dǝlɪsǝˌmæ:rkǝ]
tatoeage (de)	tatuering (en)	[tatʉ'eriŋ]
litteken (het)	ärr (ett)	['ær]

Kleding en accessoires

30. Bovenkleding. Jassen

kleren (mv.), kleding (de)	kläder (pl)	['klʲɛ:dər]
bovenkleding (de)	ytterkläder	['ytə,klʲɛ:dər]
winterkleding (de)	vinterkläder (pl)	['vintə,klʲɛ:dər]

jas (de)	rock, kappa (en)	['rɔk], ['kapa]
bontjas (de)	päls (en)	['pɛlʲs]
bontjasje (het)	pälsjacka (en)	['pɛlʲs,jaka]
donzen jas (de)	dunjacka (en)	['dʉ:n,jaka]

jasje (bijv. een leren ~)	jacka (en)	['jaka]
regenjas (de)	regnrock (en)	['rɛgn,rɔk]
waterdicht (bn)	vattentät	['vatən,tɛt]

31. Heren & dames kleding

overhemd (het)	skjorta (en)	['ɧu:ʈa]
broek (de)	byxor (pl)	['byksʊr]
jeans (de)	jeans (en)	['jins]
colbert (de)	kavaj (en)	[ka'vaj]
kostuum (het)	kostym (en)	[kɔs'tym]

jurk (de)	klänning (en)	['klʲɛniŋ]
rok (de)	kjol (en)	['ɕøːlʲ]
blouse (de)	blus (en)	['blʉ:s]
wollen vest (de)	stickad tröja (en)	['stikad 'trøja]
blazer (kort jasje)	dräktjacka, kavaj (en)	['drɛkt 'jaka], ['kavaj]

T-shirt (het)	T-shirt (en)	['ti:,ʃɔ:ʈ]
shorts (mv.)	shorts (en)	['ʃɔ:ts]
trainingspak (het)	träningsoverall (en)	['trɛ:niŋs ɔve'rɔ:lʲ]
badjas (de)	morgonrock (en)	['mɔrgɔn,rɔk]
pyjama (de)	pyjamas (en)	[py'jamas]

| sweater (de) | sweater, tröja (en) | ['svitər], ['trøja] |
| pullover (de) | pullover (en) | [pu'lʲɔ:vər] |

gilet (het)	väst (en)	['vɛst]
rokkostuum (het)	frack (en)	['frak]
smoking (de)	smoking (en)	['smɔkiŋ]

uniform (het)	uniform (en)	[uni'fɔrm]
werkkleding (de)	arbetskläder (pl)	['arbets,klʲɛ:dər]
overall (de)	overall (en)	['ɔve,rɔ:lʲ]
doktersjas (de)	rock (en)	['rɔk]

32. Kleding. Ondergoed

ondergoed (het)	underkläder (pl)	['undə‚klʲɛ:dər]
herenslip (de)	underbyxor (pl)	['undə‚byksʊr]
slipjes (mv.)	trosor (pl)	['trʊsʊr]
onderhemd (het)	undertröja (en)	['undə‚trøja]
sokken (mv.)	sockor (pl)	['sɔkʊr]

nachthemd (het)	nattlinne (ett)	['nat‚linə]
beha (de)	behå (en)	[be'hɔ:]
kniekousen (mv.)	knästrumpor (pl)	['knɛ:‚strumpʊr]
panty (de)	strumpbyxor (pl)	['strump‚byksʊr]
nylonkousen (mv.)	strumpor (pl)	['strumpʊr]
badpak (het)	baddräkt (en)	['bad‚drɛkt]

33. Hoofddeksels

hoed (de)	hatt (en)	['hat]
deukhoed (de)	hatt (en)	['hat]
honkbalpet (de)	baseballkeps (en)	['bejsbɔlʲ keps]
kleppet (de)	keps (en)	['keps]

baret (de)	basker (en)	['baskər]
kap (de)	luva, kapuschong (en)	['lʉ:va], [kapʉ'ʃɔ:ŋ]
panamahoed (de)	panamahatt (en)	['panama‚hat]
gebreide muts (de)	luva (en)	['lʉ:va]

hoofddoek (de)	sjalett (en)	[ɧa'lʲet]
dameshoed (de)	hatt (en)	['hat]

veiligheidshelm (de)	hjälm (en)	['jɛlʲm]
veldmuts (de)	båtmössa (en)	['bɔt‚mœsa]
helm, valhelm (de)	hjälm (en)	['jɛlʲm]

bolhoed (de)	plommonstop (ett)	['plʲumɔn‚stʊp]
hoge hoed (de)	hög hatt, cylinder (en)	['hø:g ‚hat], [sy'lindər]

34. Schoeisel

schoeisel (het)	skodon (pl)	['skʊdʊn]
schoenen (mv.)	skor (pl)	['skʊr]
vrouwenschoenen (mv.)	damskor (pl)	['dam‚skʊr]
laarzen (mv.)	stövlar (pl)	['støvlʲar]
pantoffels (mv.)	tofflor (pl)	['tɔflʲʊr]

sportschoenen (mv.)	tennisskor (pl)	['tɛnis‚skʊr]
sneakers (mv.)	canvas skor (pl)	['kanvas ‚skʊr]
sandalen (mv.)	sandaler (pl)	[san'dalʲer]

schoenlapper (de)	skomakare (en)	['skʊ‚makarə]
hiel (de)	klack (en)	['klʲak]

paar (een ~ schoenen)	par (ett)	['par]
veter (de)	skosnöre (ett)	['sku͜ˌsnø:rə]
rijgen (schoenen ~)	att snöra	[at 'snø:ra]
schoenlepel (de)	skohorn (ett)	['sku͜ˌhʊ:ɳ]
schoensmeer (de/het)	skokräm (en)	['sku͜ˌkrɛm]

35. Textiel. Weefsel

katoen (de/het)	bomull (en)	['bʊˌmulʲ]
katoenen (bn)	bomull-	['bʊˌmulʲ-]
vlas (het)	lin (ett)	['lin]
vlas-, van vlas (bn)	lin	['lin]

zijde (de)	siden (ett)	['sidən]
zijden (bn)	siden-	['sidən-]
wol (de)	ull (en)	['ulʲ]
wollen (bn)	ull-	['ulʲ-]

fluweel (het)	sammet (en)	['samet]
suède (de)	mocka (en)	['mɔka]
ribfluweel (het)	manchester (en)	['manˌɕestər]

nylon (de/het)	nylon (ett)	[ny'lʲɔn]
nylon-, van nylon (bn)	nylon-	[ny'lʲɔn-]
polyester (het)	polyester (en)	[pɔlʲy'ɛstər]
polyester- (abn)	polyester-	[pɔlʲy'ɛstər-]

leer (het)	läder, skinn (ett)	['lʲɛ:dər], ['ɧin]
leren (van leer gemaak)	läder-, av läder	['lʲɛ:dər-], [av 'lʲɛ:dər]
bont (het)	päls (en)	['pɛlʲs]
bont- (abn)	päls-	['pɛlʲs-]

36. Persoonlijke accessoires

handschoenen (mv.)	handskar (pl)	['hanskar]
wanten (mv.)	vantar (pl)	['vantar]
sjaal (fleece ~)	halsduk (en)	['halʲsˌdɵ:k]

bril (de)	glasögon (pl)	['glʲasˌø:gɔn]
brilmontuur (het)	båge (en)	['bo:gə]
paraplu (de)	paraply (ett)	[para'plʲy]
wandelstok (de)	käpp (en)	['ɕɛp]
haarborstel (de)	hårborste (en)	['ho:rˌbo:ʂtə]
waaier (de)	solfjäder (en)	['sʊlʲˌfjɛ:dər]

das (de)	slips (en)	['slips]
strikje (het)	fluga (en)	['flɵ:ga]
bretels (mv.)	hängslen (pl)	['hɛŋslʲən]
zakdoek (de)	näsduk (en)	['nɛsˌdɵk]

kam (de)	kam (en)	['kam]
haarspeldje (het)	hårklämma (ett)	['ho:rˌklʲɛma]

schuifspeldje (het)	hårnål (en)	['ho:ˌŋo:lʲ]
gesp (de)	spänne (ett)	['spɛnə]

broekriem (de)	bälte (ett)	['bɛlʲtə]
draagriem (de)	rem (en)	['rem]

handtas (de)	väska (en)	['vɛska]
damestas (de)	damväska (en)	['damˌvɛska]
rugzak (de)	ryggsäck (en)	['rʏgˌsɛk]

37. Kleding. Diversen

mode (de)	mode (ett)	['mʊdə]
de mode (bn)	modern	[mʊ'dɛ:ŋ]
kledingstilist (de)	modedesigner (en)	['mʊdə de'sajnər]

kraag (de)	krage (en)	['kragə]
zak (de)	ficka (en)	['fika]
zak- (abn)	fick-	['fik-]
mouw (de)	ärm (en)	['æ:rm]
lusje (het)	hängband (ett)	['hɛŋ band]
gulp (de)	gylf (en)	['gylʲf]

rits (de)	blixtlås (ett)	['blikstˌlʲo:s]
sluiting (de)	knäppning (en)	['knɛpniŋ]
knoop (de)	knapp (en)	['knap]
knoopsgat (het)	knapphål (ett)	['knapˌho:lʲ]
losraken (bijv. knopen)	att lossna	[at 'lʲosna]

naaien (kleren, enz.)	att sy	[at sy]
borduren (ww)	att brodera	[at brʊ'dera]
borduursel (het)	broderi (ett)	[brʊde'ri:]
naald (de)	synål (en)	['syˌno:lʲ]
draad (de)	tråd (en)	['tro:d]
naad (de)	söm (en)	['sø:m]

vies worden (ww)	att smutsa ned sig	[at 'smutsa ned sɛj]
vlek (de)	fläck (en)	['flʲɛk]
gekreukt raken (ov. kleren)	att bli skrynklig	[at bli 'skrʏŋklig]
scheuren (ov.ww.)	att riva	[at 'riva]
mot (de)	mal (en)	['malʲ]

38. Persoonlijke verzorging. Schoonheidsmiddelen

tandpasta (de)	tandkräm (en)	['tandˌkrɛm]
tandenborstel (de)	tandborste (en)	['tandˌbɔ:ʂtə]
tanden poetsen (ww)	att borsta tänderna	[at 'bɔːʂta 'tɛndɛːŋa]

scheermes (het)	hyvel (en)	['hyvəlʲ]
scheerschuim (het)	rakkräm (en)	['rakˌkrɛm]
zich scheren (ww)	att raka sig	[at 'raka sɛj]
zeep (de)	tvål (en)	['tvo:lʲ]

shampoo (de)	schampo (ett)	['ʃam‚pʉ]
schaar (de)	sax (en)	['saks]
nagelvijl (de)	nagelfil (en)	['nagəlʲ‚filʲ]
nagelknipper (de)	nageltång (en)	['nagəlʲ‚tɔŋ]
pincet (het)	pincett (en)	[pin'sɛt]

cosmetica (de)	kosmetika (en)	[kɔs'mɛtika]
masker (het)	ansiktsmask (en)	[an'sikts‚mask]
manicure (de)	manikyr (en)	[mani'kyr]
manicure doen	att få manikyr	[at fo: mani'kyr]
pedicure (de)	pedikyr (en)	[pedi'kyr]

cosmetica tasje (het)	kosmetikväska (en)	[kɔsmɛ'tik‚vɛska]
poeder (de/het)	puder (ett)	['pʉːdər]
poederdoos (de)	puderdosa (en)	['pʉːdɛ‚ɖoːsa]
rouge (de)	rouge (ett)	['ruːʃ]

parfum (de/het)	parfym (en)	[par'fym]
eau de toilet (de)	eau de toilette (en)	['ɔːdetua‚lʲet]
lotion (de)	rakvatten (ett)	['rak‚vatən]
eau de cologne (de)	eau de cologne (en)	['ɔːdekɔ‚lʲɔŋʲ]

oogschaduw (de)	ögonskugga (en)	['øːgɔn‚skuga]
oogpotlood (het)	ögonpenna (en)	['øːgɔn‚pɛna]
mascara (de)	mascara (en)	[ma'skara]

lippenstift (de)	läppstift (ett)	['lʲɛp‚stift]
nagellak (de)	nagellack (ett)	['nagəlʲ‚lʲak]
haarlak (de)	hårspray (en)	['hoːr‚sprɛj]
deodorant (de)	deodorant (en)	[deʉdʉ'rant]

crème (de)	kräm (en)	['krɛm]
gezichtscrème (de)	ansiktskräm (en)	[an'sikts‚krɛm]
handcrème (de)	handkräm (en)	['hand‚krɛm]
antirimpelcrème (de)	anti-rynkor kräm (en)	['anti‚rʏŋkur 'krɛm]
dagcrème (de)	dagkräm (en)	['dag‚krɛm]
nachtcrème (de)	nattkräm (en)	['nat‚krɛm]
dag- (abn)	dag-	['dag-]
nacht- (abn)	natt-	['nat-]

tampon (de)	tampong (en)	[tam'pɔŋ]
toiletpapier (het)	toalettpapper (ett)	[tʉa'lʲet‚papər]
föhn (de)	hårtork (en)	['hoːˌtʉrk]

39. Juwelen

sieraden (mv.)	smycken (pl)	['smʏkən]
edel (bijv. ~ stenen)	ädel-	['ɛːdəl-]
keurmerk (het)	stämpel (en)	['stɛmpəlʲ]

ring (de)	ring (en)	['riŋ]
trouwring (de)	vigselring (en)	['vigsəlʲ‚riŋ]
armband (de)	armband (ett)	['arm‚band]
oorringen (mv.)	örhängen (pl)	['øːr‚hɛŋən]

halssnoer (het)	halsband (ett)	['halʲsˌband]
kroon (de)	krona (en)	['krʊna]
kralen snoer (het)	halsband (ett)	['halʲsˌband]

diamant (de)	diamant (en)	[dia'mant]
smaragd (de)	smaragd (en)	[sma'ragd]
robijn (de)	rubin (en)	[rʉ'biːn]
saffier (de)	safir (en)	[sa'fir]
parel (de)	pärlor (pl)	['pæːlʲʊːr]
barnsteen (de)	rav, bärnsten (en)	['rav], ['bæːnʃtən]

40. Horloges. Klokken

polshorloge (het)	armbandsur (ett)	['armbandsˌʉːr]
wijzerplaat (de)	urtavla (en)	['ʉːˌtavlʲa]
wijzer (de)	visare (en)	['visarə]
metalen horlogeband (de)	armband (ett)	['armˌband]
horlogebandje (het)	armband (ett)	['armˌband]

batterij (de)	batteri (ett)	[batɛ'riː]
leeg zijn (ww)	att bli urladdad	[at bli 'ʉːˌlʲadad]
batterij vervangen	att byta batteri	[at 'byta batɛ'riː]
voorlopen (ww)	att gå för fort	[at 'goː før 'foːt]
achterlopen (ww)	att gå för långsamt	[at 'goː før 'lʲoŋˌsamt]

wandklok (de)	väggklocka (en)	['vɛgˌklʲoka]
zandloper (de)	sandklocka (en)	['sandˌklʲoka]
zonnewijzer (de)	solklocka (en)	['sʊlʲˌklʲoka]
wekker (de)	väckarklocka (en)	['vɛkarˌklʲoka]
horlogemaker (de)	urmakare (en)	['ʉrˌmakarə]
repareren (ww)	att reparera	[at repa'rera]

Voedsel. Voeding

41. Voedsel

vlees (het)	kött (ett)	['ɕœt]
kip (de)	höna (en)	['hø:na]
kuiken (het)	kyckling (en)	['ɕyklin]
eend (de)	anka (en)	['anka]
gans (de)	gås (en)	['go:s]
wild (het)	vilt (ett)	['vilʲt]
kalkoen (de)	kalkon (en)	[kalʲˈkʊn]

varkensvlees (het)	fläsk (ett)	['flʲɛsk]
kalfsvlees (het)	kalvkött (en)	['kalʲv‚ɕœt]
schapenvlees (het)	lammkött (ett)	['lʲam‚ɕœt]
rundvlees (het)	oxkött, nötkött (ett)	['ʊks‚ɕœt], ['nø:t‚ɕœt]
konijnenvlees (het)	kanin (en)	[ka'nin]

worst (de)	korv (en)	['kɔrv]
saucijs (de)	wienerkorv (en)	['viɳɛr‚kɔrv]
spek (het)	bacon (ett)	['bɛjkɔn]
ham (de)	skinka (en)	['ɧiɳka]
gerookte achterham (de)	skinka (en)	['ɧiɳka]

paté, pastei (de)	paté (en)	[pa'te]
lever (de)	lever (en)	['lʲevər]
gehakt (het)	köttfärs (en)	['ɕœt‚fæ:ʂ]
tong (de)	tunga (en)	['tuɳa]

ei (het)	ägg (ett)	['ɛg]
eieren (mv.)	ägg (pl)	['ɛg]
eiwit (het)	äggvita (en)	['ɛg‚vi:ta]
eigeel (het)	äggula (en)	['ɛg‚ʉ:lʲa]

vis (de)	fisk (en)	['fisk]
zeevruchten (mv.)	fisk och skaldjur	['fisk ɔ 'skalʲ‚jʉ:r]
schaaldieren (mv.)	kräftdjur (pl)	['krɛft‚ju:r]
kaviaar (de)	kaviar (en)	['kav‚jar]

krab (de)	krabba (en)	['kraba]
garnaal (de)	räka (en)	['rɛ:ka]
oester (de)	ostron (ett)	['ʊstrʊn]
langoest (de)	languster (en)	[lʲaŋ'gustər]
octopus (de)	bläckfisk (en)	['blʲɛk‚fisk]
inktvis (de)	bläckfisk (en)	['blʲɛk‚fisk]

steur (de)	stör (en)	['stø:r]
zalm (de)	lax (en)	['lʲaks]
heilbot (de)	hälleflundra (en)	['hɛlʲe‚flʉndra]
kabeljauw (de)	torsk (en)	['tɔ:ʂk]

45

makreel (de)	makrill (en)	['makrilʲ]
tonijn (de)	tonfisk (en)	['tʊnˌfisk]
paling (de)	ål (en)	['oːlʲ]

forel (de)	öring (en)	['øːriŋ]
sardine (de)	sardin (en)	[sa:'ɖiːn]
snoek (de)	gädda (en)	['jɛda]
haring (de)	sill (en)	['silʲ]

brood (het)	bröd (ett)	['brøːd]
kaas (de)	ost (en)	['ʊst]
suiker (de)	socker (ett)	['sɔkər]
zout (het)	salt (ett)	['salʲt]

rijst (de)	ris (ett)	['ris]
pasta (de)	pasta (en), makaroner (pl)	['pasta], [maka'rʊnər]
noedels (mv.)	nudlar (pl)	['nuːdlʲar]

boter (de)	smör (ett)	['smœːr]
plantaardige olie (de)	vegetabilisk olja (en)	[vegeta'bilisk 'ɔlja]
zonnebloemolie (de)	solrosolja (en)	['sʊlʲrʊsˌɔlja]
margarine (de)	margarin (ett)	[marga'rin]

olijven (mv.)	oliver (pl)	[ʊ:'livər]
olijfolie (de)	olivolja (en)	[ʊ'livˌɔlja]

melk (de)	mjölk (en)	['mjœlʲk]
gecondenseerde melk (de)	kondenserad mjölk (en)	[kɔndɛn'serad ˌmjœlʲk]
yoghurt (de)	yoghurt (en)	['jo:gɵ:t]
zure room (de)	gräddfil, syrad grädden (en)	['grɛdfilʲ], [syrad 'gredən]
room (de)	grädde (en)	['grɛdə]

mayonaise (de)	majonnäs (en)	[majɔ'nɛs]
crème (de)	kräm (en)	['krɛm]

graan (het)	gryn (en)	['gryn]
meel (het), bloem (de)	mjöl (ett)	['mjøːlʲ]
conserven (mv.)	konserv (en)	[kɔn'sɛrv]

maïsvlokken (mv.)	cornflakes (pl)	['koːɳˌflɛjks]
honing (de)	honung (en)	['hɔnuŋ]
jam (de)	sylt, marmelad (en)	['sylʲt], [marme'lʲad]
kauwgom (de)	tuggummi (ett)	['tugˌgumi]

42. Drankjes

water (het)	vatten (ett)	['vatən]
drinkwater (het)	dricksvatten (ett)	['driksˌvatən]
mineraalwater (het)	mineralvatten (ett)	[mine'ralʲˌvatən]

zonder gas	icke kolsyrat	['ikə 'kɔlʲˌsyrat]
koolzuurhoudend (bn)	kolsyrat	['kɔlʲˌsyrat]
bruisend (bn)	kolsyrat	['kɔlʲˌsyrat]

| IJs (het) | is (en) | ['is] |
| met ijs | med is | [me 'is] |

alcohol vrij (bn)	alkoholfri	[alʲkʊ'holʲˌfri:]
alcohol vrije drank (de)	alkoholfri dryck (en)	[alʲkʊ'holʲfri 'drʏk]
frisdrank (de)	läskedryck (en)	['lɛskəˌdrik]
limonade (de)	lemonad (en)	[lʲemɔ'nad]

alcoholische dranken (mv.)	alkoholhaltiga drycker (pl)	[alʲkʊ'holʲˌhalʲtiga 'drʏkər]
wijn (de)	vin (ett)	['vin]
witte wijn (de)	vitvin (ett)	['vitˌvin]
rode wijn (de)	rödvin (ett)	['rø:dˌvin]

likeur (de)	likör (en)	[li'kø:r]
champagne (de)	champagne (en)	[ɧam'panʲ]
vermout (de)	vermouth (en)	['vɛrmut]

whisky (de)	whisky (en)	['viski]
wodka (de)	vodka (en)	['vodka]
gin (de)	gin (ett)	['dʒin]
cognac (de)	konjak (en)	['konʲak]
rum (de)	rom (en)	['rom]

koffie (de)	kaffe (ett)	['kafə]
zwarte koffie (de)	svart kaffe (ett)	['sva:t 'kafə]
koffie (de) met melk	kaffe med mjölk (ett)	['kafə me mjœlʲk]
cappuccino (de)	cappuccino (en)	['kaputʃinʊ]
oploskoffie (de)	snabbkaffe (ett)	['snabˌkafə]

melk (de)	mjölk (en)	['mjœlʲk]
cocktail (de)	cocktail (en)	['koktɛjlʲ]
milkshake (de)	milkshake (en)	['milʲkˌʃɛjk]

sap (het)	juice (en)	['ju:s]
tomatensap (het)	tomatjuice (en)	[tʊ'matˌju:s]
sinaasappelsap (het)	apelsinjuice (en)	[apɛlʲ'sinˌju:s]
vers geperst sap (het)	nypressad juice (en)	['nʏˌprɛsad 'ju:s]

bier (het)	öl (ett)	['ø:lʲ]
licht bier (het)	ljust öl (ett)	['jʉ:stˌø:lʲ]
donker bier (het)	mörkt öl (ett)	['mœ:rkt ˌø:lʲ]

thee (de)	te (ett)	['te:]
zwarte thee (de)	svart te (ett)	['sva:t ˌte:]
groene thee (de)	grönt te (ett)	['grœnt te:]

43. Groenten

| groenten (mv.) | grönsaker (pl) | ['grø:nˌsakər] |
| verse kruiden (mv.) | grönsaker (pl) | ['grø:nˌsakər] |

tomaat (de)	tomat (en)	[tʊ'mat]
augurk (de)	gurka (en)	['gurka]
wortel (de)	morot (en)	['mʊˌrʊt]

aardappel (de)	potatis (en)	[pʊ'tatis]
ui (de)	lök (en)	['lʲøːk]
knoflook (de)	vitlök (en)	['vitˌlʲøːk]

kool (de)	kål (en)	['koːlʲ]
bloemkool (de)	blomkål (en)	['blʲʊmˌkoːlʲ]
spruitkool (de)	brysselkål (en)	['brʏsɛlʲˌkoːlʲ]
broccoli (de)	broccoli (en)	['brɔkɔli]

rode biet (de)	rödbeta (en)	['røːdˌbeta]
aubergine (de)	aubergine (en)	[ɔbɛr'ʒin]
courgette (de)	squash, zucchini (en)	['skvɔːɕ], [su'kini]
pompoen (de)	pumpa (en)	['pumpa]
raap (de)	rova (en)	['rʊva]

peterselie (de)	persilja (en)	[pɛ'ɕilja]
dille (de)	dill (en)	['dilʲ]
sla (de)	sallad (en)	['salʲad]
selderij (de)	selleri (en)	['sɛlʲeri]
asperge (de)	sparris (en)	['sparis]
spinazie (de)	spenat (en)	[spe'nat]

erwt (de)	ärter (pl)	['æːtər]
bonen (mv.)	bönor (pl)	['bønʊr]
maïs (de)	majs (en)	['majs]
boon (de)	böna (en)	['bøna]

peper (de)	peppar (en)	['pɛpar]
radijs (de)	rädisa (en)	['rɛːdisa]
artisjok (de)	kronärtskocka (en)	['krʊnæːtˌskɔka]

44. Vruchten. Noten

vrucht (de)	frukt (en)	['frʉkt]
appel (de)	äpple (ett)	['ɛplʲe]
peer (de)	päron (ett)	['pæːrɔn]
citroen (de)	citron (en)	[si'trʊn]
sinaasappel (de)	apelsin (en)	[apɛlʲ'sin]
aardbei (de)	jordgubbe (en)	['jʉːɖˌgubə]

mandarijn (de)	mandarin (en)	[manda'rin]
pruim (de)	plommon (ett)	['plʲʊmɔn]
perzik (de)	persika (en)	['pɛɕika]
abrikoos (de)	aprikos (en)	[apri'kʊs]
framboos (de)	hallon (ett)	['halʲɔn]
ananas (de)	ananas (en)	['ananas]

banaan (de)	banan (en)	['banan]
watermeloen (de)	vattenmelon (en)	['vatənˌme'lʲʊn]
druif (de)	druva (en)	['drʉːva]
zure kers (de)	körsbär (ett)	['ɕøːʂˌbæːr]
zoete kers (de)	fågelbär (ett)	['foːgəlʲˌbæːr]
meloen (de)	melon (en)	[me'lʲʊn]
grapefruit (de)	grapefrukt (en)	['grɛjpˌfrʉkt]

avocado (de)	avokado (en)	[avɔ'kadʊ]
papaja (de)	papaya (en)	[pa'paja]
mango (de)	mango (en)	['maŋgʊ]
granaatappel (de)	granatäpple (en)	[gra'natˌɛplʲe]

rode bes (de)	röda vinbär (ett)	['rø:da 'vinbæ:r]
zwarte bes (de)	svarta vinbär (ett)	['sva:ʈa 'vinbæ:r]
kruisbes (de)	krusbär (ett)	['kru:sˌbæ:r]
bosbes (de)	blåbär (ett)	['blʲo:ˌbæ:r]
braambes (de)	björnbär (ett)	['bjø:ɳˌbæ:r]

rozijn (de)	russin (ett)	['rusin]
vijg (de)	fikon (ett)	['fikɔn]
dadel (de)	dadel (en)	['dadəlʲ]

pinda (de)	jordnöt (en)	['ju:dˌnø:t]
amandel (de)	mandel (en)	['mandəlʲ]
walnoot (de)	valnöt (en)	['valʲˌnø:t]
hazelnoot (de)	hasselnöt (en)	['hasəlʲˌnø:t]
kokosnoot (de)	kokosnöt (en)	['kʊkʊsˌnø:t]
pistaches (mv.)	pistaschnötter (pl)	['pistaʃˌnœtər]

45. Brood. Snoep

suikerbakkerij (de)	konditorivaror (pl)	[kɔnditʊ'ri:ˌvarʊr]
brood (het)	bröd (ett)	['brø:d]
koekje (het)	småkakor (pl)	['smo:kakʊr]

chocolade (de)	choklad (en)	[ʃɔk'lʲad]
chocolade- (abn)	choklad-	[ʃɔk'lʲad-]
snoepje (het)	konfekt, karamell (en)	[kɔn'fɛkt], [kara'mɛlʲ]
cakeje (het)	kaka, bakelse (en)	['kaka], ['bakəlʲsə]
taart (bijv. verjaardags~)	tårta (en)	['to:ʈa]

pastei (de)	paj (en)	['paj]
vulling (de)	fyllning (en)	['fylʲˈniŋ]

confituur (de)	sylt (en)	['sylʲt]
marmelade (de)	marmelad (en)	[marme'lʲad]
wafel (de)	våffle (en)	['vɔflʲe]
IJsje (het)	glass (en)	['glʲas]
pudding (de)	pudding (en)	['pudiŋ]

46. Bereide gerechten

gerecht (het)	rätt (en)	['ræt]
keuken (bijv. Franse ~)	kök (ett)	['ɕø:k]
recept (het)	recept (ett)	[re'sɛpt]
portie (de)	portion (en)	[pɔ:ʈˈʃʊn]

salade (de)	sallad (en)	['salʲad]
soep (de)	soppa (en)	['sɔpa]

bouillon (de)	buljong (en)	[bu'ljɔŋ]
boterham (de)	smörgås (en)	['smœr‚goːs]
spiegelei (het)	stekt ägg (en)	['stɛkt ‚ɛg]

| hamburger (de) | hamburgare (en) | ['hamburgarə] |
| biefstuk (de) | biffstek (en) | ['bif‚stɛk] |

garnering (de)	tillbehör (ett)	['tilᶨbe‚hør]
spaghetti (de)	spagetti	[spa'gɛti]
aardappelpuree (de)	potatismos (ett)	[pʊ'tatis‚mʊs]
pizza (de)	pizza (en)	['pitsa]
pap (de)	gröt (en)	['grøːt]
omelet (de)	omelett (en)	[ɔmə'lᶨet]

gekookt (in water)	kokt	['kʊkt]
gerookt (bn)	rökt	['rœkt]
gebakken (bn)	stekt	['stɛkt]
gedroogd (bn)	torkad	['tɔrkad]
diepvries (bn)	fryst	['frʏst]
gemarineerd (bn)	sylt-	['sylᶨt-]

zoet (bn)	söt	['søːt]
gezouten (bn)	salt	['salᶨt]
koud (bn)	kall	['kalᶨ]
heet (bn)	het, varm	['het], ['varm]
bitter (bn)	bitter	['bitər]
lekker (bn)	läcker	['lᶨɛkər]

koken (in kokend water)	att koka	[at 'kʊka]
bereiden (avondmaaltijd ~)	att laga	[at 'lᶨaga]
bakken (ww)	att steka	[at 'steka]
opwarmen (ww)	att värma upp	[at 'væːrma up]

zouten (ww)	att salta	[at 'salᶨta]
peperen (ww)	att peppra	[at 'pepra]
raspen (ww)	att riva	[at 'riva]
schil (de)	skal (ett)	['skalᶨ]
schillen (ww)	att skala	[at 'skalᶨa]

47. Kruiden

zout (het)	salt (ett)	['salᶨt]
gezouten (bn)	salt	['salᶨt]
zouten (ww)	att salta	[at 'salᶨta]

zwarte peper (de)	svartpeppar (en)	['svaːt̪‚pɛpar]
rode peper (de)	rödpeppar (en)	['røːd‚pɛpar]
mosterd (de)	senap (en)	['seːnap]
mierikswortel (de)	pepparrot (en)	['pɛpa‚rʊt]

condiment (het)	krydda (en)	['krʏda]
specerij , kruiderij (de)	krydda (en)	['krʏda]
saus (de)	sås (en)	['soːs]
azijn (de)	ättika (en)	['ætika]

anijs (de)	anis (en)	['anis]
basilicum (de)	basilika (en)	[ba'silika]
kruidnagel (de)	nejlika (en)	['nɛjlika]
gember (de)	ingefära (en)	['iŋəˌfæːra]
koriander (de)	koriander (en)	[kɔri'andər]
kaneel (de/het)	kanel (en)	[ka'nelʲ]

sesamzaad (het)	sesam (en)	['sesam]
laurierblad (het)	lagerblad (ett)	['lʲagərˌblʲad]
paprika (de)	paprika (en)	['paprika]
komijn (de)	kummin (en)	['kumin]
saffraan (de)	saffran (en)	['safran]

48. Maaltijden

| eten (het) | mat (en) | ['mat] |
| eten (ww) | att äta | [at 'ɛːta] |

ontbijt (het)	frukost (en)	['frʉːkɔst]
ontbijten (ww)	att äta frukost	[at 'ɛːta 'frʉːkɔst]
lunch (de)	lunch (en)	['lʉnɡ]
lunchen (ww)	att äta lunch	[at 'ɛːta ˌlʉnɡ]
avondeten (het)	kvällsmat (en)	['kvɛlʲsˌmat]
souperen (ww)	att äta kvällsmat	[at 'ɛːta 'kvɛlʲsˌmat]

| eetlust (de) | aptit (en) | ['aptit] |
| Eet smakelijk! | Smaklig måltid! | ['smaklig 'moːlʲtid] |

openen (een fles ~)	att öppna	[at 'øpna]
morsen (koffie, enz.)	att spilla	[at 'spilʲa]
zijn gemorst	att spillas ut	[at 'spilʲas ʉt]

koken (water kookt bij 100°C)	att koka	[at 'kʊka]
koken (Hoe om water te ~)	att koka	[at 'kʊka]
gekookt (~ water)	kokt	['kʊkt]
afkoelen (koeler maken)	att avkyla	[at 'avˌɕylʲa]
afkoelen (koeler worden)	att avkylas	[at 'avˌɕylʲas]

| smaak (de) | smak (en) | ['smak] |
| nasmaak (de) | bismak (en) | ['bismak] |

volgen een dieet	att vara på diet	[at 'vara pɔ di'et]
dieet (het)	diet (en)	[di'et]
vitamine (de)	vitamin (ett)	[vita'min]
calorie (de)	kalori (en)	[kalʲɔ'riː]
vegetariër (de)	vegetarian (en)	[vegetiri'an]
vegetarisch (bn)	vegetarisk	[vege'tarisk]

vetten (mv.)	fett (ett)	['fɛt]
eiwitten (mv.)	proteiner (pl)	[prɔte'iːnər]
koolhydraten (mv.)	kolhydrater (pl)	['kɔlʲhyˌdratər]
snede (de)	skiva (en)	['ɧiva]
stuk (bijv. een ~ taart)	bit (en)	['bit]
kruimel (de)	smula (en)	['smʉlʲa]

49. Tafelschikking

lepel (de)	**sked (en)**	['ɧed]
mes (het)	**kniv (en)**	['kniv]
vork (de)	**gaffel (en)**	['gafəlʲ]
kopje (het)	**kopp (en)**	['kop]
bord (het)	**tallrik (en)**	['talʲrik]
schoteltje (het)	**tefat (ett)**	['te‚fat]
servet (het)	**servett (en)**	[sɛr'vɛt]
tandenstoker (de)	**tandpetare (en)**	['tand‚petarə]

50. Restaurant

restaurant (het)	**restaurang (en)**	[rɛstɔ'raŋ]
koffiehuis (het)	**kafé (ett)**	[ka'fe:]
bar (de)	**bar (en)**	['bar]
tearoom (de)	**tehus (ett)**	['te:‚hʉs]
kelner, ober (de)	**servitör (en)**	[sɛrvi'tø:r]
serveerster (de)	**servitris (en)**	[sɛrvi'tris]
barman (de)	**bartender (en)**	['ba:‚ʈɛndər]
menu (het)	**meny (en)**	[me'ny]
wijnkaart (de)	**vinlista (en)**	['vin‚lista]
een tafel reserveren	**att reservera bord**	[at resɛr'vera bʉːɖ]
gerecht (het)	**rätt (en)**	['ræt]
bestellen (eten ~)	**att beställa**	[at be'stɛlʲa]
een bestelling maken	**att beställa**	[at be'stɛlʲa]
aperitief (de/het)	**aperitif (en)**	[aperi'tif]
voorgerecht (het)	**förrätt (en)**	['fœ:ræt]
dessert (het)	**dessert (en)**	[dɛ'sɛ:r]
rekening (de)	**nota (en)**	['nʉta]
de rekening betalen	**att betala notan**	[at be'talʲa 'nʉtan]
wisselgeld teruggeven	**att ge tillbaka växel**	[at je: tilʲ'baka 'vɛksəlʲ]
fooi (de)	**dricks (en)**	['driks]

Familie, verwanten en vrienden

51. Persoonlijke informatie. Formulieren

naam (de)	namn (ett)	['namn]
achternaam (de)	efternamn (ett)	['ɛftə‚ŋamn]
geboortedatum (de)	födelsedatum (ett)	['fø:dəlʲsə‚datum]
geboorteplaats (de)	födelseort (en)	['fø:dəlʲsə‚ɔ:t]

nationaliteit (de)	nationalitet (en)	[natʃʊnali'tet]
woonplaats (de)	bostadsort (en)	['bostads‚ɔ:t]
land (het)	land (ett)	['lʲand]
beroep (het)	yrke (ett), profession (en)	['yrkə], [prɔfe'ʃʊn]

geslacht (ov. het vrouwelijk ~)	kön (ett)	['ɕø:n]
lengte (de)	höjd (en)	['hœjd]
gewicht (het)	vikt (en)	['vikt]

52. Familieleden. Verwanten

moeder (de)	mor (en)	['mʊr]
vader (de)	far (en)	['far]
zoon (de)	son (en)	['sɔn]
dochter (de)	dotter (en)	['dɔtər]
jongste dochter (de)	yngsta dotter (en)	['yŋsta 'dɔtər]
jongste zoon (de)	yngste son (en)	['yŋstə sɔn]
oudste dochter (de)	äldsta dotter (en)	['ɛlʲsta 'dɔtər]
oudste zoon (de)	äldste son (en)	['ɛlʲstə 'sɔn]

broer (de)	bror (en)	['brʊr]
oudere broer (de)	storebror (en)	['stʊrə‚brʊr]
jongere broer (de)	lillebror (en)	['lilʲe‚brʊr]
zuster (de)	syster (en)	['sʏstər]
oudere zuster (de)	storasyster (en)	['stʊra‚sʏstər]
jongere zuster (de)	lillasyster (en)	['lilʲa‚sʏstər]

neef (zoon van oom, tante)	kusin (en)	[kʉ'si:n]
nicht (dochter van oom, tante)	kusin (en)	[kʉ'si:n]
mama (de)	mamma (en)	['mama]
papa (de)	pappa (en)	['papa]
ouders (mv.)	föräldrar (pl)	[før'ɛlʲdrar]
kind (het)	barn (ett)	['ba:ɳ]
kinderen (mv.)	barn (pl)	['ba:ɳ]

| oma (de) | mormor, farmor (en) | ['mʊrmʊr], ['farmʊr] |
| opa (de) | morfar, farfar (en) | ['mʊrfar], ['farfar] |

kleinzoon (de)	barnbarn (ett)	['baːŋ̩baːŋ]
kleindochter (de)	barnbarn (ett)	['baːŋ̩baːŋ]
kleinkinderen (mv.)	barnbarn (pl)	['baːŋ̩baːŋ]

oom (de)	farbror, morbror (en)	['far̩brʊr], ['mʊr̩brʊr]
tante (de)	faster, moster (en)	['fastər], ['mʊstər]
neef (zoon van broer, zus)	brorson, systerson (en)	['brʊr̩sɔn], ['systə̩sɔn]
nicht (dochter van broer ,zus)	brorsdotter, systerdotter (en)	['brʊːʂ̩dotər], ['systə̩dotər]

schoonmoeder (de)	svärmor (en)	['svæːr̩mʊr]
schoonvader (de)	svärfar (en)	['svæːr̩far]
schoonzoon (de)	svärson (en)	['svæː̩sɔn]
stiefmoeder (de)	styvmor (en)	['styv̩mʊr]
stiefvader (de)	styvfar (en)	['styv̩far]

zuigeling (de)	spädbarn (ett)	['spɛːd̩baːŋ]
wiegenkind (het)	spädbarn (ett)	['spɛːd̩baːŋ]
kleuter (de)	baby, bäbis (en)	['bɛːbi], ['bɛːbis]

vrouw (de)	hustru (en)	['hʊstrʉ]
man (de)	man (en)	['man]
echtgenoot (de)	make, äkta make (en)	['makə], ['ɛkta ˌmakə]
echtgenote (de)	hustru (en)	['hʊstrʉ]

gehuwd (mann.)	gift	['jift]
gehuwd (vrouw.)	gift	['jift]
ongehuwd (mann.)	ogift	[ʊːˈjift]
vrijgezel (de)	ungkarl (en)	['ʊŋ̩kar]
gescheiden (bn)	frånskild	['froːnˌɧilʲd]
weduwe (de)	änka (en)	['ɛŋka]
weduwnaar (de)	änkling (en)	['ɛŋkliŋ]

familielid (het)	släkting (en)	['slʲɛktiŋ]
dichte familielid (het)	nära släkting (en)	['næːra 'slʲɛktiŋ]
verre familielid (het)	fjärran släkting (en)	['fjæːran 'slʲɛktiŋ]
familieleden (mv.)	släktingar (pl)	['slʲɛktiŋar]

wees (de), weeskind (het)	föräldralöst barn (ett)	[før'ɛlʲdralʲœst 'baːŋ]
voogd (de)	förmyndare (en)	['førˌmʏndarə]
adopteren (een jongen te ~)	att adoptera	[at adɔp'tera]
adopteren (een meisje te ~)	att adoptera	[at adɔp'tera]

53. Vrienden. Collega's

vriend (de)	vän (en)	['vɛːn]
vriendin (de)	väninna (en)	[vɛːˈnina]
vriendschap (de)	vänskap (en)	['vɛnˌskap]
bevriend zijn (ww)	att vara vänner	[at 'vara 'vɛnər]

makker (de)	vän (en)	['vɛːn]
vriendin (de)	väninna (en)	[vɛːˈnina]
partner (de)	partner (en)	['paːʈnər]
chef (de)	chef (en)	['ɧef]

baas (de)	överordnad (en)	['ø:vər,ɔ:dnat]
eigenaar (de)	ägare (en)	['ɛ:garə]
ondergeschikte (de)	underordnad (en)	['undər,ɔ:dnat]
collega (de)	kollega (en)	[kɔ'lʲe:ga]

kennis (de)	bekant (en)	[be'kant]
medereiziger (de)	resekamrat (en)	['resə,kam'rat]
klasgenoot (de)	klasskamrat (en)	['klʲas,kam'rat]

buurman (de)	granne (en)	['granə]
buurvrouw (de)	granne (en)	['granə]
buren (mv.)	grannar (pl)	['granar]

54. Man. Vrouw

vrouw (de)	kvinna (en)	['kvina]
meisje (het)	tjej, flicka (en)	[ɕej], ['flika]
bruid (de)	brud (en)	['brʉ:d]

mooi(e) (vrouw, meisje)	vacker	['vakər]
groot, grote (vrouw, meisje)	lång	['lʲɔŋ]
slank(e) (vrouw, meisje)	slank	['slʲaŋk]
korte, kleine (vrouw, meisje)	kort	['kɔ:t]

| blondine (de) | blondin (en) | [blʲɔn'din] |
| brunette (de) | brunett (en) | [brʉ'nɛt] |

dames- (abn)	dam-	['dam-]
maagd (de)	jungfru (en)	['jʉŋfrʉ:]
zwanger (bn)	gravid	[gra'vid]

man (de)	man (en)	['man]
blonde man (de)	blond man (en)	['blʲɔnd man]
bruinharige man (de)	brunhårig (en)	['brʉn,ho:rig]
groot (bn)	lång	['lʲɔŋ]
klein (bn)	kort	['kɔ:t]

onbeleefd (bn)	ohövlig	[ʊ:'høvlig]
gedrongen (bn)	undersätsig	['undə,sœtsig]
robuust (bn)	robust	[rʉ'bust]
sterk (bn)	stark	['stark]
sterkte (de)	styrka (en)	['styrka]

mollig (bn)	tjock	['ɕøk]
getaand (bn)	mörkhyad	['mœ:rk,hyad]
slank (bn)	slank	['slʲaŋk]
elegant (bn)	elegant	[ɛlʲe'gant]

55. Leeftijd

| leeftijd (de) | ålder (en) | ['ɔlʲdər] |
| jeugd (de) | ungdom (en) | ['uŋ,dʊm] |

jong (bn)	ung	['uŋ]
jonger (bn)	yngre	['yŋrə]
ouder (bn)	äldre	['ɛlʲdrə]

jongen (de)	yngling (en)	['yŋliŋ]
tiener, adolescent (de)	tonåring (en)	[tɔ'noːriŋ]
kerel (de)	grabb (en)	['grab]

oude man (de)	gammal man (en)	['gamalʲ ˌman]
oude vrouw (de)	gumma (en)	['guma]

volwassen (bn)	vuxen	['vuksən]
van middelbare leeftijd (bn)	medelålders	['medəlʲˌɔldɛʂ]
bejaard (bn)	äldre	['ɛlʲdrə]
oud (bn)	gammal	['gamalʲ]

pensioen (het)	pension (en)	[pan'ɧʊn]
met pensioen gaan	att gå i pension	[at 'goː i pan'ɧʊn]
gepensioneerde (de)	pensionär (en)	[panɧʊ'næːr]

56. Kinderen

kind (het)	barn (ett)	['baːɳ]
kinderen (mv.)	barn (pl)	['baːɳ]
tweeling (de)	tvillingar (pl)	['tviliŋar]

wieg (de)	vagga (en)	['vaga]
rammelaar (de)	skallra (en)	['skalʲra]
luier (de)	blöja (en)	['blʲœja]

speen (de)	napp (en)	['nap]
kinderwagen (de)	barnvagn (en)	['baːɳˌvagn]
kleuterschool (de)	dagis (ett), förskola (en)	['dagis], ['fœːˌʂkʊlʲa]
babysitter (de)	barnflicka (en)	['baːɳˌflika]

kindertijd (de)	barndom (en)	['baːɳˌdʊm]
pop (de)	docka (en)	['dɔka]
speelgoed (het)	leksak (en)	['lʲekˌsak]
bouwspeelgoed (het)	byggleksak (en)	['bygglʲekˌsak]
welopgevoed (bn)	väluppfostrad	['vɛlʲˌupˈfʊstrad]
onopgevoed (bn)	ouppfostrad	['oupˌfostrad]
verwend (bn)	bortskämd	['bɔːʈɛːmd]

stout zijn (ww)	att vara stygg	[at 'vara styg]
stout (bn)	okynnig	[ʊ:'ɕʏnig]
stoutheid (de)	okynnighet (en)	[ʊ:'ɕʏnigˌhet]
stouterd (de)	okynnig barn (en)	[ʊ:'ɕʏnig 'baːɳ]

gehoorzaam (bn)	lydig	['lʲydig]
ongehoorzaam (bn)	olydig	[ʊ:'lʲydig]

braaf (bn)	foglig	['foglʲig]
slim (verstandig)	klok	['klʲʊk]
wonderkind (het)	underbarn (ett)	['undəˌbaːɳ]

57. Gehuwde paren. Gezinsleven

kussen (een kus geven)	att kyssa	[at 'ɕysa]
elkaar kussen (ww)	att kyssas	[at 'ɕysas]
gezin (het)	familj (en)	[fa'milj]
gezins- (abn)	familje-	[fa'miljə-]
paar (het)	par (ett)	['par]
huwelijk (het)	äktenskap (ett)	['ɛktən‚skap]
thuis (het)	hemmets härd (en)	['hɛməts hæːɖ]
dynastie (de)	dynasti (en)	[dynas'ti]

date (de)	date, träff (en)	['dɛjt], ['trɛf]
zoen (de)	kyss (en)	['ɕys]

liefde (de)	kärlek (en)	['ɕæː:ǀˠek]
liefhebben (ww)	att älska	[at 'ɛlˠska]
geliefde (bn)	älskling	['ɛlˠskliŋ]

tederheid (de)	ömhet (en)	['øm‚het]
teder (bn)	öm	['øːm]
trouw (de)	trohet (en)	['trʊ‚het]
trouw (bn)	trogen	['trʊgən]
zorg (bijv. bejaarden~)	omsorg (en)	['ɔm‚sɔrj]
zorgzaam (bn)	omtänksam	['ɔm‚tɛŋksam]

jonggehuwden (mv.)	de nygifta	[de 'ny‚jifta]
wittebroodsweken (mv.)	smekmånad (en)	['smek‚mɔːnad]
trouwen (vrouw)	att gifta sig	[at 'jifta sɛj]
trouwen (man)	att gifta sig	[at 'jifta sɛj]

bruiloft (de)	bröllop (ett)	['brœlˠɔp]
gouden bruiloft (de)	guldbröllop (ett)	['gulˠd‚brœlˠɔp]
verjaardag (de)	årsdag (en)	['oːʂ‚dag]

minnaar (de)	älskare (en)	['ɛlˠskarə]
minnares (de)	älskarinna (en)	[ɛlˠska'rina]

overspel (het)	otrohet (en)	[ʊː'trʊhet]
overspel plegen (ww)	att vara otrogen	[at 'vara ʊː'trʊgən]
jaloers (bn)	svartsjuk	['svaːʈ‚ɧʉːk]
jaloers zijn (echtgenoot, enz.)	att vara svartsjuk	[at 'vara 'svaːʈ‚ɧʉːk]
echtscheiding (de)	skilsmässa (en)	['ɧilˠs‚mɛsa]
scheiden (ww)	att skilja sig	[at 'ɧilja sɛj]

ruzie hebben (ww)	att gräla	[at 'grɛːlˠa]
vrede sluiten (ww)	att försona sig	[at fœː'ʂʊna sɛj]
samen (bw)	tillsammans	[tilˠ'samans]
seks (de)	sex (ett)	['sɛks]

geluk (het)	lycka (en)	['lˠyka]
gelukkig (bn)	lycklig	['lˠyklig]
ongeluk (het)	olycka (en)	[ʊː'lˠyka]
ongelukkig (bn)	olycklig	[ʊː'lˠyklig]

Karakter. Gevoelens. Emoties

58. Gevoelens. Emoties

gevoel (het)	känsla (en)	['ɕɛnslʲa]
gevoelens (mv.)	känslor (pl)	['ɕɛnslʲʊr]
voelen (ww)	att känna	[at 'ɕɛna]
honger (de)	hunger (en)	['hʊŋər]
honger hebben (ww)	att vara hungrig	[at 'vara 'hʊŋrig]
dorst (de)	törst (en)	['tø:ʂt]
dorst hebben	att vara törstig	[at 'vara 'tø:ʂtig]
slaperigheid (de)	sömnighet (en)	['sœmnig,het]
willen slapen	att vara sömnig	[at 'vara 'sœmnig]
moeheid (de)	trötthet (en)	['trœt,het]
moe (bn)	trött	['trœt]
vermoeid raken (ww)	att bli trött	[at bli 'trœt]
stemming (de)	humör (ett)	[hʉ'mœ:r]
verveling (de)	leda (en)	['lʲeda]
zich vervelen (ww)	att ha tråkigt	[at ha 'tro:kit]
afzondering (de)	avstängdhet (en)	['avstɛŋd,het]
zich afzonderen (ww)	att isolera sig	[at isʊ'lʲera sɛj]
bezorgd maken (ww)	att bekymra, att oroa	[at be'ɕymra], [at 'ʊ:rʊa]
zich bezorgd maken	att bekymra sig	[at be'ɕymra sɛj]
zorg (bijv. geld~en)	bekymmer (pl)	[be'ɕymər]
ongerustheid (de)	oro (en)	['ʊrʊ]
ongerust (bn)	bekymrad	[be'ɕymrad]
zenuwachtig zijn (ww)	att vara nervös	[at 'vara nɛr'vø:s]
in paniek raken	att råka i panik	[at 'ro:ka i pa'nik]
hoop (de)	hopp (ett)	['hɔp]
hopen (ww)	att hoppas	[at 'hɔpas]
zekerheid (de)	säkerhet (en)	['sɛ:kər,het]
zeker (bn)	säker	['sɛ:kər]
onzekerheid (de)	osäkerhet (en)	[ʊ:'sɛ:kərhet]
onzeker (bn)	osäker	[ʊ:'sɛ:kər]
dronken (bn)	full	['fulʲ]
nuchter (bn)	nykter	['nʏktər]
zwak (bn)	svag	['svag]
gelukkig (bn)	lyckad	['lʲykad]
doen schrikken (ww)	att skrämma	[at 'skrɛma]
toorn (de)	raseri (ett)	[rase'ri:]
woede (de)	raseri (ett)	[rase'ri:]
depressie (de)	depression (en)	[deprɛ'ʃʊn]
ongemak (het)	obehag (ett)	['ʊbe,hag]

gemak, comfort (het)	komfort (en)	[kɔm'fɔ:t]
spijt hebben (ww)	att beklaga	[at be'klʲaga]
spijt (de)	beklagande (ett)	[be'klʲagandə]
pech (de)	otur (en)	[ʊ:'tɵr]
bedroefdheid (de)	sorg (en)	['sɔrj]

schaamte (de)	skam (en)	['skam]
pret (de), plezier (het)	glädje (en)	['glʲɛdjə]
enthousiasme (het)	entusiasm (en)	[æntusi'asm]
enthousiasteling (de)	entusiast (en)	[æntusi'ast]
enthousiasme vertonen	att visa entusiasm	[at 'visa æntusi'asm]

59. Karakter. Persoonlijkheid

karakter (het)	karaktär (en)	[karak'tæ:r]
karakterfout (de)	karaktärsbrist (en)	[karak'tæ:ʂˌbrist]
verstand (het)	sinne (ett)	['sinə]
rede (de)	förstånd (ett)	[fœ:'ʂtɔnd]

geweten (het)	samvete (ett)	['samvetə]
gewoonte (de)	vana (en)	['vana]
bekwaamheid (de)	förmåga (en)	[før'mo:ga]
kunnen (bijv., ~ zwemmen)	att kunna	[at 'kuna]

geduldig (bn)	tålmodig	[tɔ:lʲ'mʊdig]
ongeduldig (bn)	otålig	[ʊ:'tɔ:lig]
nieuwsgierig (bn)	nyfiken	['ny,fikən]
nieuwsgierigheid (de)	nyfikenhet (en)	['ny,fikənhet]

bescheidenheid (de)	blygsamhet (en)	['blʲygsam,het]
bescheiden (bn)	blygsam	['blʲygsam]
onbescheiden (bn)	oblyg	[ʊ:'blʲyg]

luiheid (de)	lättja (en)	['lʲætja]
lui (bn)	lat	['lʲat]
luiwammes (de)	latmask (en)	['lʲat,mask]

sluwheid (de)	list (en)	['list]
sluw (bn)	listig	['listig]
wantrouwen (het)	misstro (en)	['mis,trʊ]
wantrouwig (bn)	misstrogen	['mis,trʊgən]

gulheid (de)	generositet (en)	[ɧenerɔsi'tet]
gul (bn)	generös	[ɧene'rø:s]
talentrijk (bn)	talangfull	[ta'lʲaŋ,fulʲ]
talent (het)	talang (en)	[ta'lʲaŋ]

moedig (bn)	modig	['mʊdig]
moed (de)	mod (ett)	['mʊd]
eerlijk (bn)	ärlig	['æ:lig]
eerlijkheid (de)	ärlighet (en)	['æ:lig,het]

| voorzichtig (bn) | försiktig | [fœ:'ʂiktig] |
| manhaftig (bn) | modig | ['mʊdig] |

59

| ernstig (bn) | allvarlig | [alˈvɑːⁱig] |
| streng (bn) | sträng | [ˈstrɛŋ] |

resoluut (bn)	beslutsam	[beˈslʉːtsam]
onzeker, irresoluut (bn)	obeslutsam	[ˈʊbeˌslʉːtsam]
schuchter (bn)	blyg	[ˈblⁱyg]
schuchterheid (de)	blyghet (en)	[ˈblⁱygˌhet]

vertrouwen (het)	tillit (en)	[ˈtilⁱit]
vertrouwen (ww)	att tro	[at ˈtrʊ]
goedgelovig (bn)	tillitsfull	[ˈtilitsˌfulⁱ]

oprecht (bw)	uppriktigt	[ˈupˌriktit]
oprecht (bn)	uppriktig	[ˈupˌriktig]
oprechtheid (de)	uppriktighet (en)	[ˈupˌriktighet]
open (bn)	öppen	[ˈøpən]

rustig (bn)	stilla	[ˈstilⁱa]
openhartig (bn)	uppriktig	[ˈupˌriktig]
naïef (bn)	naiv	[naˈiːv]
verstrooid (bn)	förströdd	[fœːˈʂtrœd]
leuk, grappig (bn)	rolig	[ˈrʊlig]

gierigheid (de)	girighet (en)	[ˈjiriˌhet]
gierig (bn)	girig	[ˈjirig]
inhalig (bn)	snål	[ˈsnoːlⁱ]
kwaad (bn)	ond	[ˈʊnd]
koppig (bn)	hårdnackad	[ˈhoːɖnakad]
onaangenaam (bn)	obehaglig	[ˈʊbeˌhaglig]

egoïst (de)	egoist (en)	[ɛgʊˈist]
egoïstisch (bn)	egoistisk	[ɛgʊˈistisk]
lafaard (de)	ynkrygg (en)	[ˈyŋkrʏg]
laf (bn)	feg	[ˈfeg]

60. Slaap. Dromen

slapen (ww)	att sova	[at ˈsɔva]
slaap (in ~ vallen)	sömn (en)	[ˈsœmn]
droom (de)	dröm (en)	[ˈdrøːm]
dromen (in de slaap)	att drömma	[at ˈdrœma]
slaperig (bn)	sömnig	[ˈsœmnig]

bed (het)	säng (en)	[ˈsɛŋ]
matras (de)	madrass (en)	[madˈras]
deken (de)	täcke (ett)	[ˈtɛkə]
kussen (het)	kudde (en)	[ˈkudə]
laken (het)	lakan (ett)	[ˈlⁱakan]

slapeloosheid (de)	sömnlöshet (en)	[ˈsœmnlⁱøsˌhet]
slapeloos (bn)	sömnlös	[ˈsœmnˌlⁱøːs]
slaapmiddel (het)	sömnpille (ett)	[ˈsœmnˌpilⁱe]
slaapmiddel innemen	att ta ett sömnpille	[at ta ɛt ˈsœmnˌpilⁱe]
willen slapen	att vara sömnig	[at ˈvara ˈsœmnig]

geeuwen (ww)	att gäspa	[at 'jɛspa]
gaan slapen	att gå till sängs	[at 'go: tilʲ 'sɛŋs]
het bed opmaken	att bädda	[at 'bɛda]
inslapen (ww)	att falla i sömn	[at 'falʲa i 'sœmn]

nachtmerrie (de)	mardröm (en)	['maːdˌrøm]
gesnurk (het)	snarkning (en)	['snarkniŋ]
snurken (ww)	att snarka	[at 'snarka]

wekker (de)	väckarklocka (en)	['vɛkarˌklʲɔka]
wekken (ww)	att väcka	[at 'vɛka]
wakker worden (ww)	att vakna	[at 'vakna]
opstaan (ww)	att gå upp	[at 'go: 'up]
zich wassen (ww)	att tvätta sig	[at 'tvæta sɛj]

61. Humor. Gelach. Blijdschap

humor (de)	humor (en)	['hʉːmʊr]
gevoel (het) voor humor	sinne (ett) för humor	['sinə før 'hʉːmʊr]
plezier hebben (ww)	att ha roligt	[at ha 'rʊlit]
vrolijk (bn)	glad, munter	['glʲad], ['muntər]
pret (de), plezier (het)	uppsluppenhet (en)	['upˌslupənhet]

glimlach (de)	leende (ett)	['lʲeəndə]
glimlachen (ww)	att småle	[at 'smoːlʲe]
beginnen te lachen (ww)	att börja skratta	[at 'bœrja 'skrata]
lachen (ww)	att skratta	[at 'skrata]
lach (de)	skratt (ett)	['skrat]

mop (de)	anekdot (en)	[anɛk'dɔt]
grappig (een ~ verhaal)	rolig	['rʊlig]
grappig (~e clown)	lustig, löjlig	['lʉːstig], ['lʲœjlig]

grappen maken (ww)	att skämta, att skoja	[at 'ʃɛmta], [at 'skɔja]
grap (de)	skämt, skoj (ett)	['ʃɛmt], ['skɔj]
blijheid (de)	glädje (en)	['glʲɛdjə]
blij zijn (ww)	att glädja sig	[at 'glʲɛdja sɛj]
blij (bn)	glad	['glʲad]

62. Discussie, conversatie. Deel 1

communicatie (de)	kommunikation (en)	[kɔmʉnika'ʃʉn]
communiceren (ww)	att kommunicera	[at kɔmʉni'sera]

conversatie (de)	samtal (ett)	['samtalʲ]
dialoog (de)	dialog (en)	[dia'lʲɔg]
discussie (de)	diskussion (en)	[diskʉ'ʃʉn]
debat (het)	debatt (en)	[de'bat]
debatteren, twisten (ww)	att diskutera	[at diskʉ'tera]

gesprekspartner (de)	samtalspartner (en)	['samtalʲs 'paːʈnər]
thema (het)	ämne (ett)	['ɛmnə]

standpunt (het)	synpunkt (en)	['syn,puŋkt]
mening (de)	mening (en)	['meniŋ]
toespraak (de)	tal (ett)	['talʲ]

bespreking (de)	diskussion (en)	[disku'ʃʊn]
bespreken (spreken over)	att dryfta, att diskutera	[at 'dryfta], [at disku'tera]
gesprek (het)	samtal (ett)	['samtalʲ]
spreken (converseren)	att samtala	[at 'samtalʲa]
ontmoeting (de)	möte (ett)	['mø:tə]
ontmoeten (ww)	att mötas	[at 'mø:tas]

spreekwoord (het)	ordspråk (ett)	['ʊːd̩ˌsproːk]
gezegde (het)	ordstäv (ett)	['ʊːd̩ˌstɛːv]
raadsel (het)	gåta (en)	['goːta]
een raadsel opgeven	att utgöra en gåta	[at 'ʉtˌjøːra ɛn 'goːta]
wachtwoord (het)	lösenord (ett)	['lʲøːsənˌʊːd̩]
geheim (het)	hemlighet (en)	['hɛmligˌhet]

eed (de)	ed (en)	['ɛd]
zweren (een eed doen)	att svära	[at 'svæːra]
belofte (de)	löfte (ett)	['lʲœftə]
beloven (ww)	att lova	[at 'lʲova]

advies (het)	råd (ett)	['roːd]
adviseren (ww)	att råda	[at 'roːda]
advies volgen (iemands ~)	att följa råd	[at 'fœlja rad]
luisteren (gehoorzamen)	att hörsamma	[at 'høːrˌsama]

nieuws (het)	nyhet (en)	['nyhet]
sensatie (de)	sensation (en)	[sɛnsa'ʃʊn]
informatie (de)	upplysningar (pl)	['upˌlysniŋar]
conclusie (de)	slutsats (en)	['slʉːtsats]
stem (de)	röst, stämma (en)	['rœst], ['stɛma]
compliment (het)	komplimang (en)	[kɔmpli'maŋ]
vriendelijk (bn)	älskvärd	['ɛlʲskˌvæːd]

woord (het)	ord (ett)	['ʊːd]
zin (de), zinsdeel (het)	fras (en)	['fras]
antwoord (het)	svar (ett)	['svar]

waarheid (de)	sanning (en)	['saniŋ]
leugen (de)	lögn (en)	['lʲœgn]

gedachte (de)	tanke (en)	['taŋkə]
idee (de/het)	idé (en)	[i'deː]
fantasie (de)	fantasi (en)	[fanta'siː]

63. Discussie, conversatie. Deel 2

gerespecteerd (bn)	respekterad	[rɛspɛk'terad]
respecteren (ww)	att respektera	[at rɛspɛk'tera]
respect (het)	respekt (en)	[rɛ'spɛkt]
Geachte ... (brief)	Ärade ...	['æːradə ...]
voorstellen (Mag ik jullie ~)	att introducera	[at introdu'sera]

kennismaken (met ...)	att göra bekantskap med	[at 'jø:ra be'kant‚skap me]
intentie (de)	avsikt (en)	['avsikt]
intentie hebben (ww)	att ha för avsikt	[at 'ha før 'avsikt]
wens (de)	önskan (en)	['ønskan]
wensen (ww)	att önska	[at 'ønska]

verbazing (de)	överraskning (en)	['ø:vǝ‚rɔskniŋ]
verbazen (verwonderen)	att förvåna	[at før'vo:na]
verbaasd zijn (ww)	att bli förvånad	[at bli før'vo:nad]

geven (ww)	att ge	[at je:]
nemen (ww)	att ta	[at ta]
teruggeven (ww)	att ge tillbaka	[at je: tilʲ'baka]
retourneren (ww)	att returnera	[at retɵr'nera]

zich verontschuldigen	att ursäkta sig	[at 'ɵ:‚sɛkta sɛj]
verontschuldiging (de)	ursäkt (en)	['ɵ:‚sɛkt]
vergeven (ww)	att förlåta	[at 'fœ:‚lʲo:ta]

spreken (ww)	att tala	[at 'talʲa]
luisteren (ww)	att lyssna	[at 'lʲysna]
aanhoren (ww)	att höra på	[at 'hø:ra pɔ]
begrijpen (ww)	att förstå	[at fœ:'ʂto:]

tonen (ww)	att visa	[at 'visa]
kijken naar ...	att titta	[at 'tita]
roepen (vragen te komen)	att kalla	[at 'kalʲa]
afleiden (storen)	att distrahera	[at distra'hera]
storen (lastigvallen)	att störa	[at 'stø:ra]
doorgeven (ww)	att överlämna	[at 'ø:vǝ‚lʲɛmna]

verzoek (het)	begäran (en)	[be'jæ:ran]
verzoeken (ww)	att begära	[at 'bejæ:ra]
eis (de)	krav (ett)	['krav]
eisen (met klem vragen)	att kräva	[at 'krɛ:va]

beledigen (beledigende namen geven)	att reta	[at 'reta]
uitlachen (ww)	att håna	[at 'ho:na]
spot (de)	hån (ett)	['ho:n]
bijnaam (de)	öknamn (ett)	['ø:k‚namn]

zinspeling (de)	insinuation (en)	[insinɵa'ɧʊn]
zinspelen (ww)	att insinuera	[at insinɵ'era]
impliceren (duiden op)	att betyda	[at be'tyda]

beschrijving (de)	beskrivning (en)	[bɛ'skrivniŋ]
beschrijven (ww)	att beskriva	[at be'skriva]
lof (de)	beröm (ett)	[be'rø:m]
loven (ww)	att berömma	[at be'rœma]

teleurstelling (de)	besvikelse (en)	[bɛ'svikǝlʲsǝ]
teleurstellen (ww)	att göra besviken	[at 'jø:ra bɛ'svikǝn]
teleurgesteld zijn (ww)	att bli besviken	[at bli bɛ'svikǝn]
veronderstelling (de)	antagande (ett)	[aŋ'tagandǝ]
veronderstellen (ww)	att anta, att förmoda	[at 'anta], [at før'mʊda]

| waarschuwing (de) | varning (en) | ['vaːɳɪŋ] |
| waarschuwen (ww) | att varna | [at 'vaːɳa] |

64. Discussie, conversatie. Deel 3

| aanpraten (ww) | att övertala | [at 'øːvəˌtalʲa] |
| kalmeren (kalm maken) | att lugna | [at 'lɵgna] |

stilte (de)	tystnad (en)	['tʏstnad]
zwijgen (ww)	att tiga	[at 'tiga]
fluisteren (ww)	att viska	[at 'viska]
gefluister (het)	viskning (en)	['visknɪŋ]

| open, eerlijk (bw) | uppriktigt | ['upˌrɪktit] |
| volgens mij … | enligt min mening … | ['ɛnlit min 'menɪŋ …] |

detail (het)	detalj (en)	[de'talj]
gedetailleerd (bn)	detaljerad	[deta'ljɛrad]
gedetailleerd (bw)	i detalj	[i de'talj]

| hint (de) | vink (en) | ['vɪŋk] |
| een hint geven | att ge en vink | [at jeː en 'vɪŋk] |

blik (de)	blick (en)	['blik]
een kijkje nemen	att kasta en blick	[at 'kasta en 'blik]
strak (een ~ke blik)	stel	['stɛlʲ]
knipperen (ww)	att blinka	[at 'blɪŋka]
knipogen (ww)	att blinka	[at 'blɪŋka]
knikken (ww)	att nicka	[at 'nika]

zucht (de)	suck (en)	['suk]
zuchten (ww)	att sucka	[at 'suka]
huiveren (ww)	att rysa	[at 'rysa]
gebaar (het)	gest (en)	['ɧɛst]
aanraken (ww)	att röra	[at 'røːra]
grijpen (ww)	att greppa	[at 'grɛpa]
een schouderklopje geven	att klappa	[at 'klʲapa]

Kijk uit!	Se upp!	['se up]
Echt?	Verkligen?	['vɛrkligən]
Bent je er zeker van?	Är du säker?	[ær dɵ 'sɛːkər]
Succes!	Lycka till!	['lʲyka tilʲ]
Juist, ja!	Det är klart!	[dɛ æːr 'klʲaːʈ]
Wat jammer!	Det är synd!	[dɛ æːr 'sʏnd]

65. Overeenstemming. Weigering

instemming (het)	samtycke (ett)	['samˌtʏkə]
instemmen (akkoord gaan)	att samtycka	[at 'samˌtʏka]
goedkeuring (de)	godkännande (ett)	['gɵdˌɕɛnandə]
goedkeuren (ww)	att godkänna	[at 'gɵdˌɕɛna]
weigering (de)	avslag (ett)	['avˌslʲag]

weigeren (ww)	att vägra	[at 'vɛgra]
Geweldig!	Utmärkt!	['ʉt͵mæ:rkt]
Goed!	Okej!	[ɔ'kej]
Akkoord!	OK! Jag håller med.	[ɔ'kej] , [ja 'hoːlʲer me]

verboden (bn)	förbjuden	[førˈbjʉːdən]
het is verboden	det är förbjudet	[dɛ æːr førˈbjʉːdət]
het is onmogelijk	det är omöjligt	[dɛ æːr ʊˈmœjlit]
onjuist (bn)	felaktig, oriktig	['felʲ͵aktig], ['ʊ͵riktig]

afwijzen (ww)	att avslå	[at 'av͵slʲoː]
steunen	att stödja	[at 'stœdja]
(een goed doel, enz.)		
aanvaarden (excuses ~)	att acceptera	[at aksɛp'tera]

bevestigen (ww)	att bekräfta	[at be'krɛfta]
bevestiging (de)	bekräftelse (en)	[be'krɛftəlʲsə]
toestemming (de)	tillåtelse (en)	['til͵lʲoːtəlʲsə]
toestaan (ww)	att tillåta	[at 'tilʲoːta]
beslissing (de)	beslut (ett)	[be'slʉːt]
z'n mond houden (ww)	att tiga	[at 'tiga]

voorwaarde (de)	betingelse (en)	[be'tiŋəlʲsə]
smoes (de)	förevändning (en)	[førə͵vɛndniŋ]
lof (de)	beröm (ett)	[be'røːm]
loven (ww)	att berömma	[at be'rœma]

66. Succes. Veel geluk. Mislukking

succes (het)	framgång (en)	['framgɔŋ]
succesvol (bw)	med framgång	[me 'framgɔŋ]
succesvol (bn)	framgångsrik, lyckad	['fram͵gɔŋsrik], ['lʲykad]

geluk (het)	tur, lycka (en)	[tʉːr], ['lʲyka]
Succes!	Lycka till!	['lʲyka tilʲ]
geluks- (bn)	tursam, lyckad	['tʉːʂam], ['lʲykad]
gelukkig (fortuinlijk)	tursam	['tʉːʂam]

mislukking (de)	misslyckande, fiasko (ett)	['mis͵lʲykandə], [fi'askʊ]
tegenslag (de)	otur (en)	[ʊ:'tʉr]
pech (de)	otur (en)	[ʊ:'tʉr]
zonder succes (bn)	misslyckad	['mis͵lʲykad]
catastrofe (de)	katastrof (en)	[kata'strɔf]

fierheid (de)	stolthet (en)	['stɔlʲt͵het]
fier (bn)	stolt	['stɔlʲt]
fier zijn (ww)	att vara stolt	[at 'vara 'stɔlʲt]

winnaar (de)	segrare (en)	['sɛg͵rarə]
winnen (ww)	att vinna	[at 'vina]
verliezen (ww)	att förlora	[at fœ:'lʲʊra]
poging (de)	försök (ett)	['fœː͵ʂøːk]
pogen, proberen (ww)	att pröva, att försöka	[at 'prøːva], [at fœ:'ʂøːka]
kans (de)	chans (en)	['ʃans]

67. Ruzies. Negatieve emoties

schreeuw (de)	skrik (ett)	['skrik]
schreeuwen (ww)	att skrika	[at 'skrika]
beginnen te schreeuwen	att börja skrika	[at 'bœrja 'skrika]

ruzie (de)	gräl (ett)	['grɛːlʲ]
ruzie hebben (ww)	att gräla	[at 'grɛːlʲa]
schandaal (het)	skandal (en)	[skan'dalʲ]
schandaal maken (ww)	att göra skandal	[at 'jøːra skan'dalʲ]
conflict (het)	konflikt (en)	[kɔn'flikt]
misverstand (het)	missförstånd (ett)	['misfœːˌʂtɔnd]

belediging (de)	förolämpning (en)	[førʊ'lʲɛmpniŋ]
beledigen	att förolämpa	[at 'førʊˌlʲɛmpa]
(met scheldwoorden)		
beledigd (bn)	förolämpad	[førʊ'lʲɛmpad]
krenking (de)	förnärmelse (en)	[fœːˈnæːrmǝlʲsǝ]
krenken (beledigen)	att förnärma	[at fœːˈnæːrma]
gekwetst worden (ww)	att bli förnärmad	[at bli fœːˈnæːrmad]

verontwaardiging (de)	indignation (en)	[indigna'ɧʊn]
verontwaardigd zijn (ww)	att bli indignerad	[at bli indi'nʲerad]
klacht (de)	klagomål (ett)	['klʲaguˌmoːlʲ]
klagen (ww)	att klaga	[at 'klʲaga]

verontschuldiging (de)	ursäkt (en)	['ʉːˌʂɛkt]
zich verontschuldigen	att ursäkta sig	[at 'ʉːˌʂɛkta sɛj]
excuus vragen	att be om förlåtelse	[at 'be ɔm fœːˈlʲɔtǝlʲsǝ]

kritiek (de)	kritik (en)	[kri'tik]
bekritiseren (ww)	att kritisera	[at kriti'sera]
beschuldiging (de)	anklagelse (en)	['aŋˌklʲagǝlʲsǝ]
beschuldigen (ww)	att anklaga	[at 'aŋˌklʲaga]

wraak (de)	hämnd (en)	['hɛmnd]
wreken (ww)	att hämnas	[at 'hɛmnas]
wraak nemen (ww)	att hämnas	[at 'hɛmnas]

minachting (de)	förakt (ett)	[fø'rakt]
minachten (ww)	att förakta	[at fø'rakta]
haat (de)	hat (ett)	['hat]
haten (ww)	att hata	[at 'hata]

zenuwachtig (bn)	nervös	[nɛr'vøːs]
zenuwachtig zijn (ww)	att vara nervös	[at 'vara nɛr'vøːs]
boos (bn)	arg, vred	[arj], ['vred]
boos maken (ww)	att göra arg	[at 'jøːra arj]

vernedering (de)	förödmjukelse (en)	['førœdˌmjʉːkǝlʲsǝ]
vernederen (ww)	att förödmjuka	[at 'førœdˌmjʉːka]
zich vernederen (ww)	att förödmjuka sig	[at 'førœdˌmjʉːka sɛj]

schok (de)	chock (en)	['ɧɔk]
schokken (ww)	att chocka	[at 'ɧɔka]

| onaangenaamheid (de) | knipa (en) | ['knipa] |
| onaangenaam (bn) | obehaglig | ['ube̜haglig] |

vrees (de)	rädsla (en)	['rɛdslʲa]
vreselijk (bijv. ~ onweer)	fruktansvärd	['fruktans̜væ:d]
eng (bn)	skrämmande	['skrɛmandə]
gruwel (de)	fasa, skräck (en)	['fasa], ['skrɛk]
vreselijk (~ nieuws)	förfärlig	[før'fæ:lʲig]

beginnen te beven	att begynna att rysa	[at be'jina at 'rysa]
huilen (wenen)	att gråta	[at 'gro:ta]
beginnen te huilen (wenen)	att börja gråta	[at 'bœrja 'gro:ta]
traan (de)	tår (en)	['to:r]

schuld (~ geven aan)	skuld (en)	['skulʲd]
schuldgevoel (het)	skuldkänsla (en)	['skulʲd̜ɕɛnslʲa]
schande (de)	skam, vanära (en)	[skam], ['va'næ:ra]
protest (het)	protest (en)	[pru'tɛst]
stress (de)	stress (en)	['strɛs]

storen (lastigvallen)	att störa	[at 'stø:ra]
kwaad zijn (ww)	att vara arg	[at 'vara arj]
kwaad (bn)	arg, vred	[arj], ['vred]
beëindigen (een relatie ~)	att avbryta	[at 'av̜bryta]
vloeken (ww)	att svära	[at 'svæ:ra]

schrikken (schrik krijgen)	att bli skrämd	[at bli 'skrɛmd]
slaan (iemand ~)	att slå	[at 'slʲo:]
vechten (ww)	att slåss	[at 'slʲɔs]

regelen (conflict)	att lösa	[at 'lʲø:sa]
ontevreden (bn)	missnöjd	['mis̜nœjd]
woedend (bn)	rasande	['rasandə]

| Dat is niet goed! | Det är inte bra! | [dɛ æ:r 'intə bra] |
| Dat is slecht! | Det är dåligt! | [dɛ æ:r 'do:lit] |

Geneeskunde

68. Ziekten

ziekte (de)	sjukdom (en)	['ɧɵːkˌdʊm]
ziek zijn (ww)	att vara sjuk	[at 'vara 'ɧɵːk]
gezondheid (de)	hälsa, sundhet (en)	['hɛlˈsa], ['sundˌhet]
snotneus (de)	snuva (en)	['snɵːva]
angina (de)	halsfluss, angina (en)	['halˈsˌflɵs], [aŋ'gina]
verkoudheid (de)	förkylning (en)	[førˈɕylˈniŋ]
verkouden raken (ww)	att bli förkyld	[at bli førˈɕylˈd]
bronchitis (de)	bronkit (en)	[broŋ'kit]
longontsteking (de)	lunginflammation (en)	['lɵŋˌinflˈama'ɧʊn]
griep (de)	influensa (en)	[inflɵ'ɛnsa]
bijziend (bn)	närsynt	['næːˌʂynt]
verziend (bn)	långsynt	['lˈoŋˌsynt]
scheelheid (de)	skelögdhet (en)	['ɧelˈøgdˌhet]
scheel (bn)	skelögd	['ɧelˈˌøgd]
grauwe staar (de)	grå starr (en)	['groː 'star]
glaucoom (het)	grön starr (en)	['grøːn 'star]
beroerte (de)	stroke (en), hjärnslag (ett)	['stroːk], ['jæːnˌslˈag]
hartinfarct (het)	infarkt (en)	[in'farkt]
myocardiaal infarct (het)	hjärtinfarkt (en)	['jæːʈ in'farkt]
verlamming (de)	förlamning (en)	[fœːˈlˈamniŋ]
verlammen (ww)	att förlama	[at fœːˈlˈama]
allergie (de)	allergi (en)	[alˈer'gi]
astma (de/het)	astma (en)	['astma]
diabetes (de)	diabetes (en)	[dia'betəs]
tandpijn (de)	tandvärk (en)	['tandˌvæːrk]
tandbederf (het)	karies (en)	['karies]
diarree (de)	diarré (en)	[dia're:]
constipatie (de)	förstoppning (en)	[fœː'ʂtopniŋ]
maagstoornis (de)	magbesvär (ett)	['magˌbe'svɛːr]
voedselvergiftiging (de)	matförgiftning (en)	['matˌførˈjiftniŋ]
voedselvergiftiging oplopen	att få matförgiftning	[at foː 'matˌførˈjiftniŋ]
artritis (de)	artrit (en)	[a'ʈrit]
rachitis (de)	rakitis (en)	[ra'kitis]
reuma (het)	reumatism (en)	[revma'tism]
arteriosclerose (de)	åderförkalkning (en)	['oːdɛrførˌkalˈkniŋ]
gastritis (de)	gastrit (en)	[ga'strit]
blindedarmontsteking (de)	appendicit (en)	[apɛndi'sit]

| galblaasontsteking (de) | cholecystit (en) | [holəsys'tit] |
| zweer (de) | magsår (ett) | ['mag‚so:r] |

mazelen (mv.)	mässling (en)	['mɛs‚liŋ]
rodehond (de)	röda hund (en)	['rø:da 'hund]
geelzucht (de)	gulsot (en)	['gʉ:lʲ‚sʊt]
leverontsteking (de)	hepatit (en)	[hepa'tit]

schizofrenie (de)	schizofreni (en)	[skitsɔfre'ni:]
dolheid (de)	rabies (en)	['rabies]
neurose (de)	neuros (en)	[nev'rɔs]
hersenschudding (de)	hjärnskakning (en)	['jæ:n‚skakniŋ]

kanker (de)	cancer (en)	['kansər]
sclerose (de)	skleros (en)	[sklʲe'rɔs]
multiple sclerose (de)	multipel skleros (en)	[mʉlʲ'tipəlʲ sklʲe'rɔs]

alcoholisme (het)	alkoholism (en)	[alʲkʊhɔ'lizm]
alcoholicus (de)	alkoholist (en)	[alʲkʊhɔ'list]
syfilis (de)	syfilis (en)	['syfilis]
AIDS (de)	AIDS	['ɛjds]

tumor (de)	tumör (en)	[tʉ'mø:r]
kwaadaardig (bn)	elakartad	['ɛlʲak‚a:ʈad]
goedaardig (bn)	godartad	['gʊd‚a:ʈad]

koorts (de)	feber (en)	['febər]
malaria (de)	malaria (en)	[ma'lʲaria]
gangreen (het)	kallbrand (en)	['kalʲ‚brand]
zeeziekte (de)	sjösjuka (en)	['ɧø:‚ɧʉ:ka]
epilepsie (de)	epilepsi (en)	[epilʲep'si:]

epidemie (de)	epidemi (en)	[ɛpide'mi:]
tyfus (de)	tyfus (en)	['tyfʉs]
tuberculose (de)	tuberkulos (en)	[tʉbɛrkʉ'lʲɔs]
cholera (de)	kolera (en)	['kʊlʲera]
pest (de)	pest (en)	['pɛst]

69. Symptomen. Behandelingen. Deel 1

symptoom (het)	symptom (ett)	[sʏmp'tɔm]
temperatuur (de)	temperatur (en)	[tɛmpəra'tʉ:r]
verhoogde temperatuur (de)	hög temperatur (en)	['hø:g tɛmpəra'tʉ:r]
polsslag (de)	puls (en)	['pulʲs]

duizeling (de)	yrsel, svindel (en)	['y:ʂəlʲ], ['svindəlʲ]
heet (erg warm)	varm	['varm]
koude rillingen (mv.)	rysning (en)	['rʏsniŋ]
bleek (bn)	blek	['blʲek]

hoest (de)	hosta (en)	['hʊsta]
hoesten (ww)	att hosta	[at 'hʊsta]
niezen (ww)	att nysa	[at 'nysa]
flauwte (de)	svimning (en)	['svimniŋ]

69

flauwvallen (ww)	att svimma	[at 'svima]
blauwe plek (de)	blåmärke (ett)	['bliˈoːˌmæːrkə]
buil (de)	bula (en)	['bʉːlⁱa]
zich stoten (ww)	att slå sig	[at 'sliˈoː sɛj]
kneuzing (de)	blåmärke (ett)	['bliˈoːˌmæːrkə]
kneuzen (gekneusd zijn)	att slå sig	[at 'sliˈoː sɛj]

hinken (ww)	att halta	[at 'halⁱta]
verstuiking (de)	vrickning (en)	['vrikniŋ]
verstuiken (enkel, enz.)	att förvrida	[at før'vrida]
breuk (de)	brott (ett), fraktur (en)	['brɔt], [frak'tʉːr]
een breuk oplopen	att få en fraktur	[at foː en frak'tʉːr]

snijwond (de)	skärsår (ett)	['ʃæːˌʂoːr]
zich snijden (ww)	att skära sig	[at 'ʃæːra sɛj]
bloeding (de)	blödning (en)	['bliˈœdniŋ]

brandwond (de)	brännsår (ett)	['brɛnˌsoːr]
zich branden (ww)	att bränna sig	[at 'brɛna sɛj]

prikken (ww)	att sticka	[at 'stika]
zich prikken (ww)	att sticka sig	[at 'stika sɛj]
blesseren (ww)	att skada	[at 'skada]
blessure (letsel)	skada (en)	['skada]
wond (de)	sår (ett)	['soːr]
trauma (het)	trauma (en)	['travma]

IJlen (ww)	att tala i feberyra	[at 'talⁱa i 'febəryra]
stotteren (ww)	att stamma	[at 'stama]
zonnesteek (de)	solsting (ett)	['sʉlⁱˌstiŋ]

70. Symptomen. Behandelingen. Deel 2

pijn (de)	värk, smärta (en)	['væːrk], ['smɛʈa]
splinter (de)	sticka (en)	['stika]

zweet (het)	svett (en)	['svɛt]
zweten (ww)	att svettas	[at 'svɛtas]
braking (de)	kräkning (en)	['krɛkniŋ]
stuiptrekkingen (mv.)	kramper (pl)	['krampər]

zwanger (bn)	gravid	[gra'vid]
geboren worden (ww)	att födas	[at 'føːdas]
geboorte (de)	förlossning (en)	[fœːˈlⁱɔsniŋ]
baren (ww)	att föda	[at 'føːda]
abortus (de)	abort (en)	[a'bɔːʈ]

ademhaling (de)	andning (en)	['andniŋ]
inademing (de)	inandning (en)	['inˌandniŋ]
uitademing (de)	utandning (en)	['ʉʈˌandniŋ]
uitademen (ww)	att andas ut	[at 'andas ʉt]
inademen (ww)	att andas in	[at 'andas in]
invalide (de)	handikappad person (en)	['handiˌkapad pɛ'ʂun]
gehandicapte (de)	krympling (en)	['krʏmpliŋ]

drugsverslaafde (de)	narkoman (en)	[narkʉ'man]
doof (bn)	döv	['dø:v]
stom (bn)	stum	['stu:m]
doofstom (bn)	dövstum	['dø:v‚stu:m]

krankzinnig (bn)	mentalsjuk, galen	['mental'ɧʉ:k], ['galʲen]
krankzinnige (man)	dåre, galning (en)	['do:rə], ['galʲniŋ]
krankzinnige (vrouw)	dåre, galning (en)	['do:rə], ['galʲniŋ]
krankzinnig worden	att bli sinnessjuk	[at bli 'sinɛs‚ɧʉ:k]

gen (het)	gen (en)	['jen]
immuniteit (de)	immunitet (en)	[imʉni'te:t]
erfelijk (bn)	ärftlig	['æ:rftlig]
aangeboren (bn)	medfödd	['med‚fœd]

virus (het)	virus (ett)	['vi:rʉs]
microbe (de)	mikrob (en)	[mi'krɔb]
bacterie (de)	bakterie (en)	[bak'teriə]
infectie (de)	infektion (en)	[infɛk'ɧʊn]

71. Symptomen. Behandelingen. Deel 3

| ziekenhuis (het) | sjukhus (ett) | ['ɧʉ:k‚hʉs] |
| patiënt (de) | patient (en) | [pasi'ent] |

diagnose (de)	diagnos (en)	[dia'gnɔs]
genezing (de)	kur (en)	['kʉ:r]
medische behandeling (de)	behandling (en)	[be'handliŋ]
onder behandeling zijn	att bli behandlad	[at bli be'handlʲad]
behandelen (ww)	att behandla	[at be'handlʲa]
zorgen (zieken ~)	att sköta	[at 'ɧø:ta]
ziekenzorg (de)	vård (en)	['vo:d]

operatie (de)	operation (en)	[ɔpera'ɧʊn]
verbinden (een arm ~)	att förbinda	[at før'binda]
verband (het)	förbindning (en)	[før'bindniŋ]

vaccin (het)	vaccination (en)	[vaksina'ɧʊn]
inenten (vaccineren)	att vaksinera	[at vaksi'nera]
injectie (de)	injektion (en)	[injɛk'ɧʊn]
een injectie geven	att ge en spruta	[at je: en 'sprʉta]

aanval (de)	anfall (ett), attack (en)	['anfalʲ], [a'tak]
amputatie (de)	amputation (en)	[ampʉta'ɧʊn]
amputeren (ww)	att amputera	[at ampʉ'tera]
coma (het)	koma (ett)	['kɔma]
in coma liggen	att ligga i koma	[at 'liga i 'kɔma]
intensieve zorg, ICU (de)	intensivavdelning (en)	[intɛn'siv‚av'dɛlʲniŋ]

zich herstellen (ww)	att återhämta sig	[at 'o:ter‚hɛmta sɛj]
toestand (de)	tillstånd (ett)	['tilʲ‚stɔnd]
bewustzijn (het)	medvetande (ett)	['med‚vetandə]
geheugen (het)	minne (ett)	['minə]
trekken (een kies ~)	att dra ut	[at 'dra ʉt]

| vulling (de) | plomb (en) | ['plɔmb] |
| vullen (ww) | att plombera | [at plɔm'bera] |

| hypnose (de) | hypnos (en) | [hʏp'nɔs] |
| hypnotiseren (ww) | att hypnotisera | [at 'hʏpnɔti̩sera] |

72. Artsen

dokter, arts (de)	läkare (en)	['lɛːkarə]
ziekenzuster (de)	sjuksköterska (en)	['ɧʉːk̩ɧøːtɛʂka]
lijfarts (de)	personlig läkare (en)	[pɛ'ʂʊnlig 'lɛːkarə]

tandarts (de)	tandläkare (en)	['tand̩lɛːkarə]
oogarts (de)	ögonläkare (en)	['øːgɔn̩lɛːkarə]
therapeut (de)	terapeut (en)	[tera'peft]
chirurg (de)	kirurg (en)	[ɕi'rʉrg]

psychiater (de)	psykiater (en)	[syki'atər]
pediater (de)	barnläkare (en)	['baːrn̩lɛːkarə]
psycholoog (de)	psykolog (en)	[sykʊ'lɔg]
gynaecoloog (de)	gynekolog (en)	[ginekʊ'lɔg]
cardioloog (de)	kardiolog (en)	[kaːdiʊ'lɔg]

73. Geneeskunde. Medicijnen. Accessoires

geneesmiddel (het)	medicin (en)	[medi'sin]
middel (het)	medel (ett)	['medəl]
voorschrijven (ww)	att ordinera	[at oːdi'nera]
recept (het)	recept (ett)	[re'sɛpt]

tablet (de/het)	tablett (en)	[tab'let]
zalf (de)	salva (en)	['salva]
ampul (de)	ampull (en)	[am'pul]
drank (de)	mixtur (en)	[miks'tʉːr]
siroop (de)	sirap (en)	['sirap]
pil (de)	piller (ett)	['piler]
poeder (de/het)	pulver (ett)	['pulvər]

verband (het)	gasbinda (en)	['gas̩binda]
watten (mv.)	vadd (en)	['vad]
jodium (het)	jod (en)	['jʊd]

pleister (de)	plåster (ett)	['plɔstər]
pipet (de)	pipett (en)	[pi'pɛt]
thermometer (de)	termometer (en)	[tɛrmʊ'metər]
spuit (de)	spruta (en)	['sprʉta]

| rolstoel (de) | rullstol (en) | ['rul̩stʊl] |
| krukken (mv.) | kryckor (pl) | ['krʏkʊr] |

| pijnstiller (de) | smärtstillande medel (ett) | ['smæːt̩stilande 'medəl] |
| laxeermiddel (het) | laxermedel (ett) | ['laksər 'medəl] |

spiritus (de)	sprit (en)	['sprit]
medicinale kruiden (mv.)	läkeväxter (pl)	['lʲɛkə͵vɛkstər]
kruiden- (abn)	ört-	['ø:ʈ-]

74. Roken. Tabaksproducten

tabak (de)	tobak (en)	['tʊbak]
sigaret (de)	cigarett (en)	[siga'rɛt]
sigaar (de)	cigarr (en)	[si'gar]
pijp (de)	pipa (en)	['pipa]
pakje (~ sigaretten)	paket (ett)	[pa'ket]

lucifers (mv.)	tändstickor (pl)	['tɛnd͵stikʊr]
luciferdoosje (het)	tändsticksask (en)	['tɛndstiks͵ask]
aansteker (de)	tändare (en)	['tɛndarə]
asbak (de)	askkopp (en), askfat (ett)	['askop], ['askfat]
sigarettendoosje (het)	cigarettetui (ett)	[siga'rɛt etʉ'i:]

| sigarettenpijpje (het) | munstycke (ett) | ['mun͵stʏkə] |
| filter (de/het) | filter (ett) | ['filʲtər] |

roken (ww)	att röka	[at 'rø:ka]
een sigaret opsteken	att tända en cigarett	[at 'tɛnda en siga'rɛt]
roken (het)	rökning (en)	['rœkniŋ]
roker (de)	rökare (en)	['rø:karə]

peuk (de)	stump, fimp (en)	['stump], [fimp]
rook (de)	rök (en)	['rø:k]
as (de)	aska (en)	['aska]

73

HET MENSELIJKE LEEFGEBIED

Stad

75. Stad. Het leven in de stad

stad (de)	stad (en)	['stad]
hoofdstad (de)	huvudstad (en)	['hʉːvʉdˌstad]
dorp (het)	by (en)	['by]
plattegrond (de)	stadskarta (en)	['stadsˌkaːʈa]
centrum (ov. een stad)	centrum (ett)	['sɛntrum]
voorstad (de)	förort (en)	['førˌʊːʈ]
voorstads- (abn)	förorts-	['førˌʊːʈs-]
randgemeente (de)	utkant (en)	['ʉtˌkant]
omgeving (de)	omgivningar (pl)	['ɔmˌjiːvniŋar]
blok (huizenblok)	kvarter (ett)	[kvaːˈʈər]
woonwijk (de)	bostadskvarter (ett)	['bʊstadsˌkvaːˈʈər]
verkeer (het)	trafik (en)	[traˈfik]
verkeerslicht (het)	trafikljus (ett)	[traˈfikjʉːs]
openbaar vervoer (het)	offentlig transport (en)	[ɔˈfɛntli transˈpɔːʈ]
kruispunt (het)	korsning (en)	['kɔːʂniŋ]
zebrapad (oversteekplaats)	övergångsställe (ett)	['øːvərgɔŋsˌstɛlʲe]
onderdoorgang (de)	gångtunnel (en)	['gɔŋˌtunəlʲ]
oversteken (de straat ~)	att gå över	[at 'goː 'øːvər]
voetganger (de)	fotgängare (en)	['fʊtˌjenarə]
trottoir (het)	trottoar (en)	[trɔtʊˈar]
brug (de)	bro (en)	['brʊ]
dijk (de)	kaj (en)	['kaj]
fontein (de)	fontän (en)	[fɔnˈtɛn]
allee (de)	allé (en)	[aˈlʲeː]
park (het)	park (en)	['park]
boulevard (de)	boulevard (en)	[bʊlʲeˈvaːɖ]
plein (het)	torg (ett)	['tɔrj]
laan (de)	aveny (en)	[aveˈny]
straat (de)	gata (en)	['gata]
zijstraat (de)	sidogata (en)	['sidʊˌgata]
doodlopende straat (de)	återvändsgränd (en)	['oːtərvɛnsˌgrɛnd]
huis (het)	hus (ett)	['hʉs]
gebouw (het)	byggnad (en)	['bʏgnad]
wolkenkrabber (de)	skyskrapa (en)	['ɧyˌskrapa]
gevel (de)	fasad (en)	[faˈsad]
dak (het)	tak (ett)	['tak]

venster (het)	fönster (ett)	['fœnstər]
boog (de)	båge (en)	['bo:gə]
pilaar (de)	kolonn (en)	[kʊ'lʲɔn]
hoek (ov. een gebouw)	knut (en)	['knʉt]

vitrine (de)	skyltfönster (ett)	['ɧylʲt͵fœnstər]
gevelreclame (de)	skylt (en)	['ɧylʲt]
affiche (de/het)	affisch (en)	[a'fi:ʃ]
reclameposter (de)	reklamplakat (ett)	[rɛ'klʲam͵plʲa'kat]
aanplakbord (het)	reklamskylt (en)	[rɛ'klʲam͵ɧylʲt]

vuilnis (de/het)	sopor, avfall (ett)	['sʊpʊr], ['avfalʲ]
vuilnisbak (de)	soptunna (en)	['sʊp͵tuna]
afval weggooien (ww)	att skräpa ner	[at 'skrɛ:pa ner]
stortplaats (de)	soptipp (en)	['sʊp͵tip]

telefooncel (de)	telefonkiosk (en)	[telʲe'fɔn͵ɕøsk]
straatlicht (het)	lyktstolpe (en)	['lʲyk͵stɔlʲpə]
bank (de)	bänk (ett)	['bɛŋk]

politieagent (de)	polis (en)	[pʊ'lis]
politie (de)	polis (en)	[pʊ'lis]
zwerver (de)	tiggare (en)	['tigarə]
dakloze (de)	hemlös (ett)	['hɛmlʲø:s]

76. Stedelijke instellingen

winkel (de)	affär, butik (en)	[a'fæ:r], [bu'tik]
apotheek (de)	apotek (ett)	[apʊ'tek]
optiek (de)	optiker (en)	['ɔptikər]
winkelcentrum (het)	köpcenter (ett)	['ɕø:p͵sɛntɛr]
supermarkt (de)	snabbköp (ett)	['snab͵ɕø:p]

bakkerij (de)	bageri (ett)	[bage'ri:]
bakker (de)	bagare (en)	['bagarə]
banketbakkerij (de)	konditori (ett)	[kɔnditʊ'ri:]
kruidenier (de)	speceriaffär (en)	[spese'ri a'fæ:r]
slagerij (de)	slaktare butik (en)	['slʲaktarə bu'tik]

| groentewinkel (de) | grönsakshandel (en) | ['grø:nsaks͵handəlʲ] |
| markt (de) | marknad (en) | ['marknad] |

koffiehuis (het)	kafé (ett)	[ka'fe:]
restaurant (het)	restaurang (en)	[rɛstɔ'raŋ]
bar (de)	pub (en)	['pub]
pizzeria (de)	pizzeria (en)	[pitse'ria]

kapperssalon (de/het)	frisersalong (en)	['frisər ʂa͵lʲɔŋ]
postkantoor (het)	post (en)	['pɔst]
stomerij (de)	kemtvätt (en)	['ɕemtvæt]
fotostudio (de)	fotoateljé (en)	['fʊtʊ atə͵lje:]

| schoenwinkel (de) | skoaffär (en) | ['skʊ:a͵fæ:r] |
| boekhandel (de) | bokhandel (en) | ['bʊk͵handəlʲ] |

sportwinkel (de)	sportaffär (en)	['spɔːʈ a'fæːr]
kledingreparatie (de)	klädreparationer (en)	['klʲɛd 'reparaˌfjʊnər]
kledingverhuur (de)	kläduthyrning (en)	['klʲɛd ʉ'tyːɳin]
videotheek (de)	filmuthyrning (en)	['filʲm ʉ'tyːɳin]

circus (de/het)	cirkus (en)	['sirkʉs]
dierentuin (de)	zoo (ett)	['sʊː]
bioscoop (de)	biograf (en)	[biʊ'graf]
museum (het)	museum (ett)	[mʉ'seʉm]
bibliotheek (de)	bibliotek (ett)	[bibliʊ'tek]

theater (het)	teater (en)	[te'atər]
opera (de)	opera (en)	['ʊpera]
nachtclub (de)	nattklubb (en)	['natˌklʉb]
casino (het)	kasino (ett)	[ka'sinʊ]

moskee (de)	moské (en)	[mʊs'keː]
synagoge (de)	synagoga (en)	['synaˌgɔga]
kathedraal (de)	katedral (en)	[katɛ'dralʲ]
tempel (de)	tempel (ett)	['tɛmpəlʲ]
kerk (de)	kyrka (en)	['ɕyrka]

instituut (het)	institut (ett)	[insti'tʉt]
universiteit (de)	universitet (ett)	[univɛşi'tet]
school (de)	skola (en)	['skʊlʲa]

gemeentehuis (het)	prefektur (en)	[prefɛk'tʉːr]
stadhuis (het)	rådhus (en)	['rɔdˌhʉs]
hotel (het)	hotell (ett)	[hʊ'tɛlʲ]
bank (de)	bank (en)	['baŋk]

ambassade (de)	ambassad (en)	[amba'sad]
reisbureau (het)	resebyrå (en)	['resebyˌrɔː]
informatieloket (het)	informationsbyrå (en)	[infɔrma'fjʊns byˌrɔː]
wisselkantoor (het)	växelkontor (ett)	['vɛksəlʲ kɔn'tʊr]

metro (de)	tunnelbana (en)	['tunəlʲˌbana]
ziekenhuis (het)	sjukhus (ett)	['fjʉːkˌhʉs]

benzinestation (het)	bensinstation (en)	[bɛn'sinˌsta'fjʊn]
parking (de)	parkeringsplats (en)	[par'kerinşˌplʲats]

77. Stedelijk vervoer

bus, autobus (de)	buss (en)	['bus]
tram (de)	spårvagn (en)	['spɔːrˌvagn]
trolleybus (de)	trådbuss (en)	['trɔːdˌbus]
route (de)	rutt (en)	['rut]
nummer (busnummer, enz.)	nummer (ett)	['numər]

rijden met …	att åka med …	[at 'oːka me …]
stappen (in de bus ~)	att stiga på …	[at 'stiga pɔ …]
afstappen (ww)	att stiga av …	[at 'stiga 'av …]
halte (de)	hållplats (en)	['hoːlʲˌplats]

volgende halte (de)	nästa hållplats (en)	['nɛsta 'hɔːlⁱ‚plats]
eindpunt (het)	slutstation (en)	['slʉt‚sta'ʃʉn]
dienstregeling (de)	tidtabell (en)	['tid ta'bɛlʲ]
wachten (ww)	att vänta	[at 'vɛnta]

| kaartje (het) | biljett (en) | [bi'lʲet] |
| reiskosten (de) | biljettpris (ett) | [bi'lʲet‚pris] |

kassier (de)	kassör (en)	[ka'søːr]
kaartcontrole (de)	biljettkontroll (en)	[bi'lʲet kɔn'trolʲ]
controleur (de)	kontrollant (en)	[kɔntrɔ'lʲant]

te laat zijn (ww)	att komma för sent	[at 'kɔma før 'sɛnt]
missen (de bus ~)	att komma för sent till ...	[at 'kɔma før 'sɛnt tilʲ ...]
zich haasten (ww)	att skynda sig	[at 'ɧynda sɛj]

taxi (de)	taxi (en)	['taksi]
taxichauffeur (de)	taxichaufför (en)	['taksi ɧɔ'føːr]
met de taxi (bw)	med taxi	[me 'taksi]
taxistandplaats (de)	taxihållplats (en)	['taksi 'hɔːlⁱ‚plʲats]
een taxi bestellen	att ringa efter taxi	[at 'riŋa ‚ɛftə 'taksi]
een taxi nemen	att ta en taxi	[at ta en 'taksi]

verkeer (het)	trafik (en)	[tra'fik]
file (de)	trafikstopp (ett)	[tra'fik‚stɔp]
spitsuur (het)	rusningstid (en)	['rusniŋs‚tid]
parkeren (on.ww.)	att parkera	[at par'kera]
parkeren (ov.ww.)	att parkera	[at par'kera]
parking (de)	parkeringsplats (en)	[par'keriŋs‚plʲats]

metro (de)	tunnelbana (en)	['tunəlʲ‚bana]
halte (bijv. kleine treinhalte)	station (en)	[sta'ʃʉn]
de metro nemen	att ta tunnelbanan	[at ta 'tunəlʲ‚banan]
trein (de)	tåg (ett)	['toːg]
station (treinstation)	tågstation (en)	['toːg‚sta'ʃʉn]

78. Bezienswaardigheden

monument (het)	monument (ett)	[mɔnu'mɛnt]
vesting (de)	fästning (en)	['fɛstniŋ]
paleis (het)	palats (ett)	[pa'lʲats]
kasteel (het)	borg (en)	['bɔrj]
toren (de)	torn (ett)	['tuːn]
mausoleum (het)	mausoleum (ett)	[maʊsu'lʲeum]

architectuur (de)	arkitektur (en)	[arkitɛk'tʉːr]
middeleeuws (bn)	medeltida	['medəlʲ‚tida]
oud (bn)	gammal	['gamalʲ]
nationaal (bn)	nationell	[natʃʉ'nɛlʲ]
bekend (bn)	berömd	[be'rœmd]

toerist (de)	turist (en)	[tu'rist]
gids (de)	guide (en)	['gajd]
rondleiding (de)	utflykt (en)	['ʉt‚flʲykt]

tonen (ww)	att visa	[at 'visa]
vertellen (ww)	att berätta	[at be'ræta]

vinden (ww)	att hitta	[at 'hita]
verdwalen (de weg kwijt zijn)	att gå vilse	[at 'go: 'vilˡsə]
plattegrond (~ van de metro)	karta (en)	['kaːʈa]
plattegrond (~ van de stad)	karta (en)	['kaːʈa]

souvenir (het)	souvenir (en)	[suvɛ'niːr]
souvenirwinkel (de)	souvenirbutik (en)	[suvɛ'niːr bu'tik]
een foto maken (ww)	att fotografera	[at futʊgra'fera]
zich laten fotograferen	att bli fotograferad	[at bli futʊgra'ferad]

79. Winkelen

kopen (ww)	att köpa	[at 'çøːpa]
aankoop (de)	inköp (ett)	['in‚çøːp]
winkelen (ww)	att shoppa	[at 'ʃopa]
winkelen (het)	shopping (en)	['ʃopiŋ]

open zijn (ov. een winkel, enz.)	att vara öppen	[at 'vara 'øpən]
gesloten zijn (ww)	att vara stängd	[at 'vara stɛŋd]

schoeisel (het)	skodon (pl)	['skʊdʊn]
kleren (mv.)	kläder (pl)	['klˡɛːdər]
cosmetica (de)	kosmetika (en)	[kɔs'mɛtika]
voedingswaren (mv.)	matvaror (pl)	['mat‚varʊr]
geschenk (het)	gåva, present (en)	['goːva], [pre'sɛnt]

verkoper (de)	försäljare (en)	[fœ:'ʂɛljarə]
verkoopster (de)	försäljare (en)	[fœ:'ʂɛljarə]

kassa (de)	kassa (en)	['kasa]
spiegel (de)	spegel (en)	['spegəlˡ]
toonbank (de)	disk (en)	['disk]
paskamer (de)	provrum (ett)	['prʊv‚ruːm]

aanpassen (ww)	att prova	[at 'prʊva]
passen (ov. kleren)	att passa	[at 'pasa]
bevallen (prettig vinden)	att gilla	[at 'jilˡa]

prijs (de)	pris (ett)	['pris]
prijskaartje (het)	prislapp (en)	['pris‚lˡap]
kosten (ww)	att kosta	[at 'kɔsta]
Hoeveel?	Hur mycket?	[hʊr 'mʏkə]
korting (de)	rabatt (en)	[ra'bat]

niet duur (bn)	billig	['bilig]
goedkoop (bn)	billig	['bilig]
duur (bn)	dyr	['dyr]
Dat is duur.	Det är dyrt	[dɛ æːr 'dyːt]
verhuur (de)	uthyrning (en)	['ʉt‚hynɪŋ]
huren (smoking, enz.)	att hyra	[at 'hyra]

| krediet (het) | kredit (en) | [kre'dit] |
| op krediet (bw) | på kredit | [pɔ kre'dit] |

80. Geld

geld (het)	pengar (pl)	['pɛŋar]
ruil (de)	växling (en)	['vɛksliŋ]
koers (de)	kurs (en)	['ku:ʂ]
geldautomaat (de)	bankomat (en)	[baŋkʊ'mat]
muntstuk (de)	mynt (ett)	['mʏnt]

| dollar (de) | dollar (en) | ['dɔlʲar] |
| euro (de) | euro (en) | ['ɛvrɔ] |

lire (de)	lire (en)	['lirə]
Duitse mark (de)	mark (en)	['mark]
frank (de)	franc (en)	['fran]
pond sterling (het)	pund sterling (ett)	['puŋ stɛr'liŋ]
yen (de)	yen (en)	['jɛn]

schuld (geldbedrag)	skuld (en)	['skʉlʲd]
schuldenaar (de)	gäldenär (en)	[jɛlʲdɛ'næ:r]
uitlenen (ww)	att låna ut	[at 'lʲo:na ʉt]
lenen (geld ~)	att låna	[at 'lʲo:na]

bank (de)	bank (en)	['baŋk]
bankrekening (de)	konto (ett)	['kontʊ]
storten (ww)	att sätta in	[at 'sæta in]
op rekening storten	att sätta in på kontot	[at 'sæta in pɔ 'kontʊt]
opnemen (ww)	att ta ut från kontot	[at ta ʉt frɔn 'kontʊt]

kredietkaart (de)	kreditkort (ett)	[kre'dit,kɔ:t]
baar geld (het)	kontanter (pl)	[kɔn'tantər]
cheque (de)	check (en)	['ɕɛk]
een cheque uitschrijven	att skriva en check	[at 'skriva en 'ɕɛk]
chequeboekje (het)	checkbok (en)	['ɕɛk,bʊk]

portefeuille (de)	plånbok (en)	['plʲo:n,bʊk]
geldbeugel (de)	börs (en)	['bø:ʂ]
safe (de)	säkerhetsskåp (ett)	['sɛ:kərhets,sko:p]

erfgenaam (de)	arvinge (en)	['arviŋə]
erfenis (de)	arv (ett)	['arv]
fortuin (het)	förmögenhet (en)	[før'møgən,het]

huur (de)	hyra (en)	['hyra]
huurprijs (de)	hyra (en)	['hyra]
huren (huis, kamer)	att hyra	[at 'hyra]

prijs (de)	pris (ett)	['pris]
kostprijs (de)	kostnad (en)	['kɔstnad]
som (de)	summa (en)	['suma]
uitgeven (geld besteden)	att lägga ut	[at 'lʲɛga ʉt]
kosten (mv.)	utgifter (pl)	['ʉtjiftər]

bezuinigen (ww)	att spara	[at 'spara]
zuinig (bn)	sparsam	['spa:ṣam]
betalen (ww)	att betala	[at be'talʲa]
betaling (de)	betalning (en)	[be'talʲniŋ]
wisselgeld (het)	växel (en)	['vɛksəlʲ]
belasting (de)	skatt (en)	['skat]
boete (de)	bot (en)	['bʊt]
beboeten (bekeuren)	att bötfälla	[at 'bøt‚fɛlʲa]

81. Post. Postkantoor

postkantoor (het)	post (en)	['pɔst]
post (de)	post (en)	['pɔst]
postbode (de)	brevbärare (en)	['brev‚bæ:rarə]
openingsuren (mv.)	öppettider (pl)	['øpet‚ti:dər]
brief (de)	brev (ett)	['brev]
aangetekende brief (de)	rekommenderat brev (ett)	[rekɔmən'derat brev]
briefkaart (de)	postkort (ett)	['pɔst‚kɔ:t]
telegram (het)	telegram (ett)	[telʲe'gram]
postpakket (het)	postpaket (ett)	['pɔst pa‚ket]
overschrijving (de)	pengaöverföring (en)	['pɛŋa‚øvəʲfø:riŋ]
ontvangen (ww)	att ta emot	[at ta ɛmo:t]
sturen (zenden)	att skicka	[at 'ɧika]
verzending (de)	avsändning (en)	['av‚sɛndniŋ]
adres (het)	adress (en)	[a'drɛs]
postcode (de)	postnummer (ett)	['pɔst‚numər]
verzender (de)	avsändare (en)	['av‚sɛndarə]
ontvanger (de)	mottagare (en)	['mɔt‚tagarə]
naam (de)	förnamn (ett)	['fœ:‚ɳamn]
achternaam (de)	efternamn (ett)	['ɛftə‚ɳamn]
tarief (het)	tariff (en)	[ta'rif]
standaard (bn)	vanlig	['vanlig]
zuinig (bn)	ekonomisk	[ɛkʊ'nɔmisk]
gewicht (het)	vikt (en)	['vikt]
afwegen (op de weegschaal)	att väga	[at 'vɛ:ga]
envelop (de)	kuvert (ett)	[kʉ:'vær]
postzegel (de)	frimärke (ett)	['fri‚mærkə]
een postzegel plakken op	att sätta på frimärke	[at 'sæta pɔ 'fri‚mærkə]

Woning. Huis. Thuis

82. Huis. Woning

huis (het)	hus (ett)	['hʉs]
thuis (bw)	hemma	['hɛma]
cour (de)	gård (en)	['goːɖ]
omheining (de)	stängsel (en)	['stɛŋsəlʲ]
baksteen (de)	tegel, mursten (en)	['tegəlʲ], ['mʉːˌʂten]
van bakstenen	tegel-	['tegəlʲ-]
steen (de)	sten (en)	['sten]
stenen (bn)	sten-	['sten-]
beton (het)	betong (en)	[be'tɔŋ]
van beton	betong-	[be'tɔŋ-]
nieuw (bn)	ny	['ny]
oud (bn)	gammal	['gamalʲ]
vervallen (bn)	fallfärdig	['falʲˌfæːɖig]
modern (bn)	modern	[mʊ'dɛːɳ]
met veel verdiepingen	flervånings-	['flʲerˌvoːniŋs-]
hoog (bn)	hög	['høːg]
verdieping (de)	våning (en)	['voːniŋ]
met een verdieping	envånings-	['ɛnˌvoːniŋs-]
laagste verdieping (de)	bottenvåning (en)	['bɔtenˌvoːniŋ]
bovenverdieping (de)	övre våning (en)	['øvrə 'voːniŋ]
dak (het)	tak (ett)	['tak]
schoorsteen (de)	skorsten (en)	['skɔːˌʂten]
dakpan (de)	taktegel (ett)	['takˌtegəlʲ]
pannen- (abn)	tegel-	['tegəlʲ-]
zolder (de)	vind, vindsvåning (en)	['vind], ['vindsˌvoːniŋ]
venster (het)	fönster (ett)	['fœnstər]
glas (het)	glas (ett)	['glʲas]
vensterbank (de)	fönsterbleck (ett)	['fœnstərˌblʲek]
luiken (mv.)	fönsterluckor (pl)	['fœnstəˌlʲʉ'kʊr]
muur (de)	mur, vägg (en)	['mʉːr], [vɛg]
balkon (het)	balkong (en)	[balʲ'kɔŋ]
regenpijp (de)	stuprör (ett)	['stʉpˌrøːr]
boven (bw)	uppe	['upə]
naar boven gaan (ww)	att gå upp	[at 'goː 'up]
afdalen (on.ww.)	att gå ned	[at 'goː ˌned]
verhuizen (ww)	att flytta	[at 'flʲyta]

83. Huis. Ingang. Lift

ingang (de)	ingång (en)	['in‚gɔn]
trap (de)	trappa (en)	['trapa]
treden (mv.)	steg (pl)	['steg]
trapleuning (de)	räcke (ett)	['rɛkə]
hal (de)	lobby (en)	['lˡɔbi]
postbus (de)	brevlåda (en)	['brev‚lˡo:da]
vuilnisbak (de)	soptunna (en)	['sʊp‚tuna]
vuilniskoker (de)	sopnedkast (ett)	['sʊpned‚kast]
lift (de)	hiss (en)	['his]
goederenlift (de)	lasthiss (en)	['lˡast‚his]
liftcabine (de)	hisskorg (en)	['his‚kɔrj]
de lift nemen	att ta hissen	[at ta 'hisən]
appartement (het)	lägenhet (en)	['lˡe:gən‚het]
bewoners (mv.)	invånare (pl)	[in'vo:narə]
buurman (de)	granne (en)	['granə]
buurvrouw (de)	granne (en)	['granə]
buren (mv.)	grannar (pl)	['granar]

84. Huis. Deuren. Sloten

deur (de)	dörr (en)	['dœr]
toegangspoort (de)	port (en)	['pɔ:t]
deurkruk (de)	dörrhandtag (ett)	['dœr‚hantag]
ontsluiten (ontgrendelen)	att låsa upp	[at 'lˡo:sa up]
openen (ww)	att öppna	[at 'øpna]
sluiten (ww)	att stänga	[at 'stɛŋa]
sleutel (de)	nyckel (en)	['nʏkəlˡ]
sleutelbos (de)	knippa (en)	['knipa]
knarsen (bijv. scharnier)	att gnissla	[at 'gnislˡa]
knarsgeluid (het)	knarr (ett)	['knar]
scharnier (het)	gångjärn (ett)	['gɔŋ‚jæ:n]
deurmat (de)	dörrmatta (en)	['dœr‚mata]
slot (het)	dörrlås (ett)	['dœr‚lˡo:s]
sleutelgat (het)	nyckelhål (ett)	['nʏkəlˡ‚ho:lˡ]
grendel (de)	regel (en)	['regəlˡ]
schuif (de)	skjutregel (en)	['ɧu:t‚regəlˡ]
hangslot (het)	hänglås (ett)	['hɛŋ‚lˡo:s]
aanbellen (ww)	att ringa	[at 'riŋa]
bel (geluid)	ringning (en)	['riŋniŋ]
deurbel (de)	ringklocka (en)	['riŋ‚klˡɔka]
belknop (de)	knapp (en)	['knap]
geklop (het)	knackning (en)	['knakniŋ]
kloppen (ww)	att knacka	[at 'knaka]

code (de)	kod (en)	['kɔd]
cijferslot (het)	kodlås (ett)	['kɔd‚lʲoːs]
parlofoon (de)	dörrtelefon (en)	['dœr‚telʲe'fɔn]
nummer (het)	nummer (ett)	['numər]
naambordje (het)	dörrskylt (en)	['dœr‚ɦylʲt]
deurspion (de)	kikhål, titthål (ett)	['kik‚hoːlʲ], ['tit‚hoːlʲ]

85. Huis op het platteland

dorp (het)	by (en)	['by]
moestuin (de)	koksträdgård (en)	['kʊks‚trɛ'goːd̪]
hek (het)	stängsel (ett)	['stɛŋsəlʲ]
houten hekwerk (het)	staket (ett)	[sta'ket]
tuinpoortje (het)	grind (en)	['grind]

graanschuur (de)	spannmålsbod (en)	['spanmoːlʲs‚bʊd]
wortelkelder (de)	jordkällare (en)	['jʊːd̪‚ɕɛlʲare]
schuur (de)	bod (en), skjul (ett)	['bʊd], [ɧɵːl]
waterput (de)	brunn (en)	['brun]

kachel (de)	ugn (en)	['ugn]
de kachel stoken	att elda	[at 'ɛlʲda]
brandhout (het)	ved (en)	['ved]
houtblok (het)	vedträ (ett)	['ved‚trɛː]

veranda (de)	veranda (en)	[ve'randa]
terras (het)	terrass (en)	[tɛ'ras]
bordes (het)	yttertrappa (en)	['ytə‚trapa]
schommel (de)	gunga (en)	['guŋa]

86. Kasteel. Paleis

kasteel (het)	borg (en)	['bɔrj]
paleis (het)	palats (ett)	[pa'lʲats]
vesting (de)	fästning (en)	['fɛstniŋ]

ringmuur (de)	mur (en)	['mɵːr]
toren (de)	torn (ett)	['tʊːn]
donjon (de)	huvudtorn (ett)	['hɵːvɵd‚tʊːn]

valhek (het)	fällgaller (pl)	['fɛlʲ‚galʲər]
onderaardse gang (de)	underjordisk gång (en)	['undə‚jʊːdisk 'goŋ]
slotgracht (de)	vallgrav (en)	['valʲ‚grav]

ketting (de)	kedja (en)	['ɕedja]
schietgat (het)	skottglugg (en)	['skɔt‚glɵg]

prachtig (bn)	praktfull	['prakt‚fulʲ]
majestueus (bn)	majestätisk	[majɛ'stɛtisk]

onneembaar (bn)	ointaglig	['ojn‚taglig]
middeleeuws (bn)	medeltida	['medəlʲ‚tida]

87. Appartement

appartement (het)	lägenhet (en)	['lʲeːgənˌhet]
kamer (de)	rum (ett)	['ruːm]
slaapkamer (de)	sovrum (ett)	['sɔvˌrum]
eetkamer (de)	matsal (en)	['matsalʲ]
salon (de)	vardagsrum (ett)	['vaːd̪asˌrum]
studeerkamer (de)	arbetsrum (ett)	['arbetsˌrum]
gang (de)	entréhall (en)	[ɛntreːhalʲ]
badkamer (de)	badrum (ett)	['badˌruːm]
toilet (het)	toalett (en)	[tʊaˈlʲet]
plafond (het)	tak (ett)	['tak]
vloer (de)	golv (ett)	['gɔlʲv]
hoek (de)	hörn (ett)	['høːɳ]

88. Appartement. Schoonmaken

schoonmaken (ww)	att städa	[at 'stɛda]
opbergen (in de kast, enz.)	att lägga undan	[at 'lʲɛga 'undan]
stof (het)	damm (ett)	['dam]
stoffig (bn)	dammig	['damig]
stoffen (ww)	att damma	[at 'dama]
stofzuiger (de)	dammsugare (en)	['damˌsʉgarə]
stofzuigen (ww)	att dammsuga	[at 'damˌsʉga]
vegen (de vloer ~)	att sopa, att feja	[at 'sʉpa], [att 'fɛja]
veegsel (het)	skräp, dam (ett)	['skrɛp], ['dam]
orde (de)	ordning (en)	['ɔːd̪niŋ]
wanorde (de)	oreda (en)	[ʊːˈreda]
zwabber (de)	mopp (en)	['mɔp]
poetsdoek (de)	trasa (en)	['trasa]
veger (de)	sopkvast (en)	['sʉpˌkvast]
stofblik (het)	sopskyffel (en)	['sʉpˌɧyfəlʲ]

89. Meubels. Interieur

meubels (mv.)	möbel (en)	['møːbəlʲ]
tafel (de)	bord (ett)	['bʊːd̪]
stoel (de)	stol (en)	['stʊlʲ]
bed (het)	säng (en)	['sɛŋ]
bankstel (het)	soffa (en)	['sɔfa]
fauteuil (de)	fåtölj, länstol (en)	[foːˈtœlj], ['lɛnˌstʊlʲ]
boekenkast (de)	bokhylla (en)	['bʊkˌhylʲa]
boekenrek (het)	hylla (en)	['hylʲa]
kledingkast (de)	garderob (en)	[gaːd̪əˈrɔːb]
kapstok (de)	knagg (en)	['knag]

staande kapstok (de)	klädhängare (en)	['kliɛdˌhɛŋarə]
commode (de)	byrå (en)	['byro:]
salontafeltje (het)	soffbord (ett)	['sɔfˌbʉ:d]

spiegel (de)	spegel (en)	['spegəli]
tapijt (het)	matta (en)	['mata]
tapijtje (het)	liten matta (en)	['litən 'mata]

haard (de)	kamin (en), eldstad (ett)	[ka'min], ['ɛliˌdˌstad]
kaars (de)	ljus (ett)	['jʉ:s]
kandelaar (de)	ljusstake (en)	['jʉ:sˌstakə]

gordijnen (mv.)	gardiner (pl)	[ga:'dinər]
behang (het)	tapet (en)	[ta'pet]
jaloezie (de)	persienn (en)	[pɛ'sjen]

bureaulamp (de)	bordslampa (en)	['bʉ:ds̩ˌliampa]
wandlamp (de)	vägglampa (en)	['vɛgˌliampa]
staande lamp (de)	golvlampa (en)	['gɔliv̩ˌliampa]
luchter (de)	ljuskrona (en)	['jʉ:sˌkrʊna]

poot (ov. een tafel, enz.)	ben (ett)	['be:n]
armleuning (de)	armstöd (ett)	['armˌstø:d]
rugleuning (de)	rygg (en)	['rʏg]
la (de)	låda (en)	['lio:da]

90. Beddengoed

beddengoed (het)	sängkläder (pl)	['sɛŋˌkliɛ:dər]
kussen (het)	kudde (en)	['kudə]
kussenovertrek (de)	örngott (ett)	['ø:ɳˌgɔt]
deken (de)	duntäcke (ett)	['dʉ:nˌtɛkə]
laken (het)	lakan (ett)	['liakan]
sprei (de)	överkast (ett)	['ø:vəˌkast]

91. Keuken

keuken (de)	kök (ett)	['çø:k]
gas (het)	gas (en)	['gas]
gasfornuis (het)	gasspis (en)	['gasˌspis]
elektrisch fornuis (het)	elektrisk spis (en)	[ɛ'liektrisk ˌspis]
oven (de)	bakugn (en)	['bakˌugn]
magnetronoven (de)	mikrovågsugn (en)	['mikrʊvɔgsˌugn]

koelkast (de)	kylskåp (ett)	['çyliˌsko:p]
diepvriezer (de)	frys (en)	['frys]
vaatwasmachine (de)	diskmaskin (en)	['diskˌma'ɧi:n]

vleesmolen (de)	köttkvarn (en)	['çœtˌkva:ɳ]
vruchtenpers (de)	juicepress (en)	['ju:sˌprɛs]
toaster (de)	brödrost (en)	['brø:dˌrɔst]
mixer (de)	mixer (en)	['miksər]

koffiemachine (de)	kaffebryggare (en)	['kafə‚brʏgarə]
koffiepot (de)	kaffekanna (en)	['kafə‚kana]
koffiemolen (de)	kaffekvarn (en)	['kafə‚kvaːŋ]

fluitketel (de)	tekittel (en)	['te‚çitəlʲ]
theepot (de)	tekanna (en)	['te‚kana]
deksel (de/het)	lock (ett)	['lʲɔk]
theezeefje (het)	tesil (en)	['te‚silʲ]

lepel (de)	sked (en)	['ɧed]
theelepeltje (het)	tesked (en)	['te‚ɧed]
eetlepel (de)	matsked (en)	['mat‚ɧed]
vork (de)	gaffel (en)	['gafəlʲ]
mes (het)	kniv (en)	['kniv]

vaatwerk (het)	servis (en)	[sɛr'vis]
bord (het)	tallrik (en)	['talʲrik]
schoteltje (het)	tefat (ett)	['te‚fat]

likeurglas (het)	shotglas (ett)	['ʃot‚glʲas]
glas (het)	glas (ett)	['glʲas]
kopje (het)	kopp (en)	['kop]

suikerpot (de)	sockerskål (en)	['sɔkəː‚skoːlʲ]
zoutvat (het)	saltskål (en)	['salʲt‚skoːlʲ]
pepervat (het)	pepparskål (en)	['pɛpa‚skoːlʲ]
boterschaaltje (het)	smörfat (en)	['smœr‚fat]

steelpan (de)	kastrull, gryta (en)	[ka'strulʲ], ['gryta]
bakpan (de)	stekpanna (en)	['stek‚pana]
pollepel (de)	slev (en)	['slʲev]
vergiet (de/het)	durkslag (ett)	['durk‚slʲag]
dienblad (het)	bricka (en)	['brika]

fles (de)	flaska (en)	['flʲaska]
glazen pot (de)	glasburk (en)	['glʲas‚burk]
blik (conserven~)	burk (en)	['burk]

flesopener (de)	flasköppnare (en)	['flʲask‚øpnarə]
blikopener (de)	burköppnare (en)	['burk‚øpnarə]
kurkentrekker (de)	korkskruv (en)	['kɔrk‚skrʉːv]
filter (de/het)	filter (ett)	['filʲtər]
filteren (ww)	att filtrera	[at filʲ'trera]

| huisvuil (het) | sopor, avfall (ett) | ['sʊpʊr], ['avfalʲ] |
| vuilnisemmer (de) | sophink (en) | ['sʊp‚hiŋk] |

92. Badkamer

badkamer (de)	badrum (ett)	['bad‚ruːm]
water (het)	vatten (ett)	['vatən]
kraan (de)	kran (en)	['kran]
warm water (het)	varmvatten (ett)	['varm‚vatən]
koud water (het)	kallvatten (ett)	['kalʲ‚vatən]

tandpasta (de)	tandkräm (en)	['tand‚krɛm]
tanden poetsen (ww)	att borsta tänderna	[at 'bɔ:ʂta 'tɛndɛ:ŋa]
tandenborstel (de)	tandborste (en)	['tand‚bɔ:ʂtə]

zich scheren (ww)	att raka sig	[at 'raka sɛj]
scheercrème (de)	raklödder (ett)	['rak‚lʲødər]
scheermes (het)	hyvel (en)	['hyvəlʲ]

wassen (ww)	att tvätta	[at 'tvæta]
een bad nemen	att tvätta sig	[at 'tvæta sɛj]
douche (de)	dusch (en)	['duʃ]
een douche nemen	att duscha	[at 'duʃa]

bad (het)	badkar (ett)	['bad‚kar]
toiletpot (de)	toalettstol (en)	[tʊa'lʲet‚stʊlʲ]
wastafel (de)	handfat (ett)	['hand‚fat]

| zeep (de) | tvål (en) | ['tvo:lʲ] |
| zeepbakje (het) | tvålskål (en) | ['tvo:lʲ‚sko:lʲ] |

spons (de)	svamp (en)	['svamp]
shampoo (de)	schampo (ett)	['ɧam‚pʊ]
handdoek (de)	handduk (en)	['hand‚dɵ:k]
badjas (de)	morgonrock (en)	['mɔrgɔn‚rɔk]

was (bijv. handwas)	tvätt (en)	['tvæt]
wasmachine (de)	tvättmaskin (en)	['tvæt‚ma'ɧi:n]
de was doen	att tvätta kläder	[at 'tvæta 'klʲɛ:dər]
waspoeder (de)	tvättmedel (ett)	['tvæt‚medəlʲ]

93. Huishoudelijke apparaten

televisie (de)	teve (en)	['teve]
cassettespeler (de)	bandspelare (en)	['band‚spelʲarə]
videorecorder (de)	video (en)	['videʊ]
radio (de)	radio (en)	['radiʊ]
speler (de)	spelare (en)	['spelʲarə]

videoprojector (de)	videoprojektor (en)	['videʊ prʊ'jɛktʊr]
home theater systeem (het)	hemmabio (en)	['hɛma‚bi:ʊ]
DVD-speler (de)	DVD spelare (en)	[deve'de: ‚spelʲarə]
versterker (de)	förstärkare (en)	[fœ:'ʂtæ:karə]
spelconsole (de)	spelkonsol (en)	['spelʲ kɔn'sɔlʲ]

videocamera (de)	videokamera (en)	['videʊ‚kamera]
fotocamera (de)	kamera (en)	['kamera]
digitale camera (de)	digitalkamera (en)	[digi'talʲ ‚kamera]

stofzuiger (de)	dammsugare (en)	['dam‚sɵgarə]
strijkijzer (het)	strykjärn (ett)	['stryk‚jæ:n]
strijkplank (de)	strykbräda (en)	['stryk‚brɛ:da]

| telefoon (de) | telefon (en) | [telʲe'fɔn] |
| mobieltje (het) | mobiltelefon (en) | [mɔ'bilʲ telʲe'fɔn] |

| schrijfmachine (de) | skrivmaskin (en) | ['skriv‚ma'ɧi:n] |
| naaimachine (de) | symaskin (en) | ['sy‚ma'ɧi:n] |

microfoon (de)	mikrofon (en)	[mikrʊ'fon]
koptelefoon (de)	hörlurar (pl)	['hœ:‚lʲʉ:rar]
afstandsbediening (de)	fjärrkontroll (en)	['fjæ:r‚kɔn'trolʲ]

CD (de)	cd-skiva (en)	['sede ‚ɧiva]
cassette (de)	kassett (en)	[ka'sɛt]
vinylplaat (de)	skiva (en)	['ɧiva]

94. Reparaties. Renovatie

renovatie (de)	renovering (en)	[renʊ'veriŋ]
renoveren (ww)	att renovera	[at renʊ'vera]
repareren (ww)	att reparera	[at repa'rera]
op orde brengen	att bringa ordning	[at 'briŋa 'ɔ:dɲiŋ]
overdoen (ww)	att göra om	[at 'jø:ra ɔm]

verf (de)	färg (en)	['fæ:rj]
verven (muur ~)	att måla	[at 'mo:lʲa]
schilder (de)	målare (en)	['mo:lʲarə]
kwast (de)	pensel (en)	['pɛnsəlʲ]

| kalk (de) | kalkfärg (en) | ['kalʲk‚fæ:rj] |
| kalken (ww) | att vitlimma | [at 'vit‚lima] |

behang (het)	tapet (en)	[ta'pet]
behangen (ww)	att tapetsera	[at tapet'sera]
lak (de/het)	fernissa (en)	[fɛ'ɲisa]
lakken (ww)	att lackera	[at lʲa'kera]

95. Loodgieterswerk

water (het)	vatten (ett)	['vatən]
warm water (het)	varmvatten (ett)	['varm‚vatən]
koud water (het)	kallvatten (ett)	['kalʲ‚vatən]
kraan (de)	kran (en)	['kran]

druppel (de)	droppe (en)	['drɔpə]
druppelen (ww)	att droppa	[at 'drɔpa]
lekken (een lek hebben)	att läcka	[at 'lɛka]
lekkage (de)	läcka (en)	['lʲɛka]
plasje (het)	pöl, puss (en)	['pø:lʲ], ['pus]

buis, leiding (de)	rör (ett)	['rø:r]
stopkraan (de)	ventil (en)	[vɛn'tilʲ]
verstopt raken (ww)	att bli igensatt	[at bli 'ijɛnsat]

gereedschap (het)	verktyg (pl)	['vɛrk‚tyg]
Engelse sleutel (de)	skiftnyckel (en)	['ɧift‚nɤkəlʲ]
losschroeven (ww)	att skruva ur	[at 'skrʉ:va ʉ:r]

aanschroeven (ww)	att skruva fast	[at 'skrʉːva fast]
ontstoppen (riool, enz.)	att rensa	[at 'rɛnsa]
loodgieter (de)	rörmokare (en)	['røːrˌmɔkarə]
kelder (de)	källare (en)	['ɕɛlʲarə]
riolering (de)	avlopp (ett)	['avˌlʲɔp]

96. Brand. Vuurzee

vuur (het)	eld (en)	['ɛlʲd]
vlam (de)	flamma (en)	['flʲama]
vonk (de)	gnista (en)	['gnista]
rook (de)	rök (en)	['røːk]
fakkel (de)	fackla (en)	['faklʲa]
kampvuur (het)	bål (ett)	['boːlʲ]

benzine (de)	bensin (en)	[bɛn'sin]
kerosine (de)	fotogen (en)	[fʊtʊ'ɧen]
brandbaar (bn)	brännbar	['brɛnˌbar]
ontplofbaar (bn)	explosiv	[ɛksplʲɔ'siv]
VERBODEN TE ROKEN!	RÖKNING FÖRBJUDEN	['rœkniŋ førˈbjʉːdən]

veiligheid (de)	säkerhet (en)	['sɛːkərˌhet]
gevaar (het)	fara (en)	['fara]
gevaarlijk (bn)	farlig	['faːlʲig]

in brand vliegen (ww)	att fatta eld	[at 'fata ˌɛlʲd]
explosie (de)	explosion (en)	[ɛksplʲɔ'ɧʊn]
in brand steken (ww)	att sätta eld	[at 'sæta ˌɛlʲd]
brandstichter (de)	mordbrännare (en)	['mʊːdˌbrɛnarə]
brandstichting (de)	mordbrand (en)	['mʊːdˌbrand]

vlammen (ww)	att flamma	[at 'flʲama]
branden (ww)	att brinna	[at 'brina]
afbranden (ww)	att brinna ned	[at 'brina ned]

de brandweer bellen	att ringa brandkår	[at 'riŋa 'brandˌkoːr]
brandweerman (de)	brandman (en)	['brandˌman]
brandweerwagen (de)	brandbil (en)	['brandˌbilʲ]
brandweer (de)	brandkår (en)	['brandˌkoːr]
uitschuifbare ladder (de)	brandbilstege (en)	['brandbilʲˌstegə]

brandslang (de)	slang (en)	['slʲaŋ]
brandblusser (de)	brandsläckare (en)	['brandˌslʲɛkarə]
helm (de)	hjälm (en)	['jɛlʲm]
sirene (de)	siren (en)	[si'ren]

roepen (ww)	att skrika	[at 'skrika]
hulp roepen	att ropa på hjälp	[at 'rʊpa pɔ jɛlʲp]
redder (de)	räddare (en)	['rɛdarə]
redden (ww)	att rädda	[at 'rɛda]

aankomen (per auto, enz.)	att ankomma	[at 'anˌkɔma]
blussen (ww)	att släcka	[at 'slʲɛka]
water (het)	vatten (ett)	['vatən]

zand (het)	sand (en)	['sand]
ruïnes (mv.)	ruiner (pl)	[rʉ'iːnər]
instorten (gebouw, enz.)	att falla ihop	[at 'falːa i'hʊp]
ineenstorten (ww)	att störta ner	[at 'støːʈa ner]
inzakken (ww)	att störta in	[at 'støːʈa in]
brokstuk (het)	spillra (en)	['spilːra]
as (de)	aska (en)	['aska]
verstikken (ww)	att kvävas	[at 'kvɛːvas]
omkomen (ww)	att omkomma	[at 'ɔmˌkɔma]

MENSELIJKE ACTIVITEITEN

Baan. Business. Deel 1

97. Bankieren

bank (de)	bank (en)	['baŋk]
bankfiliaal (het)	avdelning (en)	[av'dɛlˑniŋ]
bankbediende (de)	konsulent (en)	[kɔnsu'lˑɛnt]
manager (de)	föreståndare (en)	[førə'stɔndarə]
bankrekening (de)	bankkonto (ett)	['baŋk̩kɔntʊ]
rekeningnummer (het)	kontonummer (ett)	['kɔntʊˌnumər]
lopende rekening (de)	checkkonto (ett)	['ɕɛk̩kɔntʊ]
spaarrekening (de)	sparkonto (ett)	['sparˌkɔntʊ]
een rekening openen	att öppna ett konto	[at 'øpna ɛt 'kɔntʊ]
de rekening sluiten	att avsluta kontot	[at 'avˌslʉːta 'kɔntʊt]
op rekening storten	att sätta in på kontot	[at 'sæta in pɔ 'kɔntʊt]
opnemen (ww)	att ta ut från kontot	[at ta ʉt frɔn 'kɔntʊt]
storting (de)	insats (en)	['inˌsats]
een storting maken	att sätta in	[at 'sæta in]
overschrijving (de)	överföring (en)	['øːvəˌføːriŋ]
een overschrijving maken	att överföra	[at øːvəˌføra]
som (de)	summa (en)	['suma]
Hoeveel?	Hur mycket?	[hʉr 'mʏkə]
handtekening (de)	signatur, underskrift (en)	[signa'tʉːr], ['undəˌskrift]
ondertekenen (ww)	att underteckna	[at 'undəˌtɛkna]
kredietkaart (de)	kreditkort (ett)	[kre'ditˌkɔːt]
code (de)	kod (en)	['kɔd]
kredietkaartnummer (het)	kreditkortsnummer (ett)	[kre'ditˌkɔːts 'numər]
geldautomaat (de)	bankomat (en)	[baŋkʊ'mat]
cheque (de)	check (en)	['ɕɛk]
een cheque uitschrijven	att skriva en check	[at 'skriva en 'ɕɛk]
chequeboekje (het)	checkbok (en)	['ɕɛk̩bʊk]
lening, krediet (de)	lån (ett)	['lˑoːn]
een lening aanvragen	att ansöka om lån	[at 'anˌsøːka ɔm 'lˑoːn]
een lening nemen	att få ett lån	[at foː et 'lˑoːn]
een lening verlenen	att ge ett lån	[at je et 'lˑoːn]
garantie (de)	garanti (en)	[garan'tiː]

98. Telefoon. Telefoongesprek

telefoon (de)	telefon (en)	[telʲeˈfɔn]
mobieltje (het)	mobiltelefon (en)	[mɔˈbilʲ telʲeˈfɔn]
antwoordapparaat (het)	telefonsvarare (en)	[telʲeˈfɔnˌsvararə]

bellen (ww)	att ringa	[at ˈriŋa]
belletje (telefoontje)	telefonsamtal (en)	[telʲeˈfɔnˌsamtalʲ]

een nummer draaien	att slå nummer	[at ˈslʲoː ˈnumər]
Hallo!	Hallå!	[haˈlʲoː]
vragen (ww)	att fråga	[at ˈfroːga]
antwoorden (ww)	att svara	[at ˈsvara]

horen (ww)	att höra	[at ˈhøːra]
goed (bw)	gott, bra	[ˈɡɔt], [ˈbra]
slecht (bw)	dåligt	[ˈdoːlit]
storingen (mv.)	bruser, störningar (pl)	[ˈbrʉːsər], [ˈstøːɳiŋar]

hoorn (de)	telefonlur (en)	[telʲeˈfɔnˌlʉːr]
opnemen (ww)	att lyfta telefonluren	[at ˈlʲyfta telʲeˈfɔn ˈlʉːrən]
ophangen (ww)	att lägga på	[at ˈlʲɛga pɔ]

bezet (bn)	upptagen	[ˈupˌtagən]
overgaan (ww)	att ringa	[at ˈriŋa]
telefoonboek (het)	telefonkatalog (en)	[telʲeˈfɔn kataˈlʲɔg]

lokaal gesprek (het)	lokalsamtal (ett)	[lʲoˈkalʲˌsamtalʲ]
interlokaal gesprek (het)	rikssamtal (ett)	[ˈriksˌsamtalʲ]
buitenlands (bn)	internationell	[ˈintɛːɳatʃʊˌnɛlʲ]

99. Mobiele telefoon

mobieltje (het)	mobiltelefon (en)	[mɔˈbilʲ telʲeˈfɔn]
scherm (het)	skärm (en)	[ˈʃæːrm]
toets, knop (de)	knapp (en)	[ˈknap]
simkaart (de)	SIM-kort (ett)	[ˈsimˌkɔːt]

batterij (de)	batteri (ett)	[batɛˈriː]
leeg zijn (ww)	att bli urladdad	[at bli ˈʉːˌlʲadad]
acculader (de)	laddare (en)	[ˈlʲadarə]

menu (het)	meny (en)	[meˈny]
instellingen (mv.)	inställningar (pl)	[ˈinˌstɛlʲˈniŋar]
melodie (beltoon)	melodi (en)	[melʲoˈdiː]
selecteren (ww)	att välja	[at ˈvɛlja]

rekenmachine (de)	kalkylator (en)	[kalʲkyˈlʲatʊr]
voicemail (de)	telefonsvarare (en)	[telʲeˈfɔnˌsvararə]
wekker (de)	väckarklocka, alarm (en)	[ˈvɛkarˌklʲɔka], [aˈlʲarm]
contacten (mv.)	kontakter (pl)	[kɔnˈtaktər]
SMS-bericht (het)	SMS meddelande (ett)	[ɛsɛˈmɛs meˈdelʲandə]
abonnee (de)	abonnent (en)	[abɔˈnɛnt]

100. Schrijfbehoeften

| balpen (de) | kulspetspenna (en) | ['kɵlʲspets‚pɛna] |
| vulpen (de) | reservoarpenna (en) | [resɛrvʊ'ar‚pɛna] |

potlood (het)	blyertspenna (en)	['blʲyɛ:ts‚pɛna]
marker (de)	märkpenna (en)	['mœrk‚pɛna]
viltstift (de)	tuschpenna (en)	['tu:ʃ‚pɛna]

| notitieboekje (het) | block (ett) | ['blʲɔk] |
| agenda (boekje) | dagbok (en) | ['dag‚bʊk] |

liniaal (de/het)	linjal (en)	[li'njalʲ]
rekenmachine (de)	kalkylator (en)	[kalʲky'lʲatʊr]
gom (de)	suddgummi (ett)	['sud‚gumi]
punaise (de)	häftstift (ett)	['hɛft‚stift]
paperclip (de)	gem (ett)	['gem]

lijm (de)	lim (ett)	['lim]
nietmachine (de)	häftapparat (en)	['hɛft apa‚rat]
perforator (de)	hålslag (ett)	['ho:lʲ‚slʲag]
potloodslijper (de)	pennvässare (en)	['pɛn‚vɛsarə]

Baan. Business. Deel 2

101. Massamedia

krant (de)	tidning (en)	['tidniŋ]
tijdschrift (het)	tidskrift (en)	['tid͵skrift]
pers (gedrukte media)	press (en)	['prɛs]
radio (de)	radio (en)	['radiʊ]
radiostation (het)	radiostation (en)	['radiʊ sta'ɧʊn]
televisie (de)	television (en)	[telʲevi'ɧʊn]
presentator (de)	programledare (en)	[prɔ'gram͵lʲedarə]
nieuwslezer (de)	uppläsare (en)	['up͵lʲɛːsarə]
commentator (de)	kommentator (en)	[kɔmɛn'tatʊr]
journalist (de)	journalist (en)	[ɧʊɳa'list]
correspondent (de)	korrespondent (en)	[kɔrɛspɔn'dɛnt]
fotocorrespondent (de)	pressfotograf (en)	['prɛs fʊtʊ'graf]
reporter (de)	reporter (en)	[re'pɔːʈər]
redacteur (de)	redaktör (en)	[redak'tøːr]
chef-redacteur (de)	chefredaktör (en)	['ɧef͵redak'tøːr]
zich abonneren op	att prenumerera	[at prenume'rera]
abonnement (het)	prenumeration (en)	[prenumera'ɧʊn]
abonnee (de)	prenumerant (en)	[prenume'rant]
lezen (ww)	att läsa	[at 'lʲɛːsa]
lezer (de)	läsare (en)	['lʲɛːsarə]
oplage (de)	upplaga (en)	['up͵lʲaga]
maand-, maandelijks (bn)	månatlig	[mo'natlig]
wekelijks (bn)	vecko-	['vɛkɔ-]
nummer (het)	nummer (ett)	['numər]
vers (~ van de pers)	ny, färsk	['ny], [fæːʂk]
kop (de)	rubrik (en)	[ru'brik]
korte artikel (het)	notis (en)	[nʊ'tis]
rubriek (de)	rubrik (en)	[ru'brik]
artikel (het)	artikel (en)	[a'ʈikəlʲ]
pagina (de)	sida (en)	['sida]
reportage (de)	reportage (ett)	[repɔ:'ʈaːʃ]
gebeurtenis (de)	händelse (en)	['hɛndəlʲsə]
sensatie (de)	sensation (en)	[sɛnsa'ɧʊn]
schandaal (het)	skandal (en)	[skan'dalʲ]
schandalig (bn)	skandalös	[skanda'lʲøs]
groot (~ schandaal, enz.)	stor	['stʊr]
programma (het)	program (ett)	[prɔ'gram]
interview (het)	intervju (en)	[intɛr'vjʉ:]

live uitzending (de)	direktsändning (en)	[di'rɛkt‚sɛndnɪŋ]
kanaal (het)	kanal (en)	[ka'nalʲ]

102. Landbouw

landbouw (de)	jordbruk (ett)	['jʊːd‚brʉk]
boer (de)	bonde (en)	['bʊndə]
boerin (de)	bondkvinna (en)	['bʊnd‚kvina]
landbouwer (de)	lantbrukare, bonde (en)	['lʲant‚brʉːkarə], ['bʊndə]

tractor (de)	traktor (en)	['traktʊr]
maaidorser (de)	skördetröska (en)	['ɦøːɖɛ‚trœska]

ploeg (de)	plog (en)	['plʊg]
ploegen (ww)	att ploga	[at 'plʲʊga]
akkerland (het)	plöjd åker (en)	['plʲœjd 'oːkər]
voor (de)	fåra (en)	['foːra]

zaaien (ww)	att så	[at soː]
zaaimachine (de)	såmaskin (en)	['soːˌma'ɧiːn]
zaaien (het)	såning (en)	['soːnɪŋ]

zeis (de)	lie (en)	['liːe]
maaien (ww)	att meja, att slå	[at 'meja], [at 'slʲoː]

schop (de)	spade (en)	['spadə]
spitten (ww)	att gräva	[at 'grɛːva]

schoffel (de)	hacka (en)	['haka]
wieden (ww)	att hacka	[at 'haka]
onkruid (het)	ogräs (ett)	[ʊ'grɛːs]

gieter (de)	vattenkanna (en)	['vatənˌkana]
begieten (water geven)	att vattna	[at 'vatna]
bewatering (de)	vattning (en)	['vatnɪŋ]

riek, hooivork (de)	grep (en)	['grep]
hark (de)	kratta (en)	['krata]

meststof (de)	gödsel (en)	['jøsəlʲ]
bemesten (ww)	att gödsla	[at 'jøslʲa]
mest (de)	dynga (en)	['dʏŋa]

veld (het)	åker (en)	['oːkər]
wei (de)	äng (en)	['ɛŋ]
moestuin (de)	koksträdgård (en)	['kʊksˌtrɛ'goːɖ]
boomgaard (de)	fruktträdgård (en)	['frʉktˌtrɛ'goːɖ]

weiden (ww)	att beta	[at 'beta]
herder (de)	herde (en)	['hɛːɖə]
weiland (de)	betesmark (en)	['betəsˌmark]

veehouderij (de)	boskapsskötsel (en)	['bʊskapsˌɦøːtsəlʲ]
schapenteelt (de)	fåravel (en)	['foːrˌavəlʲ]

plantage (de)	plantage (en)	[plʲan'taːʃ]
rijtje (het)	rad (en)	['rad]
broeikas (de)	drivhus (ett)	['driv‚hʉs]

droogte (de)	torka (en)	['tɔrka]
droog (bn)	torr	['tɔr]

graan (het)	korn, spannmål (ett)	['kʉːŋ], ['span‚moːlʲ]
graangewassen (mv.)	sädesslag (en)	['sɛdəs‚slʲag]
oogsten (ww)	att inhösta	[at in'høsta]

molenaar (de)	mjölnare (en)	['mjœlʲnarə]
molen (de)	kvarn (en)	[kvaːŋ]
malen (graan ~)	att mala	[at 'malʲa]
bloem (bijv. tarwebloem)	mjöl (ett)	['mjøːlʲ]
stro (het)	halm (en)	['halʲm]

103. Gebouw. Bouwproces

bouwplaats (de)	byggplats (en)	['bʏg‚plʲats]
bouwen (ww)	att bygga	[at 'bʏga]
bouwvakker (de)	byggarbetare (en)	['bʏg‚ar'betarə]

project (het)	projekt (ett)	[prʊ'fjɛkt]
architect (de)	arkitekt (en)	[arki'tɛkt]
arbeider (de)	arbetare (en)	['ar‚betarə]

fundering (de)	fundament (ett)	[funda'mɛnt]
dak (het)	tak (ett)	['tak]
heipaal (de)	påle (en)	['poːlʲe]
muur (de)	mur, vägg (en)	['mʉːr], [vɛg]

betonstaal (het)	armeringsjärn (ett)	[ar'meriŋs‚jæːŋ]
steigers (mv.)	ställningar (pl)	['stɛlʲniŋar]

beton (het)	betong (en)	[be'tɔŋ]
graniet (het)	granit (en)	[gra'nit]
steen (de)	sten (en)	['sten]
baksteen (de)	tegel, mursten (en)	['tegəlʲ], ['mʉː‚sten]

zand (het)	sand (en)	['sand]
cement (de/het)	cement (en)	[se'mɛnt]
pleister (het)	puts (en)	['pʉts]
pleisteren (ww)	att putsa	[at 'putsa]
verf (de)	färg (en)	['fæːrj]
verven (muur ~)	att måla	[at 'moːlʲa]
ton (de)	tunna (en)	['tuna]

kraan (de)	lyftkran (en)	['lʲyft‚kran]
heffen, hijsen (ww)	att lyfta	[at 'lʲyfta]
neerlaten (ww)	att sänka	[at 'sɛŋka]

bulldozer (de)	bulldozer (en)	['bulʲ‚doːsər]
graafmachine (de)	grävmaskin (en)	['grɛv‚ma'fjiːn]

graafbak (de)	skopa (en)	['skʊpa]
graven (tunnel, enz.)	att gräva	[at 'grɛ:va]
helm (de)	hjälm (en)	['jɛlˡm]

Beroepen en ambachten

104. Zoeken naar werk. Ontslag

baan (de)	arbete, jobb (ett)	['arbetə], ['jɔb]
werknemers (mv.)	personal, stab (en)	[pɛʂuˈnalʲ], ['stab]
personeel (het)	personal (en)	[pɛʂuˈnalʲ]
carrière (de)	karriär (en)	[kariˈæːr]
vooruitzichten (mv.)	utsikter (pl)	['ʉtˌsiktər]
meesterschap (het)	mästerskap (ett)	['mɛstəˌskap]
keuze (de)	urval (ett)	['ʉːrˌvalʲ]
uitzendbureau (het)	arbetsförmedling (en)	['arbetsˌførˈmedliŋ]
CV, curriculum vitae (het)	meritförteckning (en)	[meˈritˌfœːˈʈɛkniŋ]
sollicitatiegesprek (het)	jobbsamtal (ett)	['jɔbˌsamtalʲ]
vacature (de)	vakans (en)	['vakans]
salaris (het)	lön (en)	['lʲøːn]
vaste salaris (het)	fast lön (en)	['fast ˌlʲøːn]
loon (het)	betalning (en)	[beˈtalʲniŋ]
betrekking (de)	ställning (en)	['stɛlʲniŋ]
taak, plicht (de)	plikt (en)	['plikt]
takenpakket (het)	arbetsplikter (pl)	['arbetsˌpliktər]
bezig (~ zijn)	upptagen	['upˌtagən]
ontslagen (ww)	att avskeda	[at 'avˌɧeda]
ontslag (het)	avsked (ett)	['avɧed]
werkloosheid (de)	arbetslöshet (en)	['arbetsˌlʲøːshet]
werkloze (de)	arbetslös (en)	['arbetsˌlʲøːs]
pensioen (het)	pension (en)	[panˈɧʉn]
met pensioen gaan	att gå i pension	[at 'goː i panˈɧʉn]

105. Zakenmensen

directeur (de)	direktör (en)	[dirɛkˈtøːr]
beheerder (de)	föreståndare (en)	[førəˈstɔndarə]
hoofd (het)	boss (en)	['bɔs]
baas (de)	överordnad (en)	['øːvərˌɔːdnat]
superieuren (mv.)	överordnade (pl)	['øːvərˌɔːdnadə]
president (de)	president (en)	[prɛsiˈdɛnt]
voorzitter (de)	ordförande (en)	['ʊːdˌførandə]
adjunct (de)	ställföreträdare (en)	['stɛlʲˌfœreˈtrɛːdarə]
assistent (de)	assistent (en)	[asiˈstɛnt]

| secretaris (de) | sekreterare (en) | [sɛkrə'terarə] |
| persoonlijke assistent (de) | privatsekreterare (en) | [pri'vat sɛkrə'terarə] |

zakenman (de)	affärsman (en)	[a'fæ:ʂ‚man]
ondernemer (de)	entreprenör (en)	[æntəpre'nø:r]
oprichter (de)	grundläggare (en)	['grʉnd‚lˡɛgarə]
oprichten	att grunda	[at 'grʉnda]
(een nieuw bedrijf ~)		

stichter (de)	stiftare (en)	['stiftarə]
partner (de)	partner (en)	['pa:ʈnər]
aandeelhouder (de)	aktieägare (en)	['aktsiə‚ɛ:garə]

miljonair (de)	miljonär (en)	[miljʉ'næ:r]
miljardair (de)	miljardär (en)	[milja:'ɖæ:r]
eigenaar (de)	ägare (en)	['ɛ:garə]
landeigenaar (de)	jordägare (en)	['jʉ:ɖ‚ɛ:garə]

klant (de)	kund (en)	['kund]
vaste klant (de)	stamkund (en)	['stam‚kund]
koper (de)	köpare (en)	['ɕø:parə]
bezoeker (de)	besökare (en)	[be'sø:karə]
professioneel (de)	yrkesman (en)	['yrkəs‚man]
expert (de)	expert (en)	[ɛks'pɛ:t]
specialist (de)	specialist (en)	[spesia'list]

| bankier (de) | bankir (en) | [baŋ'kir] |
| makelaar (de) | mäklare (en) | ['mɛklˡarə] |

kassier (de)	kassör (en)	[ka'sø:r]
boekhouder (de)	bokförare (en)	['bʊk‚fø:rarə]
bewaker (de)	säkerhetsvakt (en)	['sɛ:kərhets‚vakt]

investeerder (de)	investerare (en)	[invɛ'sterarə]
schuldenaar (de)	gäldenär (en)	[jɛlˡdɛ'næ:r]
crediteur (de)	kreditor (en)	[kre'ditʊr]
lener (de)	låntagare (en)	['lˡo:n‚tagarə]

| importeur (de) | importör (en) | [impɔ:'ʈø:r] |
| exporteur (de) | exportör (en) | [ɛkspɔ:'ʈø:r] |

producent (de)	producent (en)	[prɔdʉ'sɛnt]
distributeur (de)	distributör (en)	[distribʉ'tø:r]
bemiddelaar (de)	mellanhand (en)	['mɛlˡan‚hand]

adviseur, consulent (de)	konsulent (en)	[kɔnsu'lˡɛnt]
vertegenwoordiger (de)	representant (en)	[represən'tant]
agent (de)	agent (en)	[a'gɛnt]
verzekeringsagent (de)	försäkringsagent (en)	[fœ:'ʂɛkriŋs a'gɛnt]

106. Dienstverlenende beroepen

| kok (de) | kock (en) | ['kɔk] |
| chef-kok (de) | kökschef (en) | ['ɕœks‚ʃef] |

bakker (de)	bagare (en)	['bagarə]
barman (de)	bartender (en)	['ba:ˌtɛndər]
kelner, ober (de)	servitör (en)	[sɛrvi'tø:r]
serveerster (de)	servitris (en)	[sɛrvi'tris]

advocaat (de)	advokat (en)	[advʊ'kat]
jurist (de)	jurist (en)	[jʉ'rist]
notaris (de)	notarius publicus (en)	[nʊ'tariʊs 'publikʉs]

elektricien (de)	elektriker (en)	[ɛ'lʲektrikər]
loodgieter (de)	rörmokare (en)	['rø:rˌmɔkarə]
timmerman (de)	timmerman (en)	['timərˌman]

masseur (de)	massör (en)	[ma'sø:r]
masseuse (de)	massös (en)	[ma'sø:s]
dokter, arts (de)	läkare (en)	['lʲɛ:karə]

taxichauffeur (de)	taxichaufför (en)	['taksi ʃɔ'fø:r]
chauffeur (de)	chaufför (en)	[ʃɔ'fø:r]
koerier (de)	bud (en)	['bʉ:d]

kamermeisje (het)	städerska (en)	['stɛ:dɛʂka]
bewaker (de)	säkerhetsvakt (en)	['sɛ:kərhetsˌvakt]
stewardess (de)	flygvärdinna (en)	['flʲyɡˌvæ:dɪna]

meester (de)	lärare (en)	['lʲæ:rarə]
bibliothecaris (de)	bibliotekarie (en)	[bibliʉte'kariə]
vertaler (de)	översättare (en)	['ø:vəˌsætarə]
tolk (de)	tolk (en)	['tɔlʲk]
gids (de)	guide (en)	['gajd]

kapper (de)	frisör (en)	[fri'sø:r]
postbode (de)	brevbärare (en)	['brevˌbæ:rarə]
verkoper (de)	försäljare (en)	[fœ:'ʂɛljarə]

tuinman (de)	trädgårdsmästare (en)	['trɛ:go:ɖs 'mɛstarə]
huisbediende (de)	tjänare (en)	['ɕɛ:narə]
dienstmeisje (het)	tjänarinna (en)	[ɕɛ:na'rina]
schoonmaakster (de)	städerska (en)	['stɛ:dɛʂka]

107. Militaire beroepen en rangen

soldaat (rang)	menig (en)	['menig]
sergeant (de)	sergeant (en)	[sɛr'ɧant]
luitenant (de)	löjtnant (en)	['lʲœjtˌnant]
kapitein (de)	kapten (en)	[kap'ten]

majoor (de)	major (en)	[ma'jʊ:r]
kolonel (de)	överste (en)	['ø:vəʂtə]
generaal (de)	general (en)	[jene'ralʲ]
maarschalk (de)	marskalk (en)	[ma:'ʂalʲk]
admiraal (de)	amiral (en)	[ami'ralʲ]
militair (de)	militär (en)	[mili'tæ:r]
soldaat (de)	soldat (en)	[sʊlʲ'dat]

| officier (de) | officer (en) | [ɔfi'seːr] |
| commandant (de) | befälhavare (en) | [be'fɛl ˌhavarə] |

grenswachter (de)	gränsvakt (en)	['grɛnsˌvakt]
marconist (de)	radiooperatör (en)	['radiʊ ɔpera'tør]
verkenner (de)	spaningssoldat (en)	['spaniŋs sʊlⁱ'dat]
sappeur (de)	pionjär (en)	[piʊ'njæːr]
schutter (de)	skytt (en)	['fjʏt]
stuurman (de)	styrman (en)	['styrˌman]

108. Ambtenaren. Priesters

| koning (de) | kung (en) | ['kuŋ] |
| koningin (de) | drottning (en) | ['drɔtniŋ] |

| prins (de) | prins (en) | ['prins] |
| prinses (de) | prinsessa (en) | [prin'sɛsa] |

| tsaar (de) | tsar (en) | ['tsar] |
| tsarina (de) | tsarinna (en) | [tsa'rina] |

president (de)	president (en)	[prɛsi'dɛnt]
minister (de)	minister (en)	[mi'nistər]
eerste minister (de)	statsminister (en)	['stats mi'nistər]
senator (de)	senator (en)	[se'natʊr]

diplomaat (de)	diplomat (en)	[diplⁱɔ'mat]
consul (de)	konsul (en)	['kɔnsulⁱ]
ambassadeur (de)	ambassadör (en)	[ambasa'døːr]
adviseur (de)	rådgivare (en)	['roːdjivarə]

ambtenaar (de)	tjänsteman (en)	['ɕɛnstəˌman]
prefect (de)	prefekt (en)	[pre'fɛkt]
burgemeester (de)	borgmästare (en)	['bɔrjˌmɛstarə]

| rechter (de) | domare (en) | ['dʊmarə] |
| aanklager (de) | åklagare (en) | [ɔ:'klⁱagarə] |

missionaris (de)	missionär (en)	[miɲʊ'næːr]
monnik (de)	munk (en)	['muŋk]
abt (de)	abbé (en)	[a'beː]
rabbi, rabbijn (de)	rabbin (en)	[ra'bin]

vizier (de)	vesir (en)	[ve'syr]
sjah (de)	schah (en)	['ʃaː]
sjeik (de)	schejk (en)	['ʃɛjk]

109. Agrarische beroepen

imker (de)	biodlare (en)	['biˌʊdlⁱarə]
herder (de)	herde (en)	['hɛːdə]
landbouwkundige (de)	agronom (en)	[agrʊ'nɔm]

veehouder (de)	boskapsskötare (en)	['bʊskaps‚ɧøːtarə]
dierenarts (de)	veterinär (en)	[vetəri'næːr]

landbouwer (de)	lantbrukare, bonde (en)	['lʲantˌbrʉːkarə], ['bʊndə]
wijnmaker (de)	vinodlare (en)	['vinˌʊdlʲarə]
zoöloog (de)	zoolog (en)	[sʊɔ'lʲɔg]
cowboy (de)	cowboy (en)	['kaʊˌbɔj]

110. Kunst beroepen

acteur (de)	skådespelare (en)	['skoːdəˌspelʲarə]
actrice (de)	skådespelerska (en)	['skoːdəˌspelʲeʂka]

zanger (de)	sångare (en)	['sɔŋarə]
zangeres (de)	sångerska (en)	['sɔŋɛʂka]

danser (de)	dansör (en)	[dan'søːr]
danseres (de)	dansös (en)	[dan'søːs]

artiest (mann.)	skådespelare (en)	['skoːdəˌspelʲarə]
artiest (vrouw.)	skådespelerska (en)	['skoːdəˌspelʲeʂka]

muzikant (de)	musiker (en)	['mʉsikər]
pianist (de)	pianist (en)	[pia'nist]
gitarist (de)	gitarrspelare (en)	[ji'tarˌspelʲarə]

orkestdirigent (de)	dirigent (en)	[diri'ɧɛnt]
componist (de)	komponist (en)	[kɔmpo'nist]
impresario (de)	impressario (en)	[imprɛ'sariʉ]

filmregisseur (de)	regissör (en)	[reɧi'søːr]
filmproducent (de)	producent (en)	[prɔdʉ'sɛnt]
scenarioschrijver (de)	manusförfattare (en)	['manusˌfør'fatarə]
criticus (de)	kritiker (en)	['kritikər]

schrijver (de)	författare (en)	[før'fatarə]
dichter (de)	poet (en)	[pʊ'et]
beeldhouwer (de)	skulptör (en)	[skulʲp'tøːr]
kunstenaar (de)	konstnär (en)	['kɔnstnæːr]

jongleur (de)	jonglör (en)	[jɔng'lʲøːr]
clown (de)	clown (en)	['klʲawn]
acrobaat (de)	akrobat (en)	[akrʊ'bat]
goochelaar (de)	trollkonstnär (en)	['trɔlʲˌkɔnstnæːr]

111. Verschillende beroepen

dokter, arts (de)	läkare (en)	['lʲɛːkarə]
ziekenzuster (de)	sjuksköterska (en)	['ɧʉːkˌɧøːtɛʂka]
psychiater (de)	psykiater (en)	[syki'atər]
tandarts (de)	tandläkare (en)	['tandˌlʲɛːkarə]
chirurg (de)	kirurg (en)	[çi'rʉrg]

| astronaut (de) | astronaut (en) | [astrʊ'naʊt] |
| astronoom (de) | astronom (en) | [astrʊ'nɔm] |

chauffeur (de)	förare (en)	['fø:rarə]
machinist (de)	lokförare (en)	['lʲʊkˌfø:rarə]
mecanicien (de)	mekaniker (en)	[me'kanikər]

mijnwerker (de)	gruvarbetare (en)	['grʉ:vˌar'betarə]
arbeider (de)	arbetare (en)	['arˌbetarə]
bankwerker (de)	låssmed (en)	['lʲɔsˌsmed]
houtbewerker (de)	snickare (en)	['snikarə]
draaier (de)	svarvare (en)	['svarvarə]
bouwvakker (de)	byggarbetare (en)	['byɡˌar'betarə]
lasser (de)	svetsare (en)	['svɛtsarə]

professor (de)	professor (en)	[prɔ'fɛsʊr]
architect (de)	arkitekt (en)	[arki'tɛkt]
historicus (de)	historiker (en)	[hi'stʊrikər]
wetenschapper (de)	vetenskapsman (en)	['vetənskapsˌman]
fysicus (de)	fysiker (en)	['fysikər]
scheikundige (de)	kemist (en)	[ɕe'mist]

archeoloog (de)	arkeolog (en)	[ˌarkeʊ'lʲɔg]
geoloog (de)	geolog (en)	[jeʊ'lʲɔg]
onderzoeker (de)	forskare (en)	['fɔ:ʂkarə]

| babysitter (de) | barnflicka (en) | ['ba:nˌflika] |
| leraar, pedagoog (de) | pedagog (en) | [peda'gɔg] |

redacteur (de)	redaktör (en)	[redak'tø:r]
chef-redacteur (de)	chefredaktör (en)	['ɧefˌredak'tø:r]
correspondent (de)	korrespondent (en)	[kɔrɛspɔn'dɛnt]
typiste (de)	maskinskriverska (en)	[ma'ɧi:n 'skrivɛʂka]

designer (de)	designer (en)	[de'sajnər]
computerexpert (de)	dataexpert (en)	['data ɛks'pɛ:t]
programmeur (de)	programmerare (en)	[prɔgra'merarə]
ingenieur (de)	ingenjör (en)	[inɧə'njø:r]

matroos (de)	sjöman (en)	['ɧø:ˌman]
zeeman (de)	matros (en)	[ma'trʊs]
redder (de)	räddare (en)	['rɛdarə]

brandweerman (de)	brandman (en)	['brandˌman]
politieagent (de)	polis (en)	[pʊ'lis]
nachtwaker (de)	nattvakt, väktare (en)	['natˌvakt], ['vɛktarə]
detective (de)	detektiv (en)	[detɛk'tiv]

douanier (de)	tulltjänsteman (en)	['tulʲ 'ɕɛnstəˌman]
lijfwacht (de)	livvakt (en)	['li:vˌvakt]
gevangenisbewaker (de)	fångvaktare (en)	['fɔŋˌvaktarə]
inspecteur (de)	inspektör (en)	[inspɛk'tø:r]

sportman (de)	idrottsman (en)	['idrɔtsˌman]
trainer (de)	tränare (en)	['trɛ:narə]
slager, beenhouwer (de)	slaktare (en)	['slʲaktarə]

schoenlapper (de)	skomakare (en)	['skʊˌmakarə]
handelaar (de)	handelsman (en)	['handəlˈsˌman]
lader (de)	lastare (en)	['lʲastarə]

| kledingstilist (de) | modedesigner (en) | ['mʊdə de'sajnər] |
| model (het) | modell, mannekäng (en) | [mʊ'dɛlʲ], ['manekɛŋ] |

112. Beroepen. Sociale status

| scholier (de) | skolbarn (ett) | ['skʊlʲˌbaːŋ] |
| student (de) | student (en) | [stu'dɛnt] |

filosoof (de)	filosof (en)	[filʲɔ'sɔf]
econoom (de)	ekonom (en)	[ɛkʊ'nɔm]
uitvinder (de)	uppfinnare (en)	['upˌfinarə]

werkloze (de)	arbetslös (en)	['arbetsˌlʲøːs]
gepensioneerde (de)	pensionär (en)	[panɧʊ'næːr]
spion (de)	spion (en)	[spi'ʊn]

gedetineerde (de)	fånge (en)	['fɔŋə]
staker (de)	strejkande (en)	['strɛjkandə]
bureaucraat (de)	byråkrat (en)	['byrɔˌkrat]
reiziger (de)	resenär (en)	[rese'næːr]

homoseksueel (de)	homosexuell (en)	['homɔsɛksuˌɛlʲ]
hacker (computerkraker)	hackare (en)	['hakarə]
hippie (de)	hippie (en)	['hipi]
bandiet (de)	bandit (en)	[ban'dit]
huurmoordenaar (de)	legomördare (en)	['lʲegʊˌmøːdˌarə]
drugsverslaafde (de)	narkoman (en)	[narkʊ'man]
drugshandelaar (de)	droglangare (en)	['drʊgˌlʲaŋarə]
prostituee (de)	prostituerad (en)	[prostitʉ'ɛrad]
pooier (de)	hallik (en)	['halik]

tovenaar (de)	trollkarl (en)	['trɔlʲˌkar]
tovenares (de)	trollkvinna (en)	['trɔlʲˌkvina]
piraat (de)	pirat, sjörövare (en)	[pi'rat], ['ʄøːˌrøːvarə]
slaaf (de)	slav (en)	['slʲav]
samoerai (de)	samuraj (en)	[samu'raj]
wilde (de)	vilde (en)	['vilʲdə]

Sport

113. Soorten sporten. Sporters

sportman (de)	idrottsman (en)	['idrɔts͵man]
soort sport (de/het)	idrottsgren (en)	['idrɔts͵gren]
basketbal (het)	basket (en)	['basket]
basketbalspeler (de)	basketspelare (en)	['basket͵spelʲarə]
baseball (het)	baseboll (en)	['bɛjsbɔlʲ]
baseballspeler (de)	basebollspelare (en)	['bɛjsbɔlʲ͵spelʲarə]
voetbal (het)	fotboll (en)	['futbɔlʲ]
voetballer (de)	fotbollsspelare (en)	['futbɔlʲs 'spelʲarə]
doelman (de)	målvakt (en)	['mɔːlʲ͵vakt]
hockey (het)	ishockey (en)	['is͵hɔki]
hockeyspeler (de)	ishockeyspelare (en)	['is͵hɔki 'spelʲarə]
volleybal (het)	volleyboll (en)	['vɔli͵bɔlʲ]
volleybalspeler (de)	volleybollspelare (en)	['vɔlibɔlʲ 'spelʲarə]
boksen (het)	boxning (en)	['buksniŋ]
bokser (de)	boxare (en)	['buksarə]
worstelen (het)	brottning (en)	['brɔtniŋ]
worstelaar (de)	brottare (en)	['brɔtarə]
karate (de)	karate (en)	[ka'ratə]
karateka (de)	karateutövare (en)	[ka'ratə͵ʉ'tøːvarə]
judo (de)	judo (en)	['jʉdɔ]
judoka (de)	judobrottare (en)	['jʉdɔ͵brɔtarə]
tennis (het)	tennis (en)	['tɛnis]
tennisspeler (de)	tennisspelare (en)	['tɛnis͵spelʲarə]
zwemmen (het)	simning (en)	['simniŋ]
zwemmer (de)	simmare (en)	['simarə]
schermen (het)	fäktning (en)	['fɛktniŋ]
schermer (de)	fäktare (en)	['fɛktarə]
schaak (het)	schack (ett)	['ʃak]
schaker (de)	schackspelare (en)	['ʃak͵spelʲarə]
alpinisme (het)	alpinism (en)	['alʲpi͵nizm]
alpinist (de)	alpinist (en)	['alʲpi͵nist]
hardlopen (het)	löpning (en)	['lʲœpniŋ]

renner (de)	löpare (en)	['lʲøːparə]
atletiek (de)	friidrott (en)	['friː 'iˌdrɔt]
atleet (de)	atlet (en)	[at'lʲet]

| paardensport (de) | ridsport (en) | ['ridˌspɔːt] |
| ruiter (de) | ryttare (en) | ['rʏtarə] |

kunstschaatsen (het)	konståkning (en)	['kɔnˌstoːkniŋ]
kunstschaatser (de)	konståkare (en)	['kɔnˌstoːkarə]
kunstschaatsster (de)	konståkerska (en)	['kɔnˌstoːkɛʂka]

gewichtheffen (het)	tyngdlyftning (en)	['tʏŋdˌlʲyftniŋ]
gewichtheffer (de)	tyngdlyftare (en)	['tʏŋdˌlʲyftarə]
autoraces (mv.)	biltävling (en)	['bilʲˌtɛvliŋ]
coureur (de)	racerförare (en)	['rejsˌføːrarə]

| wielersport (de) | cykelsport (en) | ['sykəlʲˌspɔːt] |
| wielrenner (de) | cyklist (en) | [sʏk'list] |

verspringen (het)	längdhopp (ett)	['lʲɛŋdˌhɔp]
polsstokspringen (het)	stavhopp (ett)	['stavˌhɔp]
verspringer (de)	hoppare (en)	['hɔparə]

114. Soorten sporten. Diversen

Amerikaans voetbal (het)	amerikansk fotboll (en)	[ameri'kansk 'fʊtbɔlʲ]
badminton (het)	badminton (en)	['bɛdmintɔn]
biatlon (de)	skidskytte (ett)	['hʲidˌɧytə]
biljart (het)	biljard (en)	[bi'lʲjaːɖ]

bobsleeën (het)	bobsleigh (en)	[bɔb'slʲej]
bodybuilding (de)	kroppsbyggande (ett)	['krɔpsˌbʏgandə]
waterpolo (het)	vattenpolo (ett)	['vatənˌpʊlʲʊ]
handbal (de)	handboll (en)	['handˌbɔlʲ]
golf (het)	golf (en)	['gɔlʲf]

roeisport (de)	rodd (en)	['rʊd]
duiken (het)	dykning (en)	['dʏkniŋ]
langlaufen (het)	skidåkning (en)	['hʲiːˌdɔkniŋ]
tafeltennis (het)	bordtennis (en)	['bʊːɖˌtɛnis]

zeilen (het)	segelsport (en)	['segəlʲˌspɔːt]
rally (de)	rally (ett)	['ralʲi]
rugby (het)	rugby (en)	['rugbi]
snowboarden (het)	snowboard (en)	['snɔwˌbɔːɖ]
boogschieten (het)	bågskjutning (ett)	['bɔːgˌɧʉːtniŋ]

115. Fitnessruimte

lange halter (de)	skivstång (en)	['ɧivˌstɔn]
halters (mv.)	hantlar (pl)	['hantˌlʲar]
training machine (de)	träningsmaskin (en)	['trɛːniŋs ma'ɧiːn]

| hometrainer (de) | motioncykel (en) | [mɔt'ɧʊn̩sykəlʲ] |
| loopband (de) | löpband (ett) | ['lʲø:p̩band] |

rekstok (de)	räcke (ett)	['rɛkə]
brug (de) gelijke leggers	barr (en)	['bar]
paardsprong (de)	hoppbord (en)	['hɔp̩bʉ:d̪]
mat (de)	matta (en)	['mata]

springtouw (het)	hopprep (ett)	['hɔprep]
aerobics (de)	aerobics	[aɛ'robiks]
yoga (de)	yoga (en)	['joga]

116. Sporten. Diversen

Olympische Spelen (mv.)	de olympiska spelen	[de ʊ'limpiska 'spelʲən]
winnaar (de)	segrare (en)	['sɛg̩rarə]
overwinnen (ww)	att vinna, att segra	[at 'vina], [at 'sɛgra]
winnen (ww)	att vinna	[at 'vina]

| leider (de) | ledare (en) | ['lʲedarə] |
| leiden (ww) | att leda | [at 'lʲeda] |

eerste plaats (de)	förstaplats (en)	['fœ:ʂta plʲats]
tweede plaats (de)	andraplats (en)	['andra̩plʲats]
derde plaats (de)	tredjeplats (en)	['trɛdjə̩plʲats]

medaille (de)	medalj (en)	[me'dalj]
trofee (de)	trofé (en)	['trʊfe:]
beker (de)	pokal (en)	[pɔ'kalʲ]
prijs (de)	pris (ett)	['pris]
hoofdprijs (de)	huvudpris (ett)	['hʉ:vɵd̩pris]

| record (het) | rekord (ett) | [re'kɔ:d̪] |
| een record breken | att sätta rekord | [at 'sæta re'kɔ:d̪] |

| finale (de) | final (en) | [fi'nalʲ] |
| finale (bn) | final- | [fi'nalʲ-] |

| kampioen (de) | mästare (en) | ['mɛstarə] |
| kampioenschap (het) | mästerskap (ett) | ['mɛstə̩ʂkap] |

stadion (het)	stadion (ett)	['stadiʊn]
tribune (de)	läktare (en)	['lʲɛktarə]
fan, supporter (de)	fan (ett)	['fan]
tegenstander (de)	motståndare (en)	['mʊt̩stɔndarə]

| start (de) | start (en) | ['sta:t̪] |
| finish (de) | mål (ett), mållinje (en) | ['mo:lʲ], ['mo:lʲ̩linjə] |

| nederlaag (de) | nederlag (ett) | ['nedə:ɭ̩ag] |
| verliezen (ww) | att förlora | [at fœ:'lʲʊra] |

| rechter (de) | domare (en) | ['dʊmarə] |
| jury (de) | jury (en) | ['jɵri] |

stand (~ is 3-1)	resultat (ett)	[resulʲ'tat]
gelijkspel (het)	oavgjort (ett)	[ʊːav'jʊːt]
in gelijk spel eindigen	att spela oavgjort	[at 'spelʲa uːav'jʊːt]
punt (het)	poäng (en)	[pʊ'ɛŋ]
uitslag (de)	resultat (ett)	[resulʲ'tat]

periode (de)	period (en)	[peri'ʊd]
pauze (de)	halvtid (en)	['halʲv̩tid]
doping (de)	dopning (en)	['dɔpniŋ]
straffen (ww)	att straffa	[at 'strafa]
diskwalificeren (ww)	att diskvalificera	[at diskvalifi'sera]

toestel (het)	redskap (ett)	['rɛd̩skap]
speer (de)	spjut (ett)	['spjɵːt]
kogel (de)	kula (en)	['kɵːlʲa]
bal (de)	boll (en)	['bɔlʲ]

doel (het)	mål (ett)	['moːlʲ]
schietkaart (de)	måltavla (en)	['moːlʲ̩tavlʲa]
schieten (ww)	att skjuta	[at 'ɧɵːta]
precies (bijv. precieze schot)	fullträff	['fulʲ̩trɛf]

trainer, coach (de)	tränare (en)	['trɛːnarə]
trainen (ww)	att träna	[at 'trɛːna]
zich trainen (ww)	att träna	[at 'trɛːna]
training (de)	träning (en)	['trɛːniŋ]

gymnastiekzaal (de)	idrottshall (en)	['idrots̩halʲ]
oefening (de)	övning (en)	['øvniŋ]
opwarming (de)	uppvärmning (en)	['up̩værmniŋ]

Onderwijs

117. School

school (de)	skola (en)	['skʊlʲa]
schooldirecteur (de)	rektor (en)	['rɛktʊr]
leerling (de)	elev (en)	[ɛ'lʲev]
leerlinge (de)	elev (en)	[ɛ'lʲev]
scholier (de)	skolbarn (ett)	['skʊlʲˌbaːn]
scholiere (de)	skolflicka (en)	['skʊlʲˌflika]
leren (lesgeven)	att undervisa	[at 'undəˌvisa]
studeren (bijv. een taal ~)	att lära sig	[at 'lʲæːra sɛj]
van buiten leren	att lära sig utantill	[at 'lʲæːra sɛj 'ʉːtanˌtilʲ]
leren (bijv. ~ tellen)	att lära sig	[at 'lʲæːra sɛj]
in school zijn	att gå i skolan	[at 'goː i 'skʊlʲan]
(schooljongen zijn)		
naar school gaan	att gå till skolan	[at 'goː tilʲ 'skʊlʲan]
alfabet (het)	alfabet (ett)	['alʲfabet]
vak (schoolvak)	ämne (ett)	['ɛmnə]
klaslokaal (het)	klassrum (ett)	['klʲasˌruːm]
les (de)	timme (en)	['timə]
pauze (de)	rast (en)	['rast]
bel (de)	skolklocka (en)	['skʊlʲˌklʲɔka]
schooltafel (de)	skolbänk (en)	['skʊlʲˌbɛŋk]
schoolbord (het)	tavla (en)	['tavlʲa]
cijfer (het)	betyg (ett)	[be'tyg]
goed cijfer (het)	bra betyg (ett)	[bra be'tyg]
slecht cijfer (het)	dåligt betyg (ett)	['doːlit be'tyg]
een cijfer geven	att betygsätta	[at be'tygsɛta]
fout (de)	fel (ett)	['felʲ]
fouten maken	att göra misstag	[at 'jøːra 'mistag]
corrigeren (fouten ~)	att rätta	[at 'rɛta]
spiekbriefje (het)	fusklapp (en)	['fuskˌlʲap]
huiswerk (het)	läxor (pl)	['lʲɛːksʊr]
oefening (de)	övning (en)	['øvniŋ]
aanwezig zijn (ww)	att vara närvarande	[at 'vara 'næːrˌvarandə]
absent zijn (ww)	att vara frånvarande	[at 'vara 'froːnˌvarandə]
school verzuimen	att missa skolan	[at 'misa 'skʊlʲan]
bestraffen (een stout kind ~)	att straffa	[at 'strafa]
bestraffing (de)	straff (ett)	['straf]

gedrag (het)	uppförande (ett)	['up̩førandə]
cijferlijst (de)	betyg, omdöme (ett)	[be'tyg], ['ɔm̩dø:mə]
potlood (het)	blyertspenna (en)	['blʲyɛ:ʦ̩pɛna]
gom (de)	suddgummi (ett)	['sud̩gumi]
krijt (het)	krita (en)	['krita]
pennendoos (de)	pennfodral (ett)	['pɛnfud̩ralʲ]

boekentas (de)	skolväska (en)	['skulʲ̩vɛska]
pen (de)	penna (en)	['pɛna]
schrift (de)	övningsbok (en)	['øvniŋs̩buk]
leerboek (het)	lärobok (en)	['lʲæ:ru̩buk]
passer (de)	passare (en)	['pasarə]

| technisch tekenen (ww) | att rita | [at 'rita] |
| technische tekening (de) | teknisk ritning (en) | ['tɛknisk 'ritniŋ] |

gedicht (het)	dikt (en)	['dikt]
van buiten (bw)	utantill	['u:tan̩tilʲ]
van buiten leren	att lära sig utantill	[at 'læ:ra sɛj 'ʉ:tan̩tilʲ]

vakantie (de)	skollov (ett)	['skul̩lʲɔv]
met vakantie zijn	att ha lov	[at ha 'lʲɔv]
vakantie doorbrengen	att tillbringa skollovet	[at 'tilʲ̩briŋa 'sku̩lʲɔvet]

toets (schriftelijke ~)	prov (ett)	['pruv]
opstel (het)	uppsats (en)	['upsats]
dictee (het)	diktamen (en)	[dik'tamən]
examen (het)	examen (en)	[ɛk'samən]
examen afleggen	att ta en examen	[at ta en ɛk'samən]
experiment (het)	försök (ett)	['fœ:̩ṣø:k]

118. Hogeschool. Universiteit

academie (de)	akademi (en)	[akade'mi:]
universiteit (de)	universitet (ett)	[univɛ̩ṣi'tet]
faculteit (de)	fakultet (en)	[fakulʲ'tet]

student (de)	student (en)	[stu'dɛnt]
studente (de)	kvinnlig student (en)	['kvinlig stu'dɛnt]
leraar (de)	lärare, föreläsare (en)	['lʲæ:rarə], ['førə̩lʲɛ:sarə]

| collegezaal (de) | föreläsningssal (en) | [føre'lʲɛsniŋ̩salʲ] |
| afgestudeerde (de) | alumn (en) | [a'lʉmn] |

| diploma (het) | diplom (ett) | [dip'lʲɔm] |
| dissertatie (de) | avhandling (en) | ['av̩handliŋ] |

| onderzoek (het) | studie (en) | ['studiə] |
| laboratorium (het) | laboratorium (ett) | [lʲabɔra'tɔrium] |

college (het)	föreläsning (en)	['førə̩lʲɛsniŋ]
medestudent (de)	studiekompis (en)	['studiə̩kɔmpis]
studiebeurs (de)	stipendium (ett)	[sti'pɛndium]
academische graad (de)	akademisk grad (en)	[aka'demisk grad]

119. Wetenschappen. Disciplines

wiskunde (de)	matematik (en)	[matema'tik]
algebra (de)	algebra (en)	['alˡgebra]
meetkunde (de)	geometri (en)	[jeʊmə'tri:]

astronomie (de)	astronomi (en)	[astrʊnɔ'mi:]
biologie (de)	biologi (en)	[biʊlˡɔ'gi:]
geografie (de)	geografi (en)	[jeʊgra'fi:]
geologie (de)	geologi (en)	[jeʊlˡɔ'gi:]
geschiedenis (de)	historia (en)	[hi'stʊria]

geneeskunde (de)	medicin (en)	[medi'sin]
pedagogiek (de)	pedagogik (en)	[pedagɔ'gik]
rechten (mv.)	rätt (en)	['ræt]

fysica, natuurkunde (de)	fysik (en)	[fy'zik]
scheikunde (de)	kemi (en)	[ɕe'mi:]
filosofie (de)	filosofi (en)	[filˡɔsɔ'fi:]
psychologie (de)	psykologi (en)	[sykʊlˡɔ'gi:]

120. Schrift. Spelling

grammatica (de)	grammatik (en)	[grama'tik]
vocabulaire (het)	ordförråd (ett)	['ʊːdfœːˌroːd]
fonetiek (de)	fonetik (en)	[fɔne'tik]

zelfstandig naamwoord (het)	substantiv (ett)	['substanˌtiv]
bijvoeglijk naamwoord (het)	adjektiv (ett)	['adjɛkˌtiv]
werkwoord (het)	verb (ett)	['vɛrb]
bijwoord (het)	adverb (ett)	[ad'vɛrb]

voornaamwoord (het)	pronomen (ett)	[prʊ'nʊmən]
tussenwerpsel (het)	interjektion (en)	[intɛrjɛk'fjʊn]
voorzetsel (het)	preposition (en)	[prepʊsi'fjʊn]

stam (de)	rot (en)	['rʊt]
achtervoegsel (het)	ändelse (en)	['ɛndəlˡsə]
voorvoegsel (het)	prefix (ett)	[prɛ'fiks]
lettergreep (de)	stavelse (en)	['stavəlˡsə]
achtervoegsel (het)	suffix (ett)	[su'fi:ks]

| nadruk (de) | betoning (en) | [be'tʊniŋ] |
| afkappingsteken (het) | apostrof (en) | [apʊ'strɔf] |

punt (de)	punkt (en)	['puŋkt]
komma (de/het)	komma (ett)	['kɔma]
puntkomma (de)	semikolon (ett)	['semikʊˌlˡɔn]
dubbelpunt (de)	kolon (ett)	[kʊ'lˡɔn]
beletselteken (het)	tre punkter (pl)	[trɛ 'puŋktər]

| vraagteken (het) | frågetecken (ett) | ['froːgəˌtɛkən] |
| uitroepteken (het) | utropstecken (ett) | ['ʉtrʊpsˌtɛkən] |

aanhalingstekens (mv.)	anföringstecken (pl)	[ɑn'fœriŋs,tɛkən]
tussen aanhalingstekens (bw)	inom anföringstecken	['inɔm ɑn'fœriŋs,tɛkən]
haakjes (mv.)	parentes (en)	[parɛn'tes]
tussen haakjes (bw)	inom parentes	['inɔm parɛn'tes]

streepje (het)	bindestreck (ett)	['bində,strɛk]
gedachtestreepje (het)	tankstreck (ett)	['taŋk,strɛk]
spatie	mellanrum (ett)	['mɛlʲan,ruːm]
(~ tussen twee woorden)		

| letter (de) | bokstav (en) | ['bʊkstav] |
| hoofdletter (de) | stor bokstav (en) | ['stʊr 'bʊkstav] |

| klinker (de) | vokal (en) | [vʊ'kalʲ] |
| medeklinker (de) | konsonant (en) | [kɔnsɔ'nant] |

zin (de)	mening, sats (en)	['meniŋ], ['sats]
onderwerp (het)	subjekt (ett)	[sub'jɛːkt]
gezegde (het)	predikat (ett)	[predi'kat]

regel (in een tekst)	rad (en)	['rad]
op een nieuwe regel (bw)	på ny rad	[pɔ ny 'rad]
alinea (de)	stycke (ett)	['stʏkə]

woord (het)	ord (ett)	['ʊːd]
woordgroep (de)	ordkombination (en)	['ʊːd,kɔmbinaˈɧun]
uitdrukking (de)	uttryck (ett)	['ʉt,trʏk]
synoniem (het)	synonym (en)	[synɔ'nym]
antoniem (het)	antonym, motsats (en)	[antɔ'nʏm], ['mʊtsats]

regel (de)	regel (en)	['regəlʲ]
uitzondering (de)	undantag (ett)	['undan,taːg]
correct (bijv. ~e spelling)	riktig	['riktig]

vervoeging, conjugatie (de)	böjning (en)	['bœjniŋ]
verbuiging, declinatie (de)	böjning (en)	['bœjniŋ]
naamval (de)	kasus (ett)	['kasus]
vraag (de)	fråga (en)	['froːga]
onderstrepen (ww)	att understryka	[at 'undə,stryka]
stippellijn (de)	pricklinje (en)	['prik,linjə]

121. Vreemde talen

taal (de)	språk (ett)	['sproːk]
vreemd (bn)	främmande	['frɛmandə]
vreemde taal (de)	främmande språk (ett)	['frɛmandə sproːk]
leren (bijv. van buiten ~)	att studera	[at stu'dera]
studeren (Nederlands ~)	att lära sig	[at 'lʲæːra sɛj]

lezen (ww)	att läsa	[at 'lʲɛːsa]
spreken (ww)	att tala	[at 'talʲa]
begrijpen (ww)	att förstå	[at fœː'ʂtoː]
schrijven (ww)	att skriva	[at 'skriva]
snel (bw)	snabbt	['snabt]

| langzaam (bw) | långsamt | ['lʲɔŋˌsamt] |
| vloeiend (bw) | flytande | ['flʲytandə] |

regels (mv.)	regler (pl)	['rɛglʲər]
grammatica (de)	grammatik (en)	[grama'tik]
vocabulaire (het)	ordförråd (ett)	['ʊːdfœːˌroːd]
fonetiek (de)	fonetik (en)	[fɔne'tik]

leerboek (het)	lärobok (en)	['lʲæːrʊˌbʊk]
woordenboek (het)	ordbok (en)	['ʊːdˌbʊk]
leerboek (het) voor zelfstudie	självinstruerande lärobok (en)	['ɧɛlʲv instrʉ'ɛrandə 'lʲæːrʊˌbʊk]
taalgids (de)	parlör (en)	[pa:'lʲøːr]

cassette (de)	kassett (en)	[ka'sɛt]
videocassette (de)	videokassett (en)	['videʊ ka'sɛt]
CD (de)	cd-skiva (en)	['sede ˌɧiva]
DVD (de)	dvd (en)	[deve'de:]

alfabet (het)	alfabet (ett)	['alʲfabet]
spellen (ww)	att stava	[at 'stava]
uitspraak (de)	uttal (ett)	['ʉtˌtalʲ]

accent (het)	brytning (en)	['brʏtniŋ]
met een accent (bw)	med brytning	[me 'brʏtniŋ]
zonder accent (bw)	utan brytning	['ʉtan 'brʏtniŋ]

| woord (het) | ord (ett) | ['ʊːd] |
| betekenis (de) | betydelse (en) | [be'tydəlʲsə] |

cursus (de)	kurs (en)	['kuːʂ]
zich inschrijven (ww)	att anmäla sig	[at 'anˌmɛːlʲa sɛj]
leraar (de)	lärare (en)	['lʲæːrarə]

vertaling (een ~ maken)	översättning (en)	['øːvəˌsætniŋ]
vertaling (tekst)	översättning (en)	['øːvəˌsætniŋ]
vertaler (de)	översättare (en)	['øːvəˌsætarə]
tolk (de)	tolk (en)	['tɔlʲk]

| polyglot (de) | polyglott (en) | [pʊlʲy'glʲɔt] |
| geheugen (het) | minne (ett) | ['minə] |

122. Sprookjesfiguren

Sinterklaas (de)	Jultomten	['julʲˌtɔmtən]
Assepoester (de)	Askungen	['askuŋən]
zeemeermin (de)	havsfru (en)	['havsˌfrʉ:]
Neptunus (de)	Neptunus	[nep'tʉnus]

magiër, tovenaar (de)	trollkarl (en)	['trɔlʲˌkar]
goede heks (de)	fe (en)	['fe]
magisch (bn)	troll-, magisk	['trɔlʲ-], ['magisk]
toverstokje (het)	trollspö (ett)	['trɔlʲˌspø:]
sprookje (het)	saga (en)	['saga]

wonder (het)	mirakel (ett)	[mi'rakəlʲ]
dwerg (de)	gnom, dvärg (en)	[gnʊm], ['dværj]
veranderen in ...	att förvandlas till ...	[at før'vandlas tilʲ ...]
(anders worden)		

geest (de)	spöke (ett)	['spøːkə]
spook (het)	fantom, vålnad (ett)	[fan'toːm], ['vɔlʲnad]
monster (het)	monster (ett)	['mɔnstər]
draak (de)	drake (en)	['drakə]
reus (de)	jätte (en)	['jætə]

123. Dierenriem

Ram (de)	Väduren	['vɛdɵrən]
Stier (de)	Oxen	['ʊksən]
Tweelingen (mv.)	Tvillingarna	['tviliŋaːŋa]
Kreeft (de)	Kräftan	['krɛftan]
Leeuw (de)	Lejonet	['lʲejɔnet]
Maagd (de)	Jungfrun	['juŋfrɵn]

Weegschaal (de)	Vågen	['voːgən]
Schorpioen (de)	Skorpionen	[skɔrpi'ʊnən]
Boogschutter (de)	Skytten	['ɧytən]
Steenbok (de)	Stenbocken	['sten‚bʊkən]
Waterman (de)	Vattumannen	['vatɵ‚manən]
Vissen (mv.)	Fiskarna	['fiskaːŋa]

karakter (het)	karaktär (en)	[karak'tæːr]
karaktertrekken (mv.)	karaktärsdrag (ett)	[karak'tæːʂ‚drag]
gedrag (het)	uppförande (ett)	['up‚førandə]
waarzeggen (ww)	att spå	[at spɔ]
waarzegster (de)	spåkvinna (en)	['spoː‚kvina]
horoscoop (de)	horoskop (ett)	[hɵrʊ'skɔp]

Kunst

124. Theater

theater (het)	teater (en)	[te'atər]
opera (de)	opera (en)	['ʊpera]
operette (de)	operett (en)	[ʊpe'rɛt]
ballet (het)	balett (en)	[ba'lʲet]

affiche (de/het)	affisch (en)	[a'fiːʃ]
theatergezelschap (het)	teatertrupp (en)	[te'atər‚trup]
tournee (de)	turné (en)	[tur'neː]
op tournee zijn	att vara på turné	[at 'vara pɔ tur'neː]
repeteren (ww)	att repetera	[at repe'tera]
repetitie (de)	repetition (en)	[repeti'ɧʊn]
repertoire (het)	repertoar (en)	[repɛːʈʊ'aːr]

voorstelling (de)	föreställning (en)	['førə‚stɛlʲniŋ]
spektakel (het)	teaterstycke (ett)	[te'atər‚stʏkə]
toneelstuk (het)	skådespel (ett), pjäs (en)	['skoːdə‚spelʲ], [pjæːs]

biljet (het)	biljett (en)	[bi'lʲet]
kassa (de)	biljettkassa (en)	[bi'lʲet‚kasa]
foyer (de)	lobby (en)	['lʲɔbi]
garderobe (de)	garderob (en)	[gaːdʲə'rɔːb]
garderobe nummer (het)	nummerbricka (en)	['numər‚brika]
verrekijker (de)	kikare (en)	['ɕikarə]
plaatsaanwijzer (de)	platsanvisare (en)	['plʲats‚an'visarə]

parterre (de)	parkett (en)	[par'ket]
balkon (het)	balkong (en)	[balʲ'kɔŋ]
gouden rang (de)	första raden (en)	['fœːʂta 'radən]
loge (de)	loge (en)	['lʲɔgə]
rij (de)	rad (en)	['rad]
plaats (de)	plats (en)	['plʲats]

publiek (het)	publik (en)	[pub'lik]
kijker (de)	åskådare (en)	['ɔs‚koːdarə]
klappen (ww)	att klappa	[at 'klʲapa]
applaus (het)	applåd (en)	[ap'lʲoːd]
ovatie (de)	bifall (ett)	['bi‚falʲ]

toneel (op het ~ staan)	scen (en)	['seːn]
gordijn, doek (het)	ridå (en)	[ri'doː]
toneeldecor (het)	dekoration (en)	[dekɔra'ɧʊn]
backstage (de)	kulisser (pl)	[kʉ'lisər]

scène (de)	scen (en)	['seːn]
bedrijf (het)	akt (en)	['akt]
pauze (de)	mellanakt (en)	['mɛlʲan‚akt]

125. Bioscoop

acteur (de)	skådespelare (en)	['sko:də‚spelʲarə]
actrice (de)	skådespelerska (en)	['sko:də‚spelʲeşka]

bioscoop (de)	filmindustri (en)	['filʲm‚indu'stri:]
speelfilm (de)	film (en)	['filʲm]
aflevering (de)	del (en)	['delʲ]

detectivefilm (de)	kriminalfilm (en)	[krimi'nalʲ‚filʲm]
actiefilm (de)	actionfilm (en)	['ɛkʃən‚filʲm]
avonturenfilm (de)	äventyrsfilm (en)	['ɛ:vɛn‚tyş 'filʲm]
sciencefictionfilm (de)	science fiction film (en)	['sajəns ‚fikʃən 'filʲm]
griezelfilm (de)	skräckfilm (en)	['skrɛk‚filʲm]

komedie (de)	komedi (en), lustspel (ett)	[kɔme'di:], [lɯ:st‚spel]
melodrama (het)	melodram (en)	[melʲɔ'dram]
drama (het)	drama (ett)	['drama]

speelfilm (de)	spelfilm (en)	['spelʲ‚filʲm]
documentaire (de)	dokumentärfilm (en)	[dɔkumən'tæ:r‚filʲm]
tekenfilm (de)	tecknad film (en)	['tɛknad 'filʲm]
stomme film (de)	stumfilm (en)	['stum‚filʲm]

rol (de)	roll (en)	['rɔlʲ]
hoofdrol (de)	huvudroll (en)	['hɯ:vɯd‚rɔlʲ]
spelen (ww)	att spela	[at 'spelʲa]

filmster (de)	filmstjärna (en)	['filʲm‚ɧæ:ŋa]
bekend (bn)	välkänd	[vɛlʲ'ɕɛnd]
beroemd (bn)	berömd	[be'rœmd]
populair (bn)	populär	[pɔpɯ'lʲæ:r]

scenario (het)	manus (ett)	['manus]
scenarioschrijver (de)	manusförfattare (en)	['manus‚før'fatarə]
regisseur (de)	regissör (en)	[reɧi'sø:r]
filmproducent (de)	producent (en)	[prɔdɯ'sɛnt]
assistent (de)	assistent (en)	[asi'stɛnt]
cameraman (de)	kameraman (en)	['kamera‚man]
stuntman (de)	stuntman (en)	['stunt‚man]
stuntdubbel (de)	ersättare (en)	[æ:'şætarə]

een film maken	att spela in en film	[at 'spelʲa in en 'filʲm]
auditie (de)	provspelning (en)	['prɯv‚spɛlʲniŋ]
opnamen (mv.)	inspelning (en)	['in‚spɛlʲniŋ]
filmploeg (de)	filmteam (ett)	['filʲm‚tim]
filmset (de)	inspelningsplats (en)	['inspɛlʲniŋ‚plʲats]
filmcamera (de)	filmkamera (en)	['filʲm‚kamera]

bioscoop (de)	biograf (en)	[biʊ'graf]
scherm (het)	filmduk (en)	['filʲm‚dɯ:k]
een film vertonen	att visa en film	[at 'visa en filʲm]

geluidsspoor (de)	ljudspår (ett)	['jɯ:d‚spo:r]
speciale effecten (mv.)	specialeffekter (pl)	[spesi'alʲ ɛ'fɛktər]

onderteling (de)	undertexter (pl)	['undə‚tɛkstər]
voortiteling, aftiteling (de)	eftertext (ett)	['ɛftə‚tɛkst]
vertaling (de)	översättning (en)	['ø:və‚sætniŋ]

126. Schilderij

kunst (de)	konst (en)	['kɔnst]
schone kunsten (mv.)	de sköna konsterna	[de 'ɧø:na 'kɔnstɛ:ŋa]
kunstgalerie (de)	konstgalleri (ett)	['kɔnst galʲe'ri:]
kunsttentoonstelling (de)	konst utställning (en)	['kɔnst 'ʉt‚stɛlʲniŋ]

schilderkunst (de)	måleri (ett)	[mo:lʲe'ri:]
grafiek (de)	grafik (en)	[gra'fik]
abstracte kunst (de)	abstrakt konst (en)	[ab'strakt 'kɔnst]
impressionisme (het)	impressionism (en)	[imprɛɧʊ'nism]

schilderij (het)	tavla (en)	['tavlʲa]
tekening (de)	teckning (en)	['tɛkniŋ]
poster (de)	poster, löpsedel (en)	['pɔstər], ['løp‚sedəlʲ]

illustratie (de)	illustration (en)	[ilʉstra'ɧʊn]
miniatuur (de)	miniatyr (en)	[minia'tyr]
kopie (de)	kopia (en)	[kʊ'pia]
reproductie (de)	reproduktion (en)	[rɛprɔduk'ɧʊn]

mozaïek (het)	mosaik (en)	[mʊsa'ik]
gebrandschilderd glas (het)	glasmålning (en)	['glʲas‚mo:lʲniŋ]
fresco (het)	fresk (en)	['frɛsk]
gravure (de)	gravyr (en)	[gra'vyr]

buste (de)	byst (en)	['byst]
beeldhouwwerk (het)	skulptur (en)	[skʉlʲp'tʉ:r]
beeld (bronzen ~)	staty (en)	[sta'ty]
gips (het)	gips (en)	['jips]
gipsen (bn)	gips-	['jips-]

portret (het)	porträtt (en)	[pɔ:'ʈræt]
zelfportret (het)	självporträtt (en)	['ɧɛlʲv‚pɔ:'ʈræt]
landschap (het)	landskapsmålning (en)	['lʲaŋ‚skaps 'mo:lʲniŋ]
stilleven (het)	stilleben (ett)	['stil‚lʲebən]
karikatuur (de)	karikatyr (en)	[karika'tyr]
schets (de)	skiss (en)	['skis]

verf (de)	färg (en)	['fæ:rj]
aquarel (de)	akvarell (en)	[akva'rɛlʲ]
olieverf (de)	olja (en)	['ɔlja]
potlood (het)	blyertspenna (en)	['blʲyɛ:ʈs‚pɛna]
Oostindische inkt (de)	tusch (en)	['tu:ʃ]
houtskool (de)	kol (ett)	['kɔlʲ]

tekenen (met krijt)	att teckna	[at 'tɛkna]
schilderen (ww)	att måla	[at 'mo:lʲa]
poseren (ww)	att posera	[at pʊ'sera]
naaktmodel (man)	modell (en)	[mʊ'dɛlʲ]

naaktmodel (vrouw)	modell (en)	[mʊ'dɛlʲ]
kunstenaar (de)	konstnär (en)	['kɔnstnæːr]
kunstwerk (het)	konstverk (ett)	['kɔnst‿vɛrk]
meesterwerk (het)	mästerverk (ett)	['mɛstər‿vɛrk]
studio, werkruimte (de)	ateljé (en)	[ate'ljeː]

schildersdoek (het)	kanvas, duk (en)	['kanvas], [dʉːk]
schildersezel (de)	staffli (ett)	[staf'liː]
palet (het)	palett (en)	[pa'lʲet]

lijst (een vergulde ~)	ram (en)	['ram]
restauratie (de)	restaurering (en)	[rɛstɔ'reriŋ]
restaureren (ww)	att restaurera	[at rɛstɔ'rera]

127. Literatuur & Poëzie

literatuur (de)	litteratur (en)	[litera'tʉːr]
auteur (de)	författare (en)	[før'fatarə]
pseudoniem (het)	pseudonym (en)	[sydɔ'nym]

boek (het)	bok (en)	['bʊk]
boekdeel (het)	volym (en)	[vɔ'lʲym]
inhoudsopgave (de)	innehållsförteckning (en)	['inəhoːlʲs fœː'ʈɛkniŋ]
pagina (de)	sida (en)	['sida]
hoofdpersoon (de)	huvudperson (en)	['hʉːvʉd‿pɛ'sʊn]
handtekening (de)	autograf (en)	[atɔ'graf]

verhaal (het)	novell (en)	[nʊ'vɛlʲ]
novelle (de)	kortroman (en)	['kɔːʈ rʊ'man]
roman (de)	roman (en)	[rʊ'man]
werk (literatuur)	verk (ett)	['vɛrk]
fabel (de)	fabel (en)	['fabəlʲ]
detectiveroman (de)	kriminalroman (en)	[krimi'nalʲ rʊ'man]

gedicht (het)	dikt (en)	['dikt]
poëzie (de)	poesi (en)	[pʊe'siː]
epos (het)	epos (ett)	['ɛpɔs]
dichter (de)	poet (en)	[pʊ'et]

fictie (de)	skönlitteratur (en)	['ɧøːn litera'tʉːr]
sciencefiction (de)	science fiction	['sajəns ˌfikʃən]
avonturenroman (de)	äventyr (pl)	['ɛːvɛnˌtyr]
opvoedkundige literatuur (de)	undervisningslitteratur (en)	['undəˌvisniŋ litera'tʉːr]
kinderliteratuur (de)	barnlitteratur (en)	['baːɳ litera'tʉːr]

128. Circus

circus (de/het)	cirkus (en)	['sirkʉs]
chapiteau circus (de/het)	ambulerande cirkus (en)	['ambuˌlerandə 'sirkʉs]
programma (het)	program (ett)	[prɔ'gram]
voorstelling (de)	föreställning (en)	['førəˌstɛlʲniŋ]
nummer (circus ~)	nummer (ett)	['numər]

arena (de)	arena (en)	[a'rena]
pantomime (de)	pantomim (en)	[pantɔ'mim]
clown (de)	clown (en)	['klʲawn]

acrobaat (de)	akrobat (en)	[akrʊ'bat]
acrobatiek (de)	akrobatik (en)	[akrʊba'tik]
gymnast (de)	gymnast (en)	[jym'nast]
gymnastiek (de)	gymnastik (en)	[jymna'stik]
salto (de)	salto (en)	['salʲtʊ]

sterke man (de)	atlet (en)	[at'lʲet]
temmer (de)	djur-tämjare (en)	['jɵːr ˌtɛmjarə]
ruiter (de)	ryttare (en)	['rʏtarə]
assistent (de)	assistent (en)	[asi'stɛnt]

stunt (de)	trick (ett)	['trik]
goocheltruc (de)	magitrick (ett)	[ma'giˌtrik]
goochelaar (de)	trollkarl (en)	['trɔlʲˌkar]

jongleur (de)	jonglör (en)	[jong'lʲøːr]
jongleren (ww)	att jonglera	[at jong'lʲera]
dierentrainer (de)	dressör (en)	[drɛ'søːr]
dressuur (de)	dressyr (en)	[drɛ'syr]
dresseren (ww)	att dressera	[at drɛ'sera]

129. Muziek. Popmuziek

muziek (de)	musik (en)	[mɵ'siːk]
muzikant (de)	musiker (en)	['mɵsikər]
muziekinstrument (het)	musikinstrument (ett)	[mɵ'siːk instru'mɛnt]
spelen (bijv. gitaar ~)	att spela ...	[at 'spelʲa ...]

gitaar (de)	gitarr (en)	[ji'tar]
viool (de)	fiol, violin (en)	[fi'ʊlʲ], [viɔ'lin]
cello (de)	cello (en)	['sɛlʲʊ]
contrabas (de)	kontrabas (en)	['kɔntraˌbas]
harp (de)	harpa (en)	['harpa]

piano (de)	piano (ett)	[pi'anʊ]
vleugel (de)	flygel (en)	['flʲygəlʲ]
orgel (het)	orgel (en)	['ɔrjəlʲ]

blaasinstrumenten (mv.)	blåsinstrumenter (pl)	['blʲoːsˌinstru'mɛntər]
hobo (de)	oboe (en)	[ɔb'ɔː]
saxofoon (de)	saxofon (en)	[saksʊ'fɔn]
klarinet (de)	klarinett (en)	[klʲari'net]
fluit (de)	flöjt (en)	['flʲøjt]
trompet (de)	trumpet (en)	[trum'pet]

| accordeon (de/het) | dragspel (ett) | ['dragˌspelʲ] |
| trommel (de) | trumma (en) | ['truma] |

| duet (het) | duo (en) | ['dɵːɔ] |
| trio (het) | trio (en) | ['triːɔ] |

kwartet (het)	kvartett (en)	[kvaˈtɛt]
koor (het)	kör (en)	[ˈɕøːr]
orkest (het)	orkester (en)	[ɔrˈkɛstər]

popmuziek (de)	popmusik (en)	[ˈpɔp mɵˈsiːk]
rockmuziek (de)	rockmusik (en)	[ˈrɔk mɵˈsiːk]
rockgroep (de)	rockband (ett)	[ˈrɔkˌband]
jazz (de)	jazz (en)	[ˈjas]

| idool (het) | idol (en) | [iˈdɔlʲ] |
| bewonderaar (de) | beundrare (en) | [beˈundrarə] |

concert (het)	konsert (en)	[kɔnˈsɛːr]
symfonie (de)	symfoni (en)	[sʏmfɵˈniː]
compositie (de)	komposition (en)	[kɔmpʊsiˈʃʊn]
componeren (muziek ~)	att komponera	[at kɔmpʊˈnera]

zang (de)	sång (en)	[ˈsɔŋ]
lied (het)	sång (en)	[ˈsɔŋ]
melodie (de)	melodi (en)	[melʲɔˈdiː]
ritme (het)	rytm (en)	[ˈrʏtm]
blues (de)	blues (en)	[ˈblɵs]

bladmuziek (de)	noter (pl)	[ˈnɵtər]
dirigeerstok (baton)	taktpinne (en)	[ˈtaktˌpinə]
strijkstok (de)	stråke (en)	[ˈstroːkə]
snaar (de)	sträng (en)	[ˈstrɛŋ]
koffer (de)	fodral (ett)	[fʊdˈralʲ]

Rusten. Entertainment. Reizen

130. Trip. Reizen

toerisme (het)	turism (en)	[tu'rism]
toerist (de)	turist (en)	[tu'rist]
reis (de)	resa (en)	['resa]
avontuur (het)	äventyr (ett)	['ɛ:vɛnˌtyr]
tocht (de)	tripp (en)	['trip]
vakantie (de)	semester (en)	[se'mɛstər]
met vakantie zijn	att ha semester	[at ha se'mɛstər]
rust (de)	uppehåll (ett), vila (en)	['upə'ho:lʲ], ['vilʲa]
trein (de)	tåg (ett)	['to:g]
met de trein	med tåg	[me 'to:g]
vliegtuig (het)	flygplan (ett)	['flʲygplʲan]
met het vliegtuig	med flygplan	[me 'flʲygplʲan]
met de auto	med bil	[me 'bilʲ]
per schip (bw)	med båt	[me 'bo:t]
bagage (de)	bagage (ett)	[ba'ga:ʃ]
valies (de)	resväska (en)	['rɛsˌvɛska]
bagagekarretje (het)	bagagevagn (en)	[ba'ga:ʃ ˌvagn]
paspoort (het)	pass (ett)	['pas]
visum (het)	visum (ett)	['vi:sum]
kaartje (het)	biljett (en)	[bi'lʲet]
vliegticket (het)	flygbiljett (en)	['flʲyg biˌlʲet]
reisgids (de)	reseguidebok (en)	['reseˌgajdbʊk]
kaart (de)	karta (en)	['ka:ʈa]
gebied (landelijk ~)	område (ett)	['ɔmˌro:də]
plaats (de)	plats (en)	['plʲats]
exotische bestemming (de)	(det) exotiska	[ɛ'ksɔtiska]
exotisch (bn)	exotisk	[ɛk'sɔtisk]
verwonderlijk (bn)	förunderlig	[fø'rundelig]
groep (de)	grupp (en)	['grup]
rondleiding (de)	utflykt (en)	['utˌflʲykt]
gids (de)	guide (en)	['gajd]

131. Hotel

hotel (het)	hotell (ett)	[hʊ'tɛlʲ]
motel (het)	motell (ett)	[mʊ'tɛlʲ]
3-sterren	trestjärnigt	['treˌɧæ:ɳit]

121

| 5-sterren | femstjärnigt | [fɛmˌɦæːɳit] |
| overnachten (ww) | att bo | [at 'buː] |

kamer (de)	rum (ett)	['ruːm]
eenpersoonskamer (de)	enkelrum (ett)	['ɛŋkəlʲˌruːm]
tweepersoonskamer (de)	dubbelrum (ett)	['dubəlʲˌruːm]
een kamer reserveren	att boka rum	[at 'buka 'ruːm]

| halfpension (het) | halvpension (en) | ['halʲvˌpan'fʊn] |
| volpension (het) | helpension (en) | ['helʲˌpan'ɦʊn] |

met badkamer	med badkar	[me 'badˌkar]
met douche	med dusch	[me 'duʃ]
satelliet-tv (de)	satellit-TV (en)	[satɛ'liːt 'teve]
airconditioner (de)	luftkonditionerare (en)	['lʉftˌkɔndiɦʊ'nerarə]
handdoek (de)	handduk (en)	['handˌdʉːk]
sleutel (de)	nyckel (en)	['nʏkəlʲ]

administrateur (de)	administratör (en)	[administra'tør]
kamermeisje (het)	städerska (en)	['stɛːdɛʂka]
piccolo (de)	bärare (en)	['bæːrarə]
portier (de)	portier (en)	[pɔː'tʲeː]

restaurant (het)	restaurang (en)	[rɛstɔ'raŋ]
bar (de)	bar (en)	['bar]
ontbijt (het)	frukost (en)	['frʉːkɔst]
avondeten (het)	kvällsmat (en)	['kvɛlʲsˌmat]
buffet (het)	buffet (en)	[bu'fet]

| hal (de) | lobby (en) | ['lʲɔbi] |
| lift (de) | hiss (en) | ['his] |

| NIET STOREN | STÖR EJ! | ['støːr ɛj] |
| VERBODEN TE ROKEN! | RÖKNING FÖRBJUDEN | ['rœkniŋ før'bjʉːdən] |

132. Boeken. Lezen

boek (het)	bok (en)	['bʊk]
auteur (de)	författare (en)	[før'fatarə]
schrijver (de)	författare (en)	[før'fatarə]
schrijven (een boek)	att skriva	[at 'skriva]

lezer (de)	läsare (en)	['lʲɛːsarə]
lezen (ww)	att läsa	[at 'lʲɛːsa]
lezen (het)	läsning (en)	['lʲɛsniŋ]

| stil (~ lezen) | för sig själv | [før ˌsɛj 'ɦɛlʲv] |
| hardop (~ lezen) | högt | ['hœgt] |

uitgeven (boek ~)	att publicera	[at publi'sera]
uitgeven (het)	publicering (en)	[publi'seriŋ]
uitgever (de)	förläggare (en)	['fœːˌlʲɛgarə]
uitgeverij (de)	förlag (ett)	[fœː'lʲag]
verschijnen (bijv. boek)	att komma ut	[at 'kɔma ʉt]

| verschijnen (het) | utgåva (en) | ['ʉt̩goːva] |
| oplage (de) | upplaga (en) | ['up̩l̩aga] |

| boekhandel (de) | bokhandel (en) | ['bʊk̩handəlʲ] |
| bibliotheek (de) | bibliotek (ett) | [bibliʊ'tek] |

novelle (de)	kortroman (en)	['kɔːt̩ rʊ'man]
verhaal (het)	novell (en)	[nʊ'vɛlʲ]
roman (de)	roman (en)	[rʊ'man]
detectiveroman (de)	kriminalroman (en)	[krimi'nalʲ rʊ'man]

memoires (mv.)	memoarer (pl)	[memʊ'arər]
legende (de)	legend (en)	[lʲe'gɛnd]
mythe (de)	myt (en)	['myt]

gedichten (mv.)	dikter (pl)	['diktər]
autobiografie (de)	självbiografi (en)	['ɧɛlʲv biʊgra'fiː]
bloemlezing (de)	utvalda verk (pl)	['ʉt̩valʲda vɛrk]
sciencefiction (de)	science fiction	['sajəns ̩fikʃən]

naam (de)	titel (en)	['titəlʲ]
inleiding (de)	inledning (en)	['in̩lʲedniŋ]
voorblad (het)	titelsida (en)	['titəlʲ̩sida]

hoofdstuk (het)	kapitel (ett)	[ka'pitəlʲ]
fragment (het)	utdrag (ett)	['ʉt̩drag]
episode (de)	episod (en)	[ɛpi'sʊd]

intrige (de)	handling (en)	['handliŋ]
inhoud (de)	innehåll (ett)	['ine̩hoːlʲ]
inhoudsopgave (de)	innehållsförteckning (en)	['ineho:lʲs fœː'tɛkniŋ]
hoofdpersonage (het)	huvudperson (en)	['hʉːvʉd̩pɛ'ʂʊn]

boekdeel (het)	volym (en)	[vɔ'lʲym]
omslag (de/het)	omslag (ett)	['ɔm̩slʲag]
boekband (de)	bokband (ett)	['bʊk̩band]
bladwijzer (de)	bokmärke (ett)	['bʊk̩mæːrkə]

pagina (de)	sida (en)	['sida]
bladeren (ww)	att bläddra	[at 'blʲɛdra]
marges (mv.)	marginaler (pl)	[margi'nalʲer]
annotatie (de)	annotering (ett)	[anɔ'tɛriŋ]
opmerking (de)	anmärkning (en)	['an̩mæːrkniŋ]

tekst (de)	text (en)	['tɛkst]
lettertype (het)	typsnitt (ett)	['typsnit]
drukfout (de)	tryckfel (ett)	['trʏk̩felʲ]

vertaling (de)	översättning (en)	['øːvə̩sætniŋ]
vertalen (ww)	att översätta	[at 'øːvə̩sæta]
origineel (het)	original (ett)	[ɔrigi'nalʲ]

beroemd (bn)	berömd	[be'rœmd]
onbekend (bn)	okänd	[ʊː'ɕɛnd]
interessant (bn)	intressant	[intrɛ'sant]
bestseller (de)	bestseller (en)	['bɛst̩sɛːlʲer]

woordenboek (het)	ordbok (en)	['ʊːˌbʊk]
leerboek (het)	lärobok (en)	['lʲæːrʊˌbʊk]
encyclopedie (de)	encyklopedi (en)	[ɛnsʏklʲɔpe'diː]

133. Jacht. Vissen

jacht (de)	jakt (en)	['jakt]
jagen (ww)	att jaga	[at 'jaga]
jager (de)	jägare (en)	['jɛːgarə]

schieten (ww)	att skjuta	[at 'ɧuːta]
geweer (het)	gevär (ett)	[jeˈvæːr]
patroon (de)	patron (en)	[pa'trʊn]
hagel (de)	hagel (ett)	['hagəlʲ]

val (de)	sax (en)	['saks]
valstrik (de)	fälla (en)	['fɛlʲa]
in de val trappen	att fångas i fälla	[at 'foŋas i 'fɛlʲa]
een val zetten	att gillra en fälla	[at 'jilʲra en 'fɛlʲa]

stroper (de)	tjuvskytt (en)	['ɕuːvˌɧʏt]
wild (het)	vilt (ett)	['vilʲt]
jachthond (de)	jakthund (en)	['jaktˌhund]
safari (de)	safari (en)	[sa'fari]
opgezet dier (het)	uppstoppat djur (ett)	['upˌstɔpat juːr]

visser (de)	fiskare (en)	['fiskarə]
visvangst (de)	fiske (ett)	['fiskə]
vissen (ww)	att fiska	[at 'fiska]

hengel (de)	fiskespö (ett)	['fiskəˌspøː]
vislijn (de)	fiskelina (en)	['fiskəˌlina]
haak (de)	krok (en)	['krʊk]

| dobber (de) | flöte (ett) | ['flʲøːtə] |
| aas (het) | agn (en) | ['agn] |

| de hengel uitwerpen | att kasta ut | [at 'kasta ut] |
| bijten (ov. de vissen) | att nappa | [at 'napa] |

| vangst (de) | fångst (en) | ['foŋst] |
| wak (het) | hål (ett) i isen | ['hoːlʲ i 'isən] |

| net (het) | nät (ett) | ['nɛːt] |
| boot (de) | båt (en) | ['boːt] |

vissen met netten	att fiska med nät	[at 'fiska me 'nɛːt]
het net uitwerpen	att kasta nätet	[at 'kasta 'nɛːtət]
het net binnenhalen	att dra upp nätet	[at 'dra up 'nɛːtət]
in het net vallen	att bli fångad i nätet	[at bli foːŋad i 'nɛːtət]

walvisvangst (de)	valfångare (en)	['valʲˌfoŋarə]
walvisvaarder (de)	valfångstbåt (ett)	['valʲfoŋstˌboːt]
harpoen (de)	harpun (en)	[har'puːn]

134. Spellen. Biljart

biljart (het)	biljard (en)	[bi'lja:d]
biljartzaal (de)	biljardsalong (en)	[bi'lja:d sa'loŋ]
biljartbal (de)	biljardboll (en)	[bi'lja:d‚bolʲ]
een bal in het gat jagen	att sänka en boll	[at 'sɛŋka en 'bolʲ]
keu (de)	kö (en)	['kø:]
gat (het)	hål (ett)	['ho:lʲ]

135. Spellen. Speelkaarten

ruiten (mv.)	ruter (pl)	['rɵ:tər]
schoppen (mv.)	spader (pl)	['spadər]
klaveren (mv.)	hjärter	['jæ:tər]
harten (mv.)	klöver (pl)	['klʲø:vər]
aas (de)	äss (ett)	['ɛs]
koning (de)	kung (en)	['kuŋ]
dame (de)	dam (en)	['dam]
boer (de)	knekt (en)	['knɛkt]
speelkaart (de)	kort (ett)	['kɔ:t]
kaarten (mv.)	kort (pl)	['kɔ:t]
troef (de)	trumf (en)	['trumf]
pak (het) kaarten	kortlek (en)	['kɔ:t‚lʲek]
punt (bijv. vijftig ~en)	poäng (en)	[pʊ'ɛŋ]
uitdelen (kaarten ~)	att ge, att dela ut	[at je:], [at 'delʲa ɵt]
schudden (de kaarten ~)	att blanda	[at 'blʲanda]
beurt (de)	utspel (ett)	['ɵtspelʲ]
valsspeler (de)	falskspelare (en)	['falʲsk‚spelʲarə]

136. Rusten. Spellen. Diversen

wandelen (on.ww.)	att promenera, att ströva	[at prɵme'nera], [at 'strø:va]
wandeling (de)	promenad (en)	[prɵme'nad]
trip (per auto)	utflykt, biltur (en)	['ɵt‚flʲykt], ['bilʲ‚tɵr]
avontuur (het)	äventyr (ett)	['ɛ:vɛn‚tyr]
picknick (de)	picknick (en)	['piknik]
spel (het)	spel (ett)	['spelʲ]
speler (de)	spelare (en)	['spelʲarə]
partij (de)	parti (ett)	[pa:'ţi:]
collectioneur (de)	samlare (en)	['samlʲarə]
collectioneren (ww)	att samla	[at 'samlʲa]
collectie (de)	samling (en)	['samliŋ]
kruiswoordraadsel (het)	korsord (ett)	['kɔ:ş‚ʊ:d]
hippodroom (de)	galoppbana (en)	[ga'lʲop‚bana]

discotheek (de)	diskotek (ett)	[disko'tek]
sauna (de)	sauna (en)	['sauna]
loterij (de)	lotteri (ett)	[lʲɔte'riː]

trektocht (kampeertocht)	campingresa (en)	['kampiŋ‚resa]
kamp (het)	läger (ett)	['lʲɛːgər]
tent (de)	tält (ett)	['tɛlʲt]
kompas (het)	kompass (en)	[kɔm'pas]
rugzaktoerist (de)	campare (en)	['kamparə]

bekijken (een film ~)	att se på	[at 'seː pɔ]
kijker (televisie~)	tv-tittare (en)	['teve‚titarə]
televisie-uitzending (de)	tv-show (ett)	['teveʃow]

137. Fotografie

| fotocamera (de) | kamera (en) | ['kamera] |
| foto (de) | foto, fotografi (ett) | ['fʊtʊ], [fʊtʊgra'fiː] |

fotograaf (de)	fotograf (en)	[fʊtʊ'graf]
fotostudio (de)	fotoateljé (en)	['fʊtʊ atə‚ljeː]
fotoalbum (het)	fotoalbum (ett)	['fʊtʊ ‚alʲbum]

lens (de), objectief (het)	objektiv (ett)	[ɔbjɛk'tiv]
telelens (de)	teleobjektiv (ett)	['telʲe ɔbjɛk'tiv]
filter (de/het)	filter (ett)	['filʲtər]
lens (de)	lins (en)	['lins]

optiek (de)	optik (en)	[ɔp'tik]
diafragma (het)	bländare (en)	['blʲɛndarə]
belichtingstijd (de)	exponeringstid (en)	[ɛkspʊ'neriŋs‚tid]
zoeker (de)	sökare (en)	['søːkarə]

digitale camera (de)	digitalkamera (en)	[digi'talʲ ‚kamera]
statief (het)	stativ (ett)	[sta'tiv]
flits (de)	blixt (en)	['blikst]

fotograferen (ww)	att fotografera	[at fʊtʊgra'fera]
kieken (foto's maken)	att ta bilder	[at ta 'bilʲdər]
zich laten fotograferen	att bli fotograferad	[at bli fʊtʊgra'ferad]

focus (de)	skärpa (en)	['ɧærpa]
scherpstellen (ww)	att ställa in skärpan	[at 'stɛlʲa in 'ɧærpan]
scherp (bn)	skarp	['skarp]
scherpte (de)	skärpa (en)	['ɧærpa]

| contrast (het) | kontrast (en) | [kɔn'trast] |
| contrastrijk (bn) | kontrast- | [kɔn'trast-] |

kiekje (het)	bild (en)	['bilʲd]
negatief (het)	negativ (ett)	['nega‚tiv]
filmpje (het)	film (en)	['filʲm]
beeld (frame)	bild, kort (en)	['bilʲd], ['kɔːt]
afdrukken (foto's ~)	att skriva ut	[at 'skriva ʉt]

138. Strand. Zwemmen

strand (het)	badstrand (en)	['bad‚strand]
zand (het)	sand (en)	['sand]
leeg (~ strand)	öde	['ø:də]

bruine kleur (de)	solbränna (en)	['sʊlʲ‚brɛna]
zonnebaden (ww)	att sola sig	[at 'sʊlʲa: sɛj]
gebruind (bn)	solbränd	['sʊlʲ‚brɛnd]
zonnecrème (de)	solkräm (en)	['sʊlʲ‚krɛm]

bikini (de)	bikini (en)	[bi'kini]
badpak (het)	baddräkt (en)	['bad‚drɛkt]
zwembroek (de)	simbyxor (pl)	['sim‚byksʊr]

zwembad (het)	simbassäng (en)	['simba‚sɛŋ]
zwemmen (ww)	att simma	[at 'sima]
douche (de)	dusch (en)	['duʃ]
zich omkleden (ww)	att klä om sig	[at 'klʲɛ ɔm sɛj]
handdoek (de)	handduk (en)	['hand‚dɵ:k]

boot (de)	båt (en)	['bo:t]
motorboot (de)	motorbåt (en)	['mʊtʊr‚bo:t]
waterski's (mv.)	vattenskidor (pl)	['vatən‚hidʊr]
waterfiets (de)	vattencykel (en)	['vatən‚sykəlʲ]
surfen (het)	surfing (en)	['su:rfiŋ]
surfer (de)	surfare (en)	['su:rfarə]

scuba, aqualong (de)	dykapparat (en)	['dyk‚apa'rat]
zwemvliezen (mv.)	simfenor (pl)	['sim‚fœnʊr]
duikmasker (het)	mask (en)	['mask]
duiker (de)	dykare (en)	['dykarə]
duiken (ww)	att dyka	[at 'dyka]
onder water (bw)	under vatten	['undə‚vatən]

parasol (de)	parasoll (en)	[para'solʲ]
ligstoel (de)	liggstol (en)	['lig‚stʊlʲ]
zonnebril (de)	solglasögon (pl)	['sʊlʲglʲas‚ø:gɔn]
luchtmatras (de/het)	luftmadrass (en)	['lɵft‚mad'ras]

| spelen (ww) | att leka | [at 'lʲeka] |
| gaan zwemmen (ww) | att bada | [at 'bada] |

bal (de)	boll (en)	['bɔlʲ]
opblazen (oppompen)	att blåsa upp	[at 'blʲo:sa up]
lucht-, opblaasbare (bn)	uppblåsbar	['up‚blʲo:sbar]

golf (hoge ~)	våg (en)	['vo:g]
boei (de)	boj (en)	['bɔj]
verdrinken (ww)	att drunkna	[at 'drʉŋkna]

redden (ww)	att rädda	[at 'rɛda]
reddingsvest (de)	räddningsväst (en)	['rɛdniŋ‚vɛst]
waarnemen (ww)	att observera	[at ɔbsɛr'vera]
redder (de)	badvakt (en)	['bad‚vakt]

TECHNISCHE APPARATUUR. VERVOER

Technische apparatuur

139. Computer

computer (de)	dator (en)	['datʊr]
laptop (de)	bärbar dator (en)	['bærbar 'datʊr]
aanzetten (ww)	att slå på	[at 'slʲoː pɔ]
uitzetten (ww)	att slå av	[at 'slʲoː 'av]
toetsenbord (het)	tangentbord (ett)	[tanˈjentˌbʊːɖ]
toets (enter~)	tangent (en)	[tanˈjent]
muis (de)	mus (en)	['mʉːs]
muismat (de)	musmatta (en)	['mʉːsˌmata]
knopje (het)	knapp (en)	['knap]
cursor (de)	markör (en)	[marˈkøːr]
monitor (de)	monitor, bildskärm (en)	[mɔniˈtor], ['bilʲdʃæːrm]
scherm (het)	skärm (en)	['ʃæːrm]
harde schijf (de)	hårddisk (en)	['hoːɖˌdisk]
volume (het)	hårddisk kapacitet (en)	['hoːɖˌdisk kapasiˈtet]
van de harde schijf		
geheugen (het)	minne (ett)	['minə]
RAM-geheugen (het)	operativminne (ett)	[ɔperaˈtivˌminə]
bestand (het)	fil (en)	['filʲ]
folder (de)	mapp (en)	['map]
openen (ww)	att öppna	[at 'øpna]
sluiten (ww)	att stänga	[at 'stɛŋa]
opslaan (ww)	att bevara	[at beˈvara]
verwijderen (wissen)	att ta bort, att radera	[at ta 'bɔːt], [at raˈdera]
kopiëren (ww)	att kopiera	[at kɔˈpjera]
sorteren (ww)	att sortera	[at sɔːˈʈera]
overplaatsen (ww)	att överföra	[at øːvəˌføra]
programma (het)	program (ett)	[prɔˈgram]
software (de)	programvara (en)	[prɔˈgramˌvara]
programmeur (de)	programmerare (en)	[prɔgraˈmerarə]
programmeren (ww)	att programmera	[at prɔgraˈmera]
hacker (computerkraker)	hackare (en)	['hakarə]
wachtwoord (het)	lösenord (ett)	['lʲøːsənˌʊːɖ]
virus (het)	virus (ett)	['viːrʉs]
ontdekken (virus ~)	att upptäcka	[at 'upˌtɛka]

| byte (de) | byte (ett) | ['bajt] |
| megabyte (de) | megabyte (en) | ['mega,bajt] |

| data (de) | data (pl) | ['data] |
| databank (de) | databas (en) | ['data,bas] |

kabel (USB-~, enz.)	kabel (en)	['kabəlʲ]
afsluiten (ww)	att koppla från	[at 'koplʲa frɔn]
aansluiten op (ww)	att koppla	[at 'koplʲa]

140. Internet. E-mail

internet (het)	Internet	['intɛ:,ŋɛt]
browser (de)	webbläsare (en)	['vɛb,lʲɛ:sarə]
zoekmachine (de)	sökmotor (en)	['sø:k,mutʊr]
internetprovider (de)	leverantör (en)	[lʲevəran'tø:r]

webmaster (de)	webbmästare (en)	['vɛb,mɛstarə]
website (de)	webbplats (en)	['vɛb,plʲats]
webpagina (de)	webbsida (en)	['vɛb,sida]

| adres (het) | adress (en) | [a'drɛs] |
| adresboek (het) | adressbok (en) | [a'drɛs,bʊk] |

postvak (het)	brevlåda (en)	['brev,lʲo:da]
post (de)	post (en)	['pɔst]
vol (~ postvak)	full	['fulʲ]

bericht (het)	meddelande (ett)	[me'delʲandə]
binnenkomende berichten (mv.)	inkommande meddelanden	[in'kɔmandə me'delʲandən]
uitgaande berichten (mv.)	utgående meddelanden	['ʉt,go:əndə me'delʲandən]
verzender (de)	avsändare (en)	['av,sɛndarə]
verzenden (ww)	att skicka	[at 'ɧika]
verzending (de)	avsändning (en)	['av,sɛndniŋ]

| ontvanger (de) | mottagare (en) | ['mɔt,tagarə] |
| ontvangen (ww) | att ta emot | [at ta ɛmo:t] |

| correspondentie (de) | korrespondens (en) | [kɔrɛspon'dɛns] |
| corresponderen (met ...) | att brevväxla | [at 'brev,vɛkslʲa] |

bestand (het)	fil (en)	['filʲ]
downloaden (ww)	att ladda ner	[at 'lʲada ner]
creëren (ww)	att skapa	[at 'skapa]
verwijderen (een bestand ~)	att ta bort, att radera	[at ta 'bɔ:t], [at ra'dera]
verwijderd (bn)	borttagen	['bɔ:t,ta:gən]

verbinding (de)	förbindelse (en)	[før'bindəlʲsə]
snelheid (de)	hastighet (en)	['hastig,het]
modem (de)	modem (ett)	[mʊ'dem]
toegang (de)	tillträde (ett)	['tilʲtrɛ:də]
poort (de)	port (en)	['pɔ:t]
aansluiting (de)	uppkoppling (en)	['up,koplʲiŋ]

zich aansluiten (ww)	**att ansluta**	[at 'anˌslʉːta]
selecteren (ww)	**att välja**	[at 'vɛlja]
zoeken (ww)	**att söka efter ...**	[at 'søːka ˌɛftər ...]

Vervoer

141. Vliegtuig

vliegtuig (het)	flygplan (ett)	['flʲygplʲan]
vliegticket (het)	flygbiljett (en)	['flʲyg bi,lʲet]
luchtvaartmaatschappij (de)	flygbolag (ett)	['flʲyg,bulʲag]
luchthaven (de)	flygplats (en)	['flʲyg,plʲats]
supersonisch (bn)	överljuds-	['ø:vər,jɵ:ds-]
gezagvoerder (de)	kapten (en)	[kap'ten]
bemanning (de)	besättning (en)	[be'sætniŋ]
piloot (de)	pilot (en)	[pi'lʲʊt]
stewardess (de)	flygvärdinna (en)	['flʲyg,væ:dɪna]
stuurman (de)	styrman (en)	['styr,man]
vleugels (mv.)	vingar (pl)	['viŋar]
staart (de)	stjärtfena (en)	['ɧæ:t fe:na]
cabine (de)	cockpit, förarkabin (en)	['kɔkpit], ['fø:rar,ka'bin]
motor (de)	motor (en)	['mʊtʊr]
landingsgestel (het)	landningsställ (ett)	['landniŋs,stɛlʲ]
turbine (de)	turbin (en)	[tur'bin]
propeller (de)	propeller (en)	[prʊ'pɛlʲər]
zwarte doos (de)	svart låda (en)	['sva:t 'lʲo:da]
stuur (het)	styrspak (ett)	['sty:,spak]
brandstof (de)	bränsle (ett)	['brɛnslʲe]
veiligheidskaart (de)	säkerhetsinstruktion (en)	['sɛ:kərhets instruk'ɧʊn]
zuurstofmasker (het)	syremask (en)	['syre,mask]
uniform (het)	uniform (en)	[uni'fɔrm]
reddingsvest (de)	räddningsväst (en)	['rɛdniŋ,vɛst]
parachute (de)	fallskärm (en)	['falʲ,ɧæ:rm]
opstijgen (het)	start (en)	['sta:t]
opstijgen (ww)	att lyfta	[at 'lʲyfta]
startbaan (de)	startbana (en)	['sta:t,ba:na]
zicht (het)	siktbarhet (en)	['siktbar,het]
vlucht (de)	flygning (en)	['flʲygniŋ]
hoogte (de)	höjd (en)	['hœjd]
luchtzak (de)	luftgrop (en)	['lʉft,grʊp]
plaats (de)	plats (en)	['plʲats]
koptelefoon (de)	hörlurar (pl)	['hœ:,lʲʉ:rar]
tafeltje (het)	utfällbart bord (ett)	['ʉtfɛlʲ,bart 'bʊ:d]
venster (het)	fönster (ett)	['fœnstər]
gangpad (het)	mittgång (en)	['mit,gɔŋ]

142. Trein

trein (de)	tåg (ett)	['to:g]
elektrische trein (de)	lokaltåg, pendeltåg (ett)	[lʲɔ'kalʲˌto:g], ['pendəlˌto:g],
sneltrein (de)	expresståg (ett)	[ɛks'prɛsˌto:g]
diesellocomotief (de)	diesellokomotiv (ett)	['disəlʲ lʲɔkɔmɔ'tiv]
locomotief (de)	ånglokomotiv (en)	['ɔŋˌlʲɔkɔmɔ'tiv]

| rijtuig (het) | vagn (en) | ['vagn] |
| restauratierijtuig (het) | restaurangvagn (en) | [rɛstɔ'raŋˌvagn] |

rails (mv.)	räls, rälsar (pl)	['rɛlʲs], ['rɛlʲsar]
spoorweg (de)	järnväg (en)	['jæ:ɳˌvɛ:g]
dwarsligger (de)	sliper (en)	['slipər]

perron (het)	perrong (en)	[pɛ'rɔŋ]
spoor (het)	spår (ett)	['spo:r]
semafoor (de)	semafor (en)	[sema'fɔr]
halte (bijv. kleine treinhalte)	station (en)	[sta'ɧʊn]

machinist (de)	lokförare (en)	['lʲʊkˌfø:rarə]
kruier (de)	bärare (en)	['bæ:rarə]
conducteur (de)	tågvärd (en)	['to:gˌvæ:ɖ]
passagier (de)	passagerare (en)	[pasa'ɧerarə]
controleur (de)	kontrollant (en)	[kɔntrɔ'lʲant]

| gang (in een trein) | korridor (en) | [kɔri'dɔ:r] |
| noodrem (de) | nödbroms (en) | ['nø:dˌbrɔms] |

coupé (de)	kupé (en)	[kʉ'pe:]
bed (slaapplaats)	slaf, säng (en)	['slaf], ['sɛŋ]
bovenste bed (het)	överslaf (en)	['øvəˌslaf]
onderste bed (het)	underslaf (en)	['undəˌslaf]
beddengoed (het)	sängkläder (pl)	['sɛŋˌklʲɛ:dər]

kaartje (het)	biljett (en)	[bi'lʲet]
dienstregeling (de)	tidtabell (en)	['tid ta'bɛlʲ]
informatiebord (het)	informationstavla (en)	[infɔrma'ɧʊnsˌtavlʲa]

vertrekken	att avgå	[at 'avˌgo:]
(De trein vertrekt ...)		
vertrek (ov. een trein)	avgång (en)	['avˌgɔŋ]
aankomen (ov. de treinen)	att ankomma	[at 'aŋˌkɔma]
aankomst (de)	ankomst (en)	['aŋˌkɔmst]

aankomen per trein	att ankomma med tåget	[at 'aŋˌkɔma me 'to:gət]
in de trein stappen	att stiga på tåget	[at 'stiga pɔ 'to:gət]
uit de trein stappen	att stiga av tåget	[at 'stiga av 'to:gət]

treinwrak (het)	tågolycka (en)	['to:g ʊ:'lʲyka]
ontspoord zijn	att spåra ur	[at 'spo:ra ʉ:r]
locomotief (de)	ånglokomotiv (en)	['ɔŋˌlʲɔkɔmɔ'tiv]
stoker (de)	eldare (en)	['ɛlʲdarə]
stookplaats (de)	eldstad (en)	['ɛlʲdˌstad]
steenkool (de)	kol (ett)	['kɔlʲ]

143. Schip

schip (het)	skepp (ett)	['ɧɛp]
vaartuig (het)	fartyg (ett)	['faːˌtyg]
stoomboot (de)	ångbåt (en)	['ɔŋˌboːt]
motorschip (het)	flodbåt (en)	['fløːdˌboːt]
lijnschip (het)	kryssningfartyg (ett)	['krysninˌfaːˈtyg]
kruiser (de)	kryssare (en)	['krʏsarə]
jacht (het)	jakt (en)	['jakt]
sleepboot (de)	bogserbåt (en)	['bʊksɛːrˌboːt]
duwbak (de)	pråm (en)	['proːm]
ferryboot (de)	färja (en)	['fæːrja]
zeilboot (de)	segelbåt (en)	['segəlʲˌboːt]
brigantijn (de)	brigantin (en)	[brigan'tin]
IJsbreker (de)	isbrytare (en)	['isˌbrytarə]
duikboot (de)	ubåt (en)	[ʉːˈboːt]
boot (de)	båt (en)	['boːt]
sloep (de)	jolle (en)	['jɔlʲe]
reddingssloep (de)	livbåt (en)	['livˌboːt]
motorboot (de)	motorbåt (en)	['mʊtʊrˌboːt]
kapitein (de)	kapten (en)	[kap'ten]
zeeman (de)	matros (en)	[ma'trʊs]
matroos (de)	sjöman (en)	['ɧøːˌman]
bemanning (de)	besättning (en)	[be'sætniŋ]
bootsman (de)	båtsman (en)	['bɔtsman]
scheepsjongen (de)	jungman (en)	['jʉŋˌman]
kok (de)	kock (en)	['kɔk]
scheepsarts (de)	skeppsläkare (en)	['ɧɛpˌlʲɛːkarə]
dek (het)	däck (ett)	['dɛk]
mast (de)	mast (en)	['mast]
zeil (het)	segel (ett)	['segəlʲ]
ruim (het)	lastrum (ett)	['lʲastˌruːm]
voorsteven (de)	bog (en)	['bʊg]
achtersteven (de)	akter (en)	['aktər]
roeispaan (de)	åra (en)	['oːra]
schroef (de)	propeller (en)	[prʊ'pɛlʲər]
kajuit (de)	hytt (en)	['hʏt]
officierskamer (de)	officersmäss (en)	[ɔfi'seːrsˌmɛs]
machinekamer (de)	maskinrum (ett)	[ma'ɧiːnˌruːm]
brug (de)	kommandobrygga (en)	[kɔm'andʊˌbrʏga]
radiokamer (de)	radiohytt (en)	['radiʊˌhʏt]
radiogolf (de)	våg (en)	['voːg]
logboek (het)	loggbok (en)	['lʲɔgˌbʊk]
verrekijker (de)	tubkikare (en)	['tʉbˌɕikarə]
klok (de)	klocka (en)	['klʲɔka]

133

vlag (de)	flagga (en)	['flˡaga]
kabel (de)	tross (en)	['trɔs]
knoop (de)	knop, knut (en)	['knʊp], ['knʉt]

| trapleuning (de) | räcken (pl) | ['rɛkən] |
| trap (de) | landgång (en) | ['lˡandˌgɔŋ] |

anker (het)	ankar (ett)	['aŋkar]
het anker lichten	att lätta ankar	[at 'lˡæta 'aŋkar]
het anker neerlaten	att kasta ankar	[at 'kasta 'aŋkar]
ankerketting (de)	ankarkätting (en)	['aŋkarˌɕætiŋ]

haven (bijv. containerhaven)	hamn (en)	['hamn]
kaai (de)	kaj (en)	['kaj]
aanleggen (ww)	att förtöja	[at fœ:'tœːja]
wegvaren (ww)	att kasta loss	[at 'kasta 'lˡɔs]

reis (de)	resa (en)	['resa]
cruise (de)	kryssning (en)	['krʏsniŋ]
koers (de)	kurs (en)	['kuːʂ]
route (de)	rutt (en)	['rut]

vaarwater (het)	farled, segelled (en)	['faːlˡed], ['segəlˌled]
zandbank (de)	grund (ett)	['grʉnd]
stranden (ww)	att gå på grund	[at 'goː pɔ 'grʉnd]

storm (de)	storm (en)	['stɔrm]
signaal (het)	signal (en)	[sig'nalˡ]
zinken (ov. een boot)	att sjunka	[at 'ɧuŋka]
Man overboord!	Man överbord!	['man 'øːvəˌbuːɖ]
SOS (noodsignaal)	SOS	[ɛso'ɛs]
reddingsboei (de)	livboj (en)	['livˌbɔj]

144. Vliegveld

luchthaven (de)	flygplats (en)	['flˡygˌplˡats]
vliegtuig (het)	flygplan (ett)	['flˡygplˡan]
luchtvaartmaatschappij (de)	flygbolag (ett)	['flˡygˌbʉlˡag]
luchtverkeersleider (de)	flygledare (en)	['flˡygˌlˡedarə]

vertrek (het)	avgång (en)	['avˌgɔŋ]
aankomst (de)	ankomst (en)	['aŋˌkomst]
aankomen (per vliegtuig)	att ankomma	[at 'aŋˌkoma]

| vertrektijd (de) | avgångstid (en) | ['avgɔŋsˌtid] |
| aankomstuur (het) | ankomsttid (en) | ['aŋkomstˌtid] |

| vertraagd zijn (ww) | att bli försenad | [at bli fœ:'ʂɛnad] |
| vluchtvertraging (de) | avgångsförsening (en) | ['avgɔŋsˌfœ:'ʂɛniŋ] |

informatiebord (het)	informationstavla (en)	[informa'ɧʉnsˌtavlˡa]
informatie (de)	information (en)	[informa'ɧʉn]
aankondigen (ww)	att meddela	[at 'meˌdelˡa]
vlucht (bijv. KLM ~)	flyg (ett)	['flˡyg]

| douane (de) | tull (en) | ['tulʲ] |
| douanier (de) | tulltjänsteman (en) | ['tulʲ 'ɕɛnstə‚man] |

douaneaangifte (de)	tulldeklaration (en)	['tulʲ‚dɛklʲara'ɧʊn]
invullen (douaneaangifte ~)	att fylla i	[at 'fylʲa 'i]
een douaneaangifte invullen	att fylla i en tulldeklaration	[at 'fylʲa i en 'tulʲ‚dɛklʲara'ɧʊn]
paspoortcontrole (de)	passkontroll (en)	['paskɔn‚trolʲ]

bagage (de)	bagage (ett)	[ba'ga:ʃ]
handbagage (de)	handbagage (ett)	['hand ba‚ga:ʃ]
bagagekarretje (het)	bagagevagn (en)	[ba'ga:ʃ‚vagn]

landing (de)	landning (en)	['lʲandniŋ]
landingsbaan (de)	landningsbana (en)	['lʲandniŋs‚bana]
landen (ww)	att landa	[at 'lʲanda]
vliegtuigtrap (de)	trappa (en)	['trapa]

inchecken (het)	incheckning (en)	['in‚ɕɛkniŋ]
incheckbalie (de)	incheckningsdisk (en)	['in‚ɕɛkniŋs 'disk]
inchecken (ww)	att checka in	[at 'ɕɛka in]
instapkaart (de)	boardingkort (ett)	['bɔ:diŋ‚kɔ:t]
gate (de)	gate (en)	['gejt]

transit (de)	transit (en)	['transit]
wachten (ww)	att vänta	[at 'vɛnta]
wachtzaal (de)	väntsal (en)	['vɛnt‚salʲ]
begeleiden (uitwuiven)	att vinka av	[at 'viŋka av]
afscheid nemen (ww)	att säga adjö	[at 'sɛ:ja a'jø:]

145. Fiets. Motorfiets

fiets (de)	cykel (en)	['sykəlʲ]
bromfiets (de)	scooter (en)	['sku:tər]
motorfiets (de)	motorcykel (en)	['mʊtʊr‚sykəlʲ]

met de fiets rijden	att cykla	[at 'sʏklʲa]
stuur (het)	styre (ett)	['styrə]
pedaal (de/het)	pedal (en)	[pe'dalʲ]
remmen (mv.)	bromsar (pl)	['brɔmsar]
fietszadel (de/het)	sadel (en)	['sadəlʲ]

pomp (de)	pump (en)	['pump]
bagagedrager (de)	bagagehållare (en)	[ba'ga:ʃ ‚ho:lʲarə]
fietslicht (het)	lykta (en)	['lʲykta]
helm (de)	hjälm (en)	['jɛlʲm]

wiel (het)	hjul (ett)	['jʉ:lʲ]
spatbord (het)	stänkskärm (en)	['stɛnk‚ɧæ:rm]
velg (de)	fälg (en)	['fɛlʲj]
spaak (de)	eker (en)	['ɛkər]

Auto's

146. Soorten auto's

Nederlands	Zweeds	Uitspraak
auto (de)	bil (en)	['bilʲ]
sportauto (de)	sportbil (en)	['spɔː̯t̪ˌbilʲ]
limousine (de)	limousine (en)	[limu'siːn]
terreinwagen (de)	terrängbil (en)	[tɛ'rɛŋˌbilʲ]
cabriolet (de)	cabriolet (en)	[kabriɔ'lʲeː]
minibus (de)	minibuss (en)	['miniˌbus]
ambulance (de)	ambulans (en)	[ambu'lʲans]
sneeuwruimer (de)	snöplog (en)	['snøːˌplʲʊg]
vrachtwagen (de)	lastbil (en)	['lʲastˌbilʲ]
tankwagen (de)	tankbil (en)	['taŋkˌbilʲ]
bestelwagen (de)	skåpbil (en)	['skoːpˌbilʲ]
trekker (de)	dragbil (en)	['dragˌbilʲ]
aanhangwagen (de)	släpvagn (en)	['slʲɛpˌvagn]
comfortabel (bn)	komfortabel	[kɔmfo'tabəlʲ]
tweedehands (bn)	begagnad	[be'gagnad]

147. Auto's. Carrosserie

Nederlands	Zweeds	Uitspraak
motorkap (de)	motorhuv (en)	['mʊtʊr hʉːv]
spatbord (het)	stänskärm (en)	['stɛŋkˌɧæːrm]
dak (het)	tak (ett)	['tak]
voorruit (de)	vindruta (en)	['vindˌrʉta]
achterruit (de)	backspegel (en)	['bakˌspegəlʲ]
ruitensproeier (de)	vindrutespolar (en)	['vindrʉteˌspʊlʲar]
wisserbladen (mv.)	vindrutetorkare (en)	['vindrʉteˌtɔrkarə]
zijruit (de)	sidoruta (en)	['sidʊˌrʉːta]
raamlift (de)	fönsterhiss (en)	['fœnstərˌhis]
antenne (de)	antenn (en)	[an'tɛn]
zonnedak (het)	taklucka (en), soltak (ett)	['takˌlʲuka], ['solʲˌtak]
bumper (de)	stötfångare (en)	['støːtˌfɔŋarə]
koffer (de)	bagageutrymme (ett)	[ba'gaːʃ 'ʉtˌrʏmə]
imperiaal (de/het)	takräcke (ett)	['takˌrɛkə]
portier (het)	dörr (en)	['dœr]
handvat (het)	dörrhandtag (ett)	['dœrˌhantag]
slot (het)	dörrlås (ett)	['dœrˌlʲoːs]
nummerplaat (de)	nummerplåt (en)	['numərˌplʲoːt]
knalpot (de)	ljuddämpare (en)	['jʉːdˌdɛmparə]

| benzinetank (de) | bensintank (en) | [bɛn'sin,taŋk] |
| uitlaatpijp (de) | avgasrör (ett) | ['avgas,rø:r] |

gas (het)	gas (en)	['gas]
pedaal (de/het)	pedal (en)	[pe'dalʲ]
gaspedaal (de/het)	gaspedal (en)	['gas pe'dalʲ]

rem (de)	broms (en)	['brɔms]
rempedaal (de/het)	bromspedal (en)	['brɔms pe'dalʲ]
remmen (ww)	att bromsa	[at 'brɔmsa]
handrem (de)	handbroms (en)	['hand,brɔms]

koppeling (de)	koppling (en)	['kopliŋ]
koppelingspedaal (de/het)	kopplingspedal (en)	['kopliŋs pe'dalʲ]
koppelingsschijf (de)	kopplingslamell (en)	['kopliŋs la'mɛlʲ]
schokdemper (de)	stötdämpare (en)	['stø:t,dɛmparə]

wiel (het)	hjul (ett)	['jɵ:lʲ]
reservewiel (het)	reservhjul (ett)	[re'sɛrv jɵ:lʲ]
band (de)	däck (ett)	['dɛk]
wieldop (de)	navkapsel (en)	['nav,kapsəlʲ]

aandrijfwielen (mv.)	drivhjul (pl)	['driv jɵ:lʲ]
met voorwielaandrijving	framhjulsdriven	['framjɵ:lʲs,drivən]
met achterwielaandrijving	bakhjulsdriven	['bakjɵ:lʲs,drivən]
met vierwielaandrijving	fyrahjulsdriven	['fyrajɵ:lʲs,drivən]

versnellingsbak (de)	växellåda (en)	['vɛksəl,lʲo:da]
automatisch (bn)	automatisk	[autʊ'matisk]
mechanisch (bn)	mekanisk	[me'kanisk]
versnellingspook (de)	växelspak (en)	['vɛksəlʲ,spak]

| voorlicht (het) | strålkastare (en) | ['stro:lʲ,kastarə] |
| voorlichten (mv.) | strålkastare (pl) | ['stro:lʲ,kastarə] |

dimlicht (het)	halvljus (ett)	[halʲv jɵ:s]
grootlicht (het)	helljus (ett)	['hɛlʲ: jɵ:s]
stoplicht (het)	stoppljus (ett)	['stɔp jɵ:s]

standlichten (mv.)	positionsljus (ett)	[pʊsi'fjʊns jɵ:s]
noodverlichting (de)	nödljus (ett)	['nø:d jɵ:s]
mistlichten (mv.)	dimlykta (en)	['dim,lʲykta]
pinker (de)	blinker (en)	['bliŋkər]
achteruitrijdlicht (het)	backljus (ett)	['bak jɵ:s]

148. Auto's. Passagiersruimte

interieur (het)	interiör, inredning (en)	[intɛ'rjø:r], ['in,redniŋ]
leren (van leer gemaak)	läder-	['lʲɛ:dər-]
fluwelen (abn)	velour-	[ve'lɵ:r-]
bekleding (de)	klädsel (en)	['klʲɛdsəlʲ]

| toestel (het) | instrument (ett) | [instru'mɛnt] |
| instrumentenbord (het) | instrumentpanel (en) | [instru'mɛnt pa'nəlʲ] |

snelheidsmeter (de)	hastighetsmätare (en)	['hastighets‚mɛ:tarə]
pijltje (het)	visare (en)	['visarə]

kilometerteller (de)	vägmätare (en)	['vɛ:g‚mɛ:tarə]
sensor (de)	indikator (en)	[indi'katʊr]
niveau (het)	nivå (en)	[ni'vo:]
controlelampje (het)	varningslampa (en)	['va:nɪŋs ‚lʲampa]

stuur (het)	ratt (en)	['rat]
toeter (de)	horn (ett)	['hʊ:ŋ]
knopje (het)	knapp (en)	['knap]
schakelaar (de)	omskiftare (en)	['ɔm‚fjiftarə]

stoel (bestuurders~)	säte (ett)	['sɛtə]
rugleuning (de)	ryggstöd (ett)	['rʏg‚stø:d]
hoofdsteun (de)	nackstöd (ett)	['nak‚stø:d]
veiligheidsgordel (de)	säkerhetsbälte (ett)	['sɛ:kərhets‚bɛlʲtə]
de gordel aandoen	att sätta fast	[at 'sæta fast
	säkerhetsbältet	'sɛkərhets‚bɛlʲtət]
regeling (de)	justering (en)	[fju'ste:rɪŋ]

airbag (de)	krockkudde (en)	['krɔk‚kudə]
airconditioner (de)	luftkonditionerare (en)	['lʊft‚kɔndifju'nerarə]

radio (de)	radio (en)	['radiʊ]
CD-speler (de)	cd-spelare (en)	['sede ‚spelʲarə]
aanzetten (bijv. radio ~)	att slå på	[at 'slʲo: pɔ]
antenne (de)	antenn (en)	[an'tɛn]
handschoenenkastje (het)	handskfack (ett)	['hansk‚fak]
asbak (de)	askkopp (en)	['askop]

149. Auto's. Motor

motor (de)	motor (en)	['mʊtʊr]
diesel- (abn)	diesel-	['disəlʲ-]
benzine- (~motor)	bensin-	[bɛn'sin-]

motorinhoud (de)	motorvolym (en)	['mʊtʊr vɔ'lʲym]
vermogen (het)	styrka (en)	['styrka]
paardenkracht (de)	hästkraft (en)	['hɛst‚kraft]
zuiger (de)	kolv (en)	['kɔlʲv]
cilinder (de)	cylinder (en)	[sy'lindər]
klep (de)	ventil (en)	[vɛn'tilʲ]

injectie (de)	injektor (en)	[in'jɛktʊr]
generator (de)	generator (en)	[jene'ratʊr]
carburator (de)	förgasare (en)	[før'gasarə]
motorolie (de)	motorolja (en)	['mʊtʊr‚ɔlja]

radiator (de)	kylare (en)	['çylʲarə]
koelvloeistof (de)	kylvätska (en)	['çylʲ‚vɛtska]
ventilator (de)	fläkt (en)	['flʲɛkt]
accu (de)	batteri (ett)	[batɛ'ri:]
starter (de)	starter, startmotor (en)	[sta:ʈə], ['sta:ʈ‚mʊtʊr]

| contact (ontsteking) | tändning (en) | ['tɛndniŋ] |
| bougie (de) | tändstift (ett) | ['tɛnd,stift] |

pool (de)	klämma (en)	['klʲɛma]
positieve pool (de)	plusklämma (en)	['plʉs,klʲɛma]
negatieve pool (de)	minusklämma (en)	['minʉs,klʲɛma]
zekering (de)	säkring (en)	['sɛkriŋ]

luchtfilter (de)	luftfilter (ett)	['lʉft,filʲtər]
oliefilter (de)	oljefilter (ett)	['ɔljə,filʲtər]
benzinefilter (de)	bränslefilter (ett)	['brɛnslʲe,filʲtər]

150. Auto's. Botsing. Reparatie

auto-ongeval (het)	bilolycka (en)	['bilʲ ʊ:'lʲyka]
verkeersongeluk (het)	trafikolycka (en)	[tra'fik ʊ:'lʲyka]
aanrijden	att köra in i ,..	[at 'ɕø:ra in i ...]
(tegen een boom, enz.)		

verongelukken (ww)	att haverera	[at have'rera]
beschadiging (de)	skada (en)	['skada]
heelhuids (bn)	oskadad	[ʊ:'skadad]

pech (de)	haveri (ett)	[have'ri:]
kapot gaan (zijn gebroken)	att bryta ihop	[at 'bryta i'hʊp]
sleeptouw (het)	bogserlina (en)	['bʊksɛ:r,lina]

lek (het)	punktering (en)	[pʊŋk'teriŋ]
lekke krijgen (band)	att vara punkterat	[at 'vara pʊŋk'terat]
oppompen (ww)	att pumpa upp	[at 'pumpa up]
druk (de)	tryck (ett)	['trʏk]
checken (controleren)	att checka	[at 'ɕɛka]

reparatie (de)	reparation (en)	[repara'ʄʊn]
garage (de)	bilverkstad (en)	['bilʲvɛrk,stad]
wisselstuk (het)	reservdel (en)	[re'sɛrv,delʲ]
onderdeel (het)	del (en)	['delʲ]

bout (de)	bult (en)	['bulʲt]
schroef (de)	skruv (en)	['skrʉ:v]
moer (de)	mutter (en)	['mutər]
sluitring (de)	bricka (en)	['brika]
kogellager (de/het)	lager (ett)	['lʲagər]

pijp (de)	rör (ett)	['rø:r]
pakking (de)	tätning (en)	['tɛtniŋ]
kabel (de)	ledning (en)	['lʲedniŋ]

dommekracht (de)	domkraft (en)	['dʊm,kraft]
moersleutel (de)	skruvnyckel (en)	['skrʉ:v,nʏkəlʲ]
hamer (de)	hammare (en)	['hamarə]
pomp (de)	pump (en)	['pump]
schroevendraaier (de)	skruvmejsel (en)	['skrʉ:v,mɛjsəlʲ]
brandblusser (de)	brandsläckare (en)	['brand,slʲɛkarə]
gevarendriehoek (de)	varningstriangel (en)	['va:rniŋs tri'aŋəlʲ]

afslaan	att stanna	[at 'stana]
(ophouden te werken)		
uitvallen (het)	tjuvstopp (ett)	['ɕɵvstɔp]
zijn gebroken	att vara trasig	[at 'vara ˌtrasig]

ververhitten (ww)	att bli överhettad	[at bli 'øvəˌhɛtad]
verstopt raken (ww)	att bli igensatt	[at bli 'ijɛnsat]
bevriezen (autodeur, enz.)	att frysa	[at 'frysa]
barsten (leidingen, enz.)	att spricka, att brista	[at 'sprika], [at 'brista]

druk (de)	tryck (ett)	['trʏk]
niveau (bijv. olieniveau)	nivå (en)	[ni'voː]
slap (de drijfriem is ~)	slak	['slʲak]

deuk (de)	buckla (en)	['buklʲa]
geklop (vreemde geluiden)	knackande ljud (ett)	['knakandəˌjɵːd]
barst (de)	spricka (en)	['sprika]
kras (de)	repa, skråma (en)	['repa], ['skroma]

151. Auto's. Weg

weg (de)	väg (en)	['vɛːg]
snelweg (de)	huvudväg (en)	['hɵːvɵdˌvɛːg]
autoweg (de)	motorväg (en)	['mʊtʊrˌvɛːg]
richting (de)	riktning (en)	['riktniŋ]
afstand (de)	avstånd (ett)	['avˌstɔnd]

brug (de)	bro (en)	['brʊ]
parking (de)	parkeringsplats (en)	[par'keriŋsˌplʲats]
plein (het)	torg (ett)	['tɔrj]
verkeersknooppunt (het)	trafikplats,	[tra'fikˌplʲats],
	vägkorsning (en)	['vɛːgˌkɔːʂniŋ]
tunnel (de)	tunnel (en)	['tunəlʲ]

benzinestation (het)	bensinstation (en)	[bɛn'sinˌsta'ʃʊn]
parking (de)	parkeringsplats (en)	[par'keriŋsˌplʲats]
benzinepomp (de)	bensinpump (en)	[bɛn'sinˌpump]
garage (de)	bilverkstad (en)	['bilʲvɛrkˌstad]
tanken (ww)	att tanka	[at 'taŋka]
brandstof (de)	bränsle (ett)	['brɛnslʲe]
jerrycan (de)	dunk (en)	['duːŋk]

asfalt (het)	asfalt (en)	['asfalʲt]
markering (de)	vägmarkering (en)	['vɛːgˌmar'keriŋ]
trottoirband (de)	trottoarkant (en)	[trɔtʊ'arˌkant]
geleiderail (de)	vägräcke (ett)	['vɛːgˌrɛkə]
greppel (de)	vägdike (ett)	['vɛːgˌdikə]
vluchtstrook (de)	vägkant (en)	['vɛːgˌkant]
lichtmast (de)	lyktstolpe (en)	['lʲykˌstɔlʲpə]

besturen (een auto ~)	att köra	[at 'ɕøːra]
afslaan (naar rechts ~)	att svänga	[at 'svɛŋa]
U-bocht maken (ww)	att göra en u-sväng	[at 'jøːra en 'ɵːˌsvɛŋ]
achteruit (de)	backning (en)	['bakniŋ]

toeteren (ww)	att tuta	[at 'tʉ:ta]
toeter (de)	tuta (en)	['tʉ:ta]
vastzitten (in modder)	att köra fast	[at 'ɕø:ra fast]
spinnen (wielen gaan ~)	att spinna	[at 'spina]
uitzetten (ww)	att stanna	[at 'stana]

snelheid (de)	hastighet (en)	['hastig,het]
een snelheidsovertreding	att överstiga	[at 'ø:ve,stiga
maken	hastighetsgränsen	'hastighets,grɛnsən]
bekeuren (ww)	att bötfälla	[at 'bøt,fɛlʲa]
verkeerslicht (het)	trafikljus (ett)	[tra'fik,jʉ:s]
rijbewijs (het)	körkort (ett)	['ɕø:r,kɔ:t]

overgang (de)	överkörsväg (en)	['ø:ve,ɕø:ʂvɛ:g]
kruispunt (het)	korsning (en)	['kɔ:ʂniŋ]
zebrapad (oversteekplaats)	övergångsställe (ett)	['ø:vergɔŋs,stɛlʲe]
bocht (de)	kurva, krök (en)	['kurva], ['krø:k]
voetgangerszone (de)	gånggata (en)	['gɔŋ,gata]

MENSEN. GEBEURTENISSEN IN HET LEVEN

Gebeurtenissen in het leven

152. Vakanties. Evenement

feest (het)	fest (en)	['fɛst]
nationale feestdag (de)	nationaldag (en)	[natʃʊ'nalⁱˌdag]
feestdag (de)	helgdag (en)	['hɛljˌdag]
herdenken (ww)	att fira	[at 'fira]
gebeurtenis (de)	begivenhet (en)	[be'jivənˌhet]
evenement (het)	evenemang (ett)	[ɛvenə'maŋ]
banket (het)	bankett (en)	[baŋ'ket]
receptie (de)	reception (en)	[resɛp'fʊn]
feestmaal (het)	fest (en)	['fɛst]
verjaardag (de)	årsdag (en)	['oːʂˌdag]
jubileum (het)	jubileum (ett)	[jʉbi'lⁱeum]
vieren (ww)	att fira	[at 'fira]
Nieuwjaar (het)	nyår (ett)	['nyˌoːr]
Gelukkig Nieuwjaar!	Gott Nytt Är!	[gɔt nʏt 'oːr]
Sinterklaas (de)	Jultomten	['julⁱˌtɔmtən]
Kerstfeest (het)	jul (en)	['juːlⁱ]
Vrolijk kerstfeest!	God jul!	[ˌgʊd 'juːlⁱ]
kerstboom (de)	julgran (en)	['julⁱˌgran]
vuurwerk (het)	fyrverkeri (ett)	[fyrvɛrke'riː]
bruiloft (de)	bröllop (ett)	['brœlⁱɔp]
bruidegom (de)	brudgum (en)	['brʉːdˌguːm]
bruid (de)	brud (en)	['brʉːd]
uitnodigen (ww)	att inbjuda, att invitera	[at in'bjuːda], [at invi'tera]
uitnodiging (de)	inbjudan (en)	[in'bjuːdan]
gast (de)	gäst (en)	['jɛst]
op bezoek gaan	att besöka	[at be'søːka]
gasten verwelkomen	att hälsa på gästerna	[at 'hɛlⁱsa pɔ 'jɛsteŋa]
geschenk, cadeau (het)	gåva, present (en)	['goːva], [pre'sɛnt]
geven (iets cadeau ~)	att ge	[at je:]
geschenken ontvangen	att få presenter	[at fɔ: pre'sɛntər]
boeket (het)	bukett (en)	[bʉ'kɛt]
felicitaties (mv.)	lyckönskning (en)	['lⁱykˌønskniŋ]
feliciteren (ww)	att gratulera	[at gratʉ'lⁱera]
wenskaart (de)	gratulationskort (ett)	[gratʉlⁱa'ʃʊnsˌkoːt]

| een kaartje versturen | att skicka vykort | [at 'ɧika 'vy,kɔ:t] |
| een kaartje ontvangen | att få vykort | [at fo: 'vy,kɔ:t] |

toast (de)	skål (en)	['sko:lʲ]
aanbieden (een drankje ~)	att bjuda	[at 'bjɥ:da]
champagne (de)	champagne (en)	[ɧam'panʲ]

plezier hebben (ww)	att ha roligt	[at ha 'rʊlit]
plezier (het)	uppsluppenhet (en)	['up,slupənhet]
vreugde (de)	glädje (en)	['glʲɛdjə]

| dans (de) | dans (en) | ['dans] |
| dansen (ww) | att dansa | [at 'dansa] |

| wals (de) | vals (en) | ['valʲs] |
| tango (de) | tango (en) | ['taŋɔ] |

153. Begrafenissen. Begrafenis

kerkhof (het)	kyrkogård (en)	['ɕyrkʊ,go:d]
graf (het)	grav (en)	['grav]
kruis (het)	kors (ett)	['kɔ:ʂ]
grafsteen (de)	gravsten (en)	['grav,sten]
omheining (de)	stängsel (ett)	['stɛŋsəlʲ]
kapel (de)	kapell (ett)	[ka'pɛlʲ]

dood (de)	död (en)	['dø:d]
sterven (ww)	att dö	[at 'dø:]
overledene (de)	den avlidne	[dɛn 'av,lidnə]
rouw (de)	sorg (en)	['sɔrj]

begraven (ww)	att begrava	[at be'grava]
begrafenisonderneming (de)	begravningsbyrå (en)	[be'gravniŋs,byro:]
begrafenis (de)	begravning (en)	[be'gravniŋ]

krans (de)	krans (en)	['krans]
doodskist (de)	likkista (en)	['lik,ɕista]
lijkwagen (de)	likvagn (en)	['lik,vagn]
lijkkleed (de)	liksvepning (en)	['lik,svɛpniŋ]

begrafenisstoet (de)	begravningståg (ett)	[be'gravniŋs,to:g]
urn (de)	gravurna (en)	['grav,u:ɳa]
crematorium (het)	krematorium (ett)	[krema'tɔrium]

overlijdensbericht (het)	nekrolog (en)	[nɛkrʊ'lʲɔg]
huilen (wenen)	att gråta	[at 'gro:ta]
snikken (huilen)	att snyfta	[at 'snɤfta]

154. Oorlog. Soldaten

| peloton (het) | pluton (en) | [plɥ'tʊn] |
| compagnie (de) | kompani (ett) | [kompa'ni:] |

143

regiment (het)	regemente (ett)	[rege'mɛntə]
leger (armee)	här, armé (en)	['hæ:r], [ar'me:]
divisie (de)	division (en)	[divi'ʃʊn]
sectie (de)	trupp (en)	['trup]
troep (de)	här (en)	['hæ:r]
soldaat (militair)	soldat (en)	[sʊlʲ'dat]
officier (de)	officer (en)	[ɔfi'se:r]
soldaat (rang)	menig (en)	['menig]
sergeant (de)	sergeant (en)	[sɛr'ʃant]
luitenant (de)	löjtnant (en)	['lʲœjt‚nant]
kapitein (de)	kapten (en)	[kap'ten]
majoor (de)	major (en)	[ma'jʊ:r]
kolonel (de)	överste (en)	['ø:vəʂtə]
generaal (de)	general (en)	[jene'ralʲ]
matroos (de)	sjöman (en)	['ʃø:‚man]
kapitein (de)	kapten (en)	[kap'ten]
bootsman (de)	båtsman (en)	['botsman]
artillerist (de)	artillerist (en)	[a:ʈilʲe'rist]
valschermjager (de)	fallskärmsjägare (en)	['falʲʃæ:rms ‚jɛ:garə]
piloot (de)	flygare (en)	['flʲygarə]
stuurman (de)	styrman (en)	['styr‚man]
mecanicien (de)	mekaniker (en)	[me'kanikər]
sappeur (de)	pionjär (en)	[piʊ'njæ:r]
parachutist (de)	fallskärmshoppare (en)	['falʲʃæ:rms ‚hɔparə]
verkenner (de)	spaningssoldat (en)	['spaniŋs sʊlʲ'dat]
scherpschutter (de)	prickskytt (en)	['prik‚ʃyt]
patrouille (de)	patrull (en)	[pat'rulʲ]
patrouilleren (ww)	att patrullera	[at patru'lʲera]
wacht (de)	vakt (en)	['vakt]
krijger (de)	krigare (en)	['krigarə]
held (de)	hjälte (en)	['jɛlʲtə]
heldin (de)	hjältinna (en)	['jɛlʲ‚tina]
patriot (de)	patriot (en)	[patri'ʊt]
verrader (de)	förrädare (en)	[fœ:'rɛ:darə]
verraden (ww)	att förråda	[at fœ:'ro:da]
deserteur (de)	desertör (en)	[desɛ:'ʈø:r]
deserteren (ww)	att desertera	[at desɛ:'ʈera]
huurling (de)	legosoldat (en)	['lʲegʊ‚sʊlʲ'dat]
rekruut (de)	rekryt (en)	[rɛk'ryt]
vrijwilliger (de)	frivillig (en)	['fri‚vilig]
gedode (de)	döda (en)	['dø:da]
gewonde (de)	sårad (en)	['so:rad]
krijgsgevangene (de)	fånge (en)	['fɔŋə]

155. Oorlog. Militaire acties. Deel 1

oorlog (de)	krig (ett)	['krig]
oorlog voeren (ww)	att vara i krig	[at 'vara i ˌkrig]
burgeroorlog (de)	inbördeskrig (ett)	['inbøːdɛsˌkrig]
achterbaks (bw)	lömsk, förrädisk	['lʲømsk], [fœːˈrɛdisk]
oorlogsverklaring (de)	krigsförklaring (en)	['krigsˌførˈklʲariŋ]
verklaren (de oorlog ~)	att förklara	[at førˈklʲara]
agressie (de)	aggression (en)	[agrɛˈʰʊn]
aanvallen (binnenvallen)	att angripa	[at 'anˌgripa]
binnenvallen (ww)	att invadera	[at invaˈdera]
invaller (de)	angripare (en)	['anˌgriparə]
veroveraar (de)	erövrare (en)	[ɛˈrœvrarə]
verdediging (de)	försvar (ett)	[fœːˈṣvar]
verdedigen (je land ~)	att försvara	[at fœːˈṣvara]
zich verdedigen (ww)	att försvara sig	[at fœːˈṣvara sɛj]
vijand (de)	fiende (en)	['fjɛndə]
tegenstander (de)	motståndare (en)	['mʊtˌstɔndarə]
vijandelijk (bn)	fientlig	['fjɛntlig]
strategie (de)	strategi (en)	[strateˈʰiː]
tactiek (de)	taktik (en)	[tak'tik]
order (de)	order (en)	['ɔːdər]
bevel (het)	order, kommando (en)	['ɔːdər], [kɔmˈmandʊ]
bevelen (ww)	att beordra	[at beˈoːdra]
opdracht (de)	uppdrag (ett)	['updrag]
geheim (bn)	hemlig	['hɛmlig]
slag (de)	batalj (en)	[baˈtalʲ]
veldslag (de)	slag (ett)	['slʲag]
strijd (de)	kamp (en)	['kamp]
aanval (de)	angrepp (ett)	['anˌgrɛp]
bestorming (de)	stormning (en)	['stɔrmniŋ]
bestormen (ww)	att storma	[at 'stɔrma]
bezetting (de)	belägring (en)	[beˈlʲɛgriŋ]
aanval (de)	offensiv (en)	['ɔfɛnˌsiːv]
in het offensief te gaan	att angripa	[at 'anˌgripa]
terugtrekking (de)	reträtt (en)	[rɛˈtræt]
zich terugtrekken (ww)	att retirera	[at retiˈrera]
omsingeling (de)	omringning (en)	['ɔmˌriŋniŋ]
omsingelen (ww)	att omringa	[at 'ɔmˌriŋa]
bombardement (het)	bombning (en)	['bɔmbniŋ]
een bom gooien	att släppa en bomb	[at 'slʲepa en bɔmb]
bombarderen (ww)	att bombardera	[at bɔmbaˈdera]
ontploffing (de)	explosion (en)	[ɛksplʲɔˈʰʊn]

schot (het)	skott (ett)	['skɔt]
een schot lossen	att skjuta	[at 'ɧʉːta]
schieten (het)	skjutande (ett)	['ɧʉːtandə]

mikken op (ww)	att sikta på ...	[at 'sikta pɔ ...]
aanleggen (een wapen ~)	att rikta	[at 'rikta]
treffen (doelwit ~)	att träffa	[at 'trɛfa]

zinken (tot zinken brengen)	att sänka	[at 'sɛŋka]
kogelgat (het)	hål (ett)	['hoːlʲ]
zinken (gezonken zijn)	att sjunka	[at 'ɧuŋka]

front (het)	front (en)	['frɔnt]
evacuatie (de)	evakuering (en)	[ɛvakʉ'eːriŋ]
evacueren (ww)	att evakuera	[at ɛvakʉ'eːra]

loopgraaf (de)	skyttegrav (en)	['ɧʏtəˌgrav]
prikkeldraad (de)	taggtråd (en)	['tagˌtroːd]
verdedigingsobstakel (het)	avspärning (en)	['avˌspɛrniŋ]
wachttoren (de)	vakttorn (ett)	['vaktˌtuːn]

hospitaal (het)	militärsjukhus (ett)	[miliˈtæːrsˌhʉs]
verwonden (ww)	att såra	[at 'soːra]
wond (de)	sår (ett)	['soːr]
gewonde (de)	sårad (en)	['soːrad]
gewond raken (ww)	att bli sårad	[at bli 'soːrad]
ernstig (~e wond)	allvarlig	[alʲ'vaːˌlig]

156. Wapens

wapens (mv.)	vapen (ett)	['vapən]
vuurwapens (mv.)	skjutvapen (ett)	['ɧʉːtˌvapən]
koude wapens (mv.)	blank vapen (ett)	['blʲaŋk 'vapən]

chemische wapens (mv.)	kemiskt vapen (ett)	['ɕemiskt 'vapən]
kern-, nucleair (bn)	kärn-	['ɕæːŋ-]
kernwapens (mv.)	kärnvapen (ett)	['ɕæːɳˌvapən]

| bom (de) | bomb (en) | ['bɔmb] |
| atoombom (de) | atombomb (en) | [a'tɔmˌbɔmb] |

pistool (het)	pistol (en)	[pi'stʊlʲ]
geweer (het)	gevär (ett)	[je'væːr]
machinepistool (het)	maskinpistol (en)	[ma'ɧiːn pi'stʊlʲ]
machinegeweer (het)	maskingevär (ett)	[ma'ɧiːn je'væːr]

loop (schietbuis)	mynning (en)	['mʏniŋ]
loop (bijv. geweer met kortere ~)	lopp (ett)	['lʲɔp]
kaliber (het)	kaliber (en)	[ka'libər]

trekker (de)	avtryckare (en)	['avˌtrʏkarə]
korrel (de)	sikte (ett)	['siktə]
magazijn (het)	magasin (ett)	[maga'sin]

geweerkolf (de)	kolv (en)	['kɔlʲv]
granaat (handgranaat)	handgranat (en)	['hand gra‚nat]
explosieven (mv.)	sprängämne (ett)	['sprɛŋ‚ɛmnə]

kogel (de)	kula (en)	['kʉːlʲa]
patroon (de)	patron (en)	[pa'trʊn]
lading (de)	laddning (en)	['lʲadniŋ]
ammunitie (de)	ammunition (en)	[amʉni'ɧʊn]

bommenwerper (de)	bombplan (ett)	['bɔmb‚plʲan]
straaljager (de)	jaktplan (ett)	['jakt‚plʲan]
helikopter (de)	helikopter (en)	[heli'kɔptər]

afweergeschut (het)	luftvärnskanon (en)	['lʉftvæːɳs ka'nʊn]
tank (de)	stridsvagn (en)	['strids‚vagn]
kanon (tank met een ~ van 76 mm)	kanon (en)	[ka'nʊn]

artillerie (de)	artilleri (ett)	[aːʈilʲe'riː]
kanon (het)	kanon (en)	[ka'nʊn]
aanleggen (een wapen ~)	att rikta in	[at 'rikta in]

projectiel (het)	projektil (en)	[prʊŋek'tilʲ]
mortiergranaat (de)	granat (en)	[gra'nat]
mortier (de)	granatkastare (en)	[gra'nat‚kastarə]
granaatscherf (de)	splitter (ett)	['splitər]

duikboot (de)	ubåt (en)	[ʉːˈboːt]
torpedo (de)	torped (en)	[tɔr'ped]
raket (de)	robot, missil (en)	['rɔbɔt], [mi'silʲ]

laden (geweer, kanon)	att ladda	[at 'lʲada]
schieten (ww)	att skjuta	[at 'ɧʉːta]
richten op (mikken)	att sikta på ...	[at 'sikta pɔ ...]
bajonet (de)	bajonett (en)	[bajʉ'nɛt]

degen (de)	värja (en)	['væːrja]
sabel (de)	sabel (en)	['sabəlʲ]
speer (de)	spjut (ett)	['spjʉːt]
boog (de)	båge (en)	['boːgə]
pijl (de)	pil (en)	['pilʲ]
musket (de)	musköt (en)	[mu'skøːt]
kruisboog (de)	armborst (ett)	['arm‚bɔːʂt]

157. Oude mensen

primitief (bn)	ur-	['ʉr-]
voorhistorisch (bn)	förhistorisk	['fœrhi‚stʊrisk]
eeuwenoude (~ beschaving)	forntida, antikens	['fʊːɳ‚tida], [an'tikəns]

Steentijd (de)	Stenåldern	['stenˌɔːlʲdɛːɳ]
Bronstijd (de)	bronsålder (en)	['brɔnsˌoːlʲdər]
IJstijd (de)	istid (en)	['is‚tid]
stam (de)	stam (en)	['stam]

menseneter (de)	kannibal (en)	[kani'balʲ]
jager (de)	jägare (en)	['jɛ:garə]
jagen (ww)	att jaga	[at 'jaga]
mammoet (de)	mammut (en)	[ma'mut]

grot (de)	grotta (en)	['grɔta]
vuur (het)	eld (en)	['ɛlʲd]
kampvuur (het)	bål (ett)	['bo:lʲ]
rotstekening (de)	hällristning (en)	['hɛlʲˌristniŋ]

werkinstrument (het)	redskap (ett)	['rɛdˌskap]
speer (de)	spjut (ett)	['spjʉ:t]
stenen bijl (de)	stenyxa (en)	['stenˌyksa]
oorlog voeren (ww)	att vara i krig	[at 'vara i ˌkrig]
temmen (bijv. wolf ~)	att tämja	[at 'tɛmja]

idool (het)	idol (en)	[i'dɔlʲ]
aanbidden (ww)	att dyrka	[at 'dyrka]
bijgeloof (het)	vidskepelse (en)	['vidˌɦɛpəlʲsə]
ritueel (het)	ritual (en)	[ritu'alʲ]

evolutie (de)	evolution (en)	[ɛvɔlʉ'ɧʊn]
ontwikkeling (de)	utveckling (en)	['ʉtˌvɛkliŋ]
verdwijning (de)	försvinnande (ett)	[fœ:'ʂvinandə]
zich aanpassen (ww)	att anpassa sig	[at 'anˌpasa sɛj]

archeologie (de)	arkeologi (en)	[ˌarkeʉlʲo'gi:]
archeoloog (de)	arkeolog (en)	[ˌarkeʉ'lʲɔg]
archeologisch (bn)	arkeologisk	[ˌarkeʉ'lʲɔgisk]

opgravingsplaats (de)	utgrävningsplats (en)	['ʉtˌgrɛvniŋs 'plʲats]
opgravingen (mv.)	utgrävningar (pl)	['ʉtˌgrɛvniŋar]
vondst (de)	fynd (ett)	['fʏnd]
fragment (het)	fragment (ett)	[frag'mɛnt]

158. Middeleeuwen

volk (het)	folk (ett)	['fɔlʲk]
volkeren (mv.)	folk (pl)	['fɔlʲk]
stam (de)	stam (en)	['stam]
stammen (mv.)	stammar (pl)	['stamar]

barbaren (mv.)	barbarer (pl)	[bar'barər]
Galliërs (mv.)	galler (pl)	['galʲer]
Goten (mv.)	goter (pl)	['gʉtər]
Slaven (mv.)	slavar (pl)	['slʲavar]
Vikings (mv.)	vikingar (pl)	['vikiŋar]

Romeinen (mv.)	romare (pl)	['rʊmarə]
Romeins (bn)	romersk	['rʊmɛʂk]

Byzantijnen (mv.)	bysantiner (pl)	[bysan'tinər]
Byzantium (het)	Bysans	['bysans]
Byzantijns (bn)	bysantinsk	[bysan'tinsk]

keizer (bijv. Romeinse ~)	kejsare (en)	['ɕejsarə]
opperhoofd (het)	hövding (en)	['hœvdiŋ]
machtig (bn)	mäktig, kraftfull	['mɛktig], ['kraftˌfulʲ]
koning (de)	kung (en)	['kuŋ]
heerser (de)	härskare (en)	['hæːʂkarə]
ridder (de)	riddare (en)	['ridarə]
feodaal (de)	feodalherre (en)	[feʊ'dalʲˌhærə]
feodaal (bn)	feodal-	[feʊ'dalʲ-]
vazal (de)	vasall (en)	[va'salʲ]
hertog (de)	hertig (en)	['hɛːtig]
graaf (de)	greve (en)	['grevə]
baron (de)	baron (en)	[ba'rʊn]
bisschop (de)	biskop (en)	['biskɔp]
harnas (het)	rustning (en)	['rustniŋ]
schild (het)	sköld (en)	['ɧœlʲd]
zwaard (het)	svärd (ett)	['svæːɖ]
vizier (het)	visir (ett)	[vi'sir]
maliënkolder (de)	ringbrynja (en)	['riŋˌbrʏnja]
kruistocht (de)	korståg (ett)	['kɔːʂˌtoːg]
kruisvaarder (de)	korsfarare (en)	['kɔːʂˌfararə]
gebied (bijv. bezette ~en)	territorium (ett)	[tɛri'tʊrium]
aanvallen (binnenvallen)	att angripa	[at 'anˌgripa]
veroveren (ww)	att erövra	[at ɛ'rœvra]
innemen (binnenvallen)	att ockupera	[at ɔkʉp'era]
bezetting (de)	belägring (en)	[be'lʲɛgriŋ]
bezet (bn)	belägrad	[be'lʲɛgrad]
belegeren (ww)	att belägra	[at be'lʲɛgra]
inquisitie (de)	inkvisition (en)	[iŋkvisi'ɧʊn]
inquisiteur (de)	inkvisitor (en)	[iŋkvi'sitʊr]
foltering (de)	tortyr (en)	[tɔː'tyr]
wreed (bn)	brutal	[brʉ'talʲ]
ketter (de)	kättare (en)	['ɕætarə]
ketterij (de)	kätteri (ett)	[ɕæte'riː]
zeevaart (de)	sjöfart (en)	['ɧøːˌfaːʈ]
piraat (de)	pirat, sjörövare (en)	[pi'rat], ['ɧøːˌrøːvarə]
piraterij (de)	sjöröveri (ett)	['ɧøːˌrøːve'riː]
enteren (het)	äntring (en)	['ɛntriŋ]
buit (de)	byte (ett)	['bytə]
schatten (mv.)	skatter (pl)	['skatər]
ontdekking (de)	upptäckt (en)	['upˌtɛkt]
ontdekken (bijv. nieuw land)	att upptäcka	[at 'upˌtɛka]
expeditie (de)	expedition (en)	[ɛkspedi'ɧʊn]
musketier (de)	musketör (en)	[muskə'tøːr]
kardinaal (de)	kardinal (en)	[kaːɖi'nalʲ]
heraldiek (de)	heraldik (en)	[heralʲ'dik]
heraldisch (bn)	heraldisk	[he'ralʲdisk]

149

159. Leider. Baas. Autoriteiten

koning (de)	kung (en)	['kuŋ]
koningin (de)	drottning (en)	['drɔtniŋ]
koninklijk (bn)	kunglig	['kuŋlig]
koninkrijk (het)	kungarike (ett)	['kuŋa‚rikə]

prins (de)	prins (en)	['prins]
prinses (de)	prinsessa (en)	[prin'sɛsa]

president (de)	president (en)	[prɛsi'dɛnt]
vicepresident (de)	vicepresident (en)	['visə‚prɛsi'dɛnt]
senator (de)	senator (en)	[se'natʊr]

monarch (de)	monark (en)	[mʊ'nark]
heerser (de)	härskare (en)	['hæ:ʂkarə]
dictator (de)	diktator (en)	[dik'tatʊr]
tiran (de)	tyrann (en)	[ty'ran]
magnaat (de)	magnat (en)	[mag'nat]

directeur (de)	direktör (en)	[dirɛk'tø:r]
chef (de)	chef (en)	['ɧef]
beheerder (de)	föreståndare (en)	[førə'stɔndarə]
baas (de)	boss (en)	['bɔs]
eigenaar (de)	ägare (en)	['ɛ:garə]

leider (de)	ledare (en)	['lʲedarə]
hoofd	ledare (en)	['lʲedarə]
(bijv. ~ van de delegatie)		
autoriteiten (mv.)	myndigheter (pl)	['mʏndi‚hetər]
superieuren (mv.)	överordnade (pl)	['ø:vər‚ɔ:dnadə]

gouverneur (de)	guvernör (en)	[gʉvɛ:'ŋø:r]
consul (de)	konsul (en)	['kɔnsulʲ]
diplomaat (de)	diplomat (en)	[diplʲɔ'mat]
burgemeester (de)	borgmästare (en)	['bɔrj‚mɛstarə]
sheriff (de)	sheriff (en)	[ʃe'rif]

keizer (bijv. Romeinse ~)	kejsare (en)	['ɕejsarə]
tsaar (de)	tsar (en)	['tsar]
farao (de)	farao (en)	['faraʊ]
kan (de)	kan (en)	['kan]

160. De wet overtreden. Criminelen. Deel 1

bandiet (de)	bandit (en)	[ban'dit]
misdaad (de)	brott (ett)	['brɔt]
misdadiger (de)	förbrytare (en)	[før'brytarə]

dief (de)	tjuv (en)	['ɕʉ:v]
stelen (ww)	att stjäla	[at 'ɧɛ:lʲa]
stelen (de)	tjuveri (ett)	[ɕʉve'ri:]
diefstal (de)	stöld (en)	['stœlʲd]

kidnappen (ww)	att kidnappa	[at 'kid,napa]
kidnapping (de)	kidnapping (en)	['kid,napiŋ]
kidnapper (de)	kidnappare (en)	['kid,naparə]

losgeld (het)	lösesumma (en)	['lʲø:sə,suma]
eisen losgeld (ww)	att kräva lösesumma	[at 'krɛ:va 'lʲø:sə,suma]

overvallen (ww)	att råna	[at 'ro:na]
overval (de)	rån (ett)	['ro:n]
overvaller (de)	rånare (en)	['ro:narə]

afpersen (ww)	att pressa ut	[at 'prɛsa ʉt]
afperser (de)	utpressare (en)	['ʉt,prɛsarə]
afpersing (de)	utpressning (en)	['ʉt,prɛsniŋ]

vermoorden (ww)	att mörda	[at 'mø:ɖa]
moord (de)	mord (ett)	['mʊ:ɖ]
moordenaar (de)	mördare (en)	['mø:ɖarə]

schot (het)	skott (ett)	['skɔt]
een schot lossen	att skjuta	[at 'ɧʉ:ta]
neerschieten (ww)	att skjuta ner	[at 'ɧʉ:ta ner]
schieten (ww)	att skjuta	[at 'ɧʉ:ta]
schieten (het)	skjutande (ett)	['ɧʉ:tandə]

ongeluk (gevecht, enz.)	händelse (en)	['hɛndəlʲsə]
gevecht (het)	slagsmål (ett)	['slʲaks,mo:lʲ]
Help!	Hjälp!	['jɛlʲp]
slachtoffer (het)	offer (ett)	['ɔfər]

beschadigen (ww)	att skada	[at 'skada]
schade (de)	skada (en)	['skada]
lijk (het)	lik (ett)	['lik]
zwaar (~ misdrijf)	allvarligt	[alʲ'va:lit]

aanvallen (ww)	att anfalla	[at 'anfalʲa]
slaan (iemand ~)	att slå	[at 'slʲo:]
in elkaar slaan (toetakelen)	att prygla	[at 'prʏglʲa]
ontnemen (beroven)	att beröva	[at be'rø:va]
steken (met een mes)	att skära ihjäl	[at 'ɧæ:ra i'jɛlʲ]
verminken (ww)	att lemlästa	[at 'lem,lɛsta]
verwonden (ww)	att såra	[at 'so:ra]

chantage (de)	utpressning (en)	['ʉt,prɛsniŋ]
chanteren (ww)	att utpressa	[at 'ʉt,prɛsa]
chanteur (de)	utpressare (en)	['ʉt,prɛsarə]

afpersing (de)	utpressning (en)	['ʉt,prɛsniŋ]
afperser (de)	utpressare (en)	['ʉt,prɛsarə]
gangster (de)	gangster (en)	['gaŋstər]
maffia (de)	maffia (en)	['mafia]

kruimeldief (de)	ficktjuv (en)	['fik,ɕʉ:v]
inbreker (de)	inbrottstjuv (en)	['inbrɔts,ɕʉ:v]
smokkelen (het)	smuggling (en)	['smugliŋ]
smokkelaar (de)	smugglare (en)	['smuglʲarə]

namaak (de)	förfalskning (en)	[før'fal'skniŋ]
namaken (ww)	att förfalska	[at før'fal'ska]
namaak-, vals (bn)	falsk	['fal'sk]

161. De wet overtreden. Criminelen. Deel 2

verkrachting (de)	våldtäkt (en)	['vo:l'ˌtɛkt]
verkrachten (ww)	att våldta	[at 'vo:l'ˌta]
verkrachter (de)	våldtäktsman (en)	['vo:l'tɛktsˌman]
maniak (de)	maniker (en)	['manikər]

prostituee (de)	prostituerad (en)	[prɔstitɵ'ɛrad]
prostitutie (de)	prostitution (en)	[prɔstitɵ'fjʊn]
pooier (de)	hallik (en)	['halik]

| drugsverslaafde (de) | narkoman (en) | [narkʊ'man] |
| drugshandelaar (de) | droglangare (en) | ['drʊgˌl'aŋarə] |

opblazen (ww)	att spränga	[at 'sprɛŋa]
explosie (de)	explosion (en)	[ɛkspl'ɔ'fjʊn]
in brand steken (ww)	att sätta eld	[at 'sæta ˌɛl'd]
brandstichter (de)	mordbrännare (en)	['mʊːdˌbrɛnarə]

terrorisme (het)	terrorism (en)	[tɛrʊ'rism]
terrorist (de)	terrorist (en)	[tɛrʊ'rist]
gijzelaar (de)	gisslan (en)	['jisl'an]

bedriegen (ww)	att bedra	[at be'dra]
bedrog (het)	bedrägeri (en)	[bedrɛːge'riː]
oplichter (de)	bedragare (en)	[be'dragarə]

omkopen (ww)	att muta, att besticka	[at 'mɵːta], [at be'stika]
omkoperij (de)	muta (en)	['mɵːta]
smeergeld (het)	muta (en)	['mɵːta]

vergif (het)	gift (en)	['jift]
vergiftigen (ww)	att förgifta	[at før'jifta]
vergif innemen (ww)	att förgifta sig själv	[at før'jifta sɛj ɧɛl'v]

| zelfmoord (de) | självmord (ett) | ['ɧɛl'vˌmʊːd] |
| zelfmoordenaar (de) | självmördare (en) | ['ɧɛl'vˌmø:darə] |

bedreigen (bijv. met een pistool)	att hota	[at 'hʊta]
bedreiging (de)	hot (ett)	['hʊt]
een aanslag plegen	att begå mordförsök	[at be'go 'mʊːdfœːˌʂø:k]
aanslag (de)	mordförsök (ett)	['mʊːdfœːˌʂø:k]

| stelen (een auto) | att stjäla | [at 'ɧɛːl'a] |
| kapen (een vliegtuig) | att kapa | [at 'kapa] |

wraak (de)	hämnd (en)	['hɛmnd]
wreken (ww)	att hämnas	[at 'hɛmnas]
martelen (gevangenen)	att tortera	[at tɔː'tera]

| foltering (de) | tortyr (en) | [tɔ:'tyr] |
| foltteren (ww) | att plåga | [at 'plɨo:ga] |

piraat (de)	pirat, sjörövare (en)	[pi'rat], ['ɧø:ˌrø:varə]
straatschender (de)	buse (en)	['bɯ:sə]
gewapend (bn)	beväpnad	[be'vɛpnad]
geweld (het)	våld (ett)	['vo:lɨd]
onwettig (strafbaar)	illegal	['ilɨeˌgalɨ]

| spionage (de) | spioneri (ett) | [spiʊne'ri:] |
| spioneren (ww) | att spionera | [at spiʊ'nera] |

162. Politie. Wet. Deel 1

| gerecht (het) | rättvisa (en) | ['rætˌvisa] |
| gerechtshof (het) | rättssal (en) | ['rætˌsalɨ] |

rechter (de)	domare (en)	['dʊmarə]
jury (de)	jurymedlemmer (pl)	['jɯriˌmedle'mər]
juryrechtspraak (de)	juryrättegång (en)	['jɯriˌræte'goŋ]
berechten (ww)	att döma	[at 'dø:ma]

advocaat (de)	advokat (en)	[advʊ'kat]
beklaagde (de)	anklagad (en)	['aŋˌklɨagad]
beklaagdenbank (de)	anklagades bänk (en)	['aŋˌklɨagadəs ˌbɛŋk]

| beschuldiging (de) | anklagelse (en) | ['aŋˌklɨagelɨsə] |
| beschuldigde (de) | den anklagade | [dɛn 'aŋˌklɨagadə] |

vonnis (het)	dom (en)	['dɔm]
veroordelen	att döma	[at 'dø:ma]
(in een rechtszaak)		

schuldige (de)	skyldig (en)	['ɧylɨdig]
straffen (ww)	att straffa	[at 'strafa]
bestraffing (de)	straff (ett)	['straf]

boete (de)	bot (en)	['bʊt]
levenslange opsluiting (de)	livstids fängelse (ett)	['livstids 'fɛŋəlɨsə]
doodstraf (de)	dödsstraff (ett)	['dø:dˌstraf]
elektrische stoel (de)	elektrisk stol (en)	[ɛ'lɨektrisk ˌstʊlɨ]
schavot (het)	galge (en)	['galjə]

| executeren (ww) | att avrätta | [at 'avˌræta] |
| executie (de) | avrättning (en) | ['avˌrætniŋ] |

| gevangenis (de) | fängelse (ett) | ['fɛŋəlɨsə] |
| cel (de) | cell (en) | ['sɛlɨ] |

konvooi (het)	eskort (en)	[ɛs'kɔ:t]
gevangenisbewaker (de)	fångvaktare (en)	['foŋˌvaktarə]
gedetineerde (de)	fånge (en)	['foŋə]
handboeien (mv.)	handbojor (pl)	['handˌbojʊr]
handboeien omdoen	att sätta handbojor	[at 'sæta 'handˌbojʊr]

ontsnapping (de)	flukt (en)	['flʉkt]
ontsnappen (ww)	att rymma	[at 'rʏma]
verdwijnen (ww)	att försvinna	[at fœ:'ʂvina]
vrijlaten (uit de gevangenis)	att frige	[at 'frije]
amnestie (de)	amnesti (en)	[amnɛs'ti:]

politie (de)	polis (en)	[pʉ'lis]
politieagent (de)	polis (en)	[pʉ'lis]
politiebureau (het)	polisstation (en)	[pʉ'lis‚sta'ɧʉn]
knuppel (de)	gummibatong (en)	['gumiba‚tʊŋ]
megafoon (de)	megafon (en)	[mega'fɔn]

patrouilleerwagen (de)	patrullbil (en)	[pat'rulⁱ‚bil]
sirene (de)	siren (en)	[si'ren]
de sirene aansteken	att slå på sirenen	[at slⁱo: pɔ si'renən]
geloei (het) van de sirene	siren tjut (ett)	[si'ren ‚ɕʉ:t]

plaats delict (de)	brottsplats (en)	['brɔts plⁱats]
getuige (de)	vittne (ett)	['vitnə]
vrijheid (de)	frihet (en)	['fri‚het]
handlanger (de)	medskyldig (en)	['mɛd‚ɧylⁱdig]
ontvluchten (ww)	att fly	[at flⁱy]
spoor (het)	spår (ett)	['spo:r]

163. Politie. Wet. Deel 2

opsporing (de)	undersökning (en)	['undə‚sœkniŋ]
opsporen (ww)	att söka efter …	[at 'sø:ka ‚ɛftər …]
verdenking (de)	misstanke (en)	['mis‚taŋkə]
verdacht (bn)	misstänksam	['mistɛŋksam]
aanhouden (stoppen)	att stanna	[at 'stana]
tegenhouden (ww)	att anhålla	[at 'an‚ho:lⁱa]

strafzaak (de)	sak, rättegång (en)	[sak], ['rætə‚gɔŋ]
onderzoek (het)	undersökning (en)	['undə‚sœkniŋ]
detective (de)	detektiv (en)	[detɛk'tiv]
onderzoeksrechter (de)	undersökare (en)	['undə‚sø:karə]
versie (de)	version (en)	[vɛr'ɧʊn]

motief (het)	motiv (ett)	[mʉ'tiv]
verhoor (het)	förhör (ett)	[før'hø:r]
ondervragen (door de politie)	att förhöra	[at før'hø:ra]
ondervragen (omstanders ~)	att avhöra	[at 'av‚hø:ra]
controle (de)	kontroll (en)	[kɔn'trolⁱ]

razzia (de)	razzia (en)	['ratsia]
huiszoeking (de)	rannsakan (en)	['ran‚sakan]
achtervolging (de)	jakt (en)	['jakt]
achtervolgen (ww)	att förfölja	[at før'følja]
opsporen (ww)	att spåra	[at 'spo:ra]
arrest (het)	arrest (en)	[a'rɛst]
arresteren (ww)	att arrestera	[at arɛ'stera]
vangen, aanhouden (een dief, enz.)	att fånga	[at 'fɔŋa]

aanhouding (de)	gripande (en)	['gripandə]
document (het)	dokument (ett)	[dɔku'mɛnt]
bewijs (het)	bevis (ett)	[be'vis]
bewijzen (ww)	att bevisa	[at be'visa]
voetspoor (het)	fotspår (ett)	['fʊt̩spoːr]
vingerafdrukken (mv.)	fingeravtryck (pl)	['fiŋer̩avtrʏk]
bewijs (het)	bevis (ett)	[be'vis]

alibi (het)	alibi (ett)	['alibi]
onschuldig (bn)	oskyldig	[ʊːˈʃylʲdig]
onrecht (het)	orättfärdighet (en)	['ʊrætˌfæːdihet]
onrechtvaardig (bn)	orättfärdig	['ʊrætˌfæːdig]

crimineel (bn)	kriminell	[krimi'nɛlʲ]
confisqueren	att konfiskera	[at kɔnfi'skera]
(in beslag nemen)		
drug (de)	drog, narkotika (en)	['drʊg], [nar'kotika]
wapen (het)	vapen (ett)	['vapən]
ontwapenen (ww)	att avväpna	[at 'avˌvɛpna]
bevelen (ww)	att befalla	[at be'falʲa]
verdwijnen (ww)	att försvinna	[at fœːˈʂvina]

wet (de)	lag (en)	['lʲag]
wettelijk (bn)	laglig	['lʲaglig]
onwettelijk (bn)	olovlig	[ʊːˈlʲovlig]

verantwoordelijkheid (de)	ansvar (ett)	['anˌsvar]
verantwoordelijk (bn)	ansvarig	['anˌsvarig]

NATUUR

De Aarde. Deel 1

164. De kosmische ruimte

kosmos (de)	rymden, kosmos (ett)	[rʏmden], ['kɔsmɔs]
kosmisch (bn)	rymd-	['rʏmd-]
kosmische ruimte (de)	yttre rymd (en)	['ytrə ˌrʏmd]
heelal (het)	universum (ett)	[uni'vɛːʂum]
sterrenstelsel (het)	galax (en)	[ga'lʲaks]
ster (de)	stjärna (en)	['fjæːŋa]
sterrenbeeld (het)	stjärnbild (en)	['fjæːnˌbilʲd]
planeet (de)	planet (en)	[plʲa'net]
satelliet (de)	satellit (en)	[satɛ'liːt]
meteoriet (de)	meteorit (en)	[meteʊ'rit]
komeet (de)	komet (en)	[kʊ'met]
asteroïde (de)	asteroid (en)	[asterʊ'id]
baan (de)	bana (en)	['bana]
draaien (om de zon, enz.)	att rotera	[at rʊ'tera]
atmosfeer (de)	atmosfär (en)	[atmʊ'sfæːr]
Zon (de)	Solen	['sʊlʲən]
zonnestelsel (het)	solsystem (ett)	['sʊlʲ ˌsʏ'stem]
zonsverduistering (de)	solförmörkelse (en)	['sʊlʲfør'mœːrkəlʲsə]
Aarde (de)	Jorden	['jʊːɖən]
Maan (de)	Månen	['moːnən]
Mars (de)	Mars	['maːʂ]
Venus (de)	Venus	['veːnus]
Jupiter (de)	Jupiter	['jupitər]
Saturnus (de)	Saturnus	[sa'tuːɳus]
Mercurius (de)	Merkurius	[mɛr'kʉrius]
Uranus (de)	Uranus	[ʉ'ranus]
Neptunus (de)	Neptunus	[nep'tʉnus]
Pluto (de)	Pluto	['plʉtʊ]
Melkweg (de)	Vintergatan	['vintəˌgatan]
Grote Beer (de)	Stora bjornen	['stʉra 'bjʊːɳən]
Poolster (de)	Polstjärnan	['pʊlʲˌfjæːɳan]
marsmannetje (het)	marsian (en)	[maːʂi'an]
buitenaards wezen (het)	utomjording (en)	['ʉtɔmjʊːɖisk]

bovenaards (het)	rymdväsen (ett)	['rʏmd‚vɛsən]
vliegende schotel (de)	flygande tefat (ett)	['flʲyɡandə 'tefat]
ruimtevaartuig (het)	rymdskepp (ett)	['rʏmd‚ɧɛp]
ruimtestation (het)	rymdstation (en)	['rʏmd sta'ɧʊn]
start (de)	start (en)	['staːt]
motor (de)	motor (en)	['mʊtʊr]
straalpijp (de)	dysa (en)	['dysa]
brandstof (de)	bränsle (ett)	['brɛnslʲe]
cabine (de)	cockpit, flygdäck (en)	['kɔkpit], ['flʏɡ‚dɛk]
antenne (de)	antenn (en)	[an'tɛn]
patrijspoort (de)	fönster (ett)	['fœnstər]
zonnebatterij (de)	solbatteri (ett)	['sʊlʲ‚batɛ'riː]
ruimtepak (het)	rymddräkt (en)	['rʏmd‚drɛkt]
gewichtloosheid (de)	tyngdlöshet (en)	['tʏŋdlʲøs‚het]
zuurstof (de)	syre, oxygen (ett)	['syrə], ['oksygən]
koppeling (de)	dockning (en)	['dɔkniŋ]
koppeling maken	att docka	[at 'dɔka]
observatorium (het)	observatorium (ett)	[ɔbsɛrva'tʊrium]
telescoop (de)	teleskop (ett)	[telʲe'skɔp]
waarnemen (ww)	att observera	[at ɔbsɛr'vera]
exploreren (ww)	att utforska	[at 'ʉt‚fɔːʂka]

165. De Aarde

Aarde (de)	Jorden	['jʊːɖən]
aardbol (de)	jordklot (ett)	['jʊːɖ‚klʲʊt]
planeet (de)	planet (en)	[plʲa'net]
atmosfeer (de)	atmosfär (en)	[atmʊ'sfæːr]
aardrijkskunde (de)	geografi (en)	[jeʊgra'fiː]
natuur (de)	natur (en)	[na'tʉːr]
wereldbol (de)	glob (en)	['glʲʊb]
kaart (de)	karta (en)	['kaːʈa]
atlas (de)	atlas (en)	['atlʲas]
Europa (het)	Europa	[eu'rʊpa]
Azië (het)	Asien	['asiən]
Afrika (het)	Afrika	['afrika]
Australië (het)	Australien	[au'straliən]
Amerika (het)	Amerika	[a'merika]
Noord-Amerika (het)	Nordamerika	['nʊːɖ a'merika]
Zuid-Amerika (het)	Sydamerika	['syd a'merika]
Antarctica (het)	Antarktis	[an'tarktis]
Arctis (de)	Arktis	['arktis]

166. Windrichtingen

noorden (het)	norr	['nɔr]
naar het noorden	norrut	['nɔrʉt]
in het noorden	i norr	[i 'nɔr]
noordelijk (bn)	nordlig	['nʉ:dlig]
zuiden (het)	söder (en)	['sø:dər]
naar het zuiden	söderut	['sø:dərʉt]
in het zuiden	i söder	[i 'sø:dər]
zuidelijk (bn)	syd-, söder	['syd-], ['sø:dər]
westen (het)	väster (en)	['vɛstər]
naar het westen	västerut	['vɛstərʉt]
in het westen	i väst	[i vɛst]
westelijk (bn)	västra	['vɛstra]
oosten (het)	öster (en)	['œstər]
naar het oosten	österut	['œstərʉt]
in het oosten	i öst	[i 'œst]
oostelijk (bn)	östra	['œstra]

167. Zee. Oceaan

zee (de)	hav (ett)	['hav]
oceaan (de)	ocean (en)	[ʊsə'an]
golf (baai)	bukt (en)	['bukt]
straat (de)	sund (ett)	['sund]
grond (vaste grond)	fastland (ett)	['fast‚lʲand]
continent (het)	fastland (ett), kontinent (en)	['fast‚lʲand], [kɔnti'nɛnt]
eiland (het)	ö (en)	['ø:]
schiereiland (het)	halvö (en)	['halʲv‚ø:]
archipel (de)	skärgård, arkipelag (en)	['ʃæ:r‚go:d], [arkipe'lʲag]
baai, bocht (de)	bukt (en)	['bukt]
haven (de)	hamn (en)	['hamn]
lagune (de)	lagun (en)	[lʲa'gʉ:n]
kaap (de)	udde (en)	['udə]
atol (de)	atoll (en)	[a'tɔlʲ]
rif (het)	rev (ett)	['rev]
koraal (het)	korall (en)	[kɔ'ralʲ]
koraalrif (het)	korallrev (ett)	[kɔ'ralʲ‚rev]
diep (bn)	djup	['jʉ:p]
diepte (de)	djup (ett)	['jʉ:p]
diepzee (de)	avgrund (en)	['av‚grund]
trog (bijv. Marianentrog)	djuphavsgrav (en)	['jʉ:phavs‚grav]
stroming (de)	ström (en)	['strø:m]
omspoelen (ww)	att omge	[at 'ɔmje]
oever (de)	kust (en)	['kust]

kust (de)	kust (en)	['kust]
vloed (de)	flod (en)	['flʊd]
eb (de)	ebb (en)	['ɛb]
ondiepte (ondiep water)	sandbank (en)	['sand͵baŋk]
bodem (de)	botten (en)	['bɔtən]

golf (hoge ~)	våg (en)	['voːg]
golfkam (de)	vågkam (en)	['voːg͵kam]
schuim (het)	skum (ett)	['skum]

orkaan (de)	orkan (en)	[ɔr'kan]
tsunami (de)	tsunami (en)	[tsu'nami]
windstilte (de)	stiltje (en)	['stilʲtjə]
kalm (bijv. ~e zee)	stilla	['stilʲa]

| pool (de) | pol (en) | ['pʊlʲ] |
| polair (bn) | pol-, polar- | ['pʊlʲ-], [pʊ'lʲar-] |

breedtegraad (de)	latitud (en)	[lʲati'tɐːd]
lengtegraad (de)	longitud (en)	[lʲɔŋi'tɐːd]
parallel (de)	breddgrad (en)	['brɛd͵grad]
evenaar (de)	ekvator (en)	[ɛ'kvatʊr]

hemel (de)	himmel (en)	['himəlʲ]
horizon (de)	horisont (en)	[hʊri'sɔnt]
lucht (de)	luft (en)	['lɐft]

vuurtoren (de)	fyr (en)	['fyr]
duiken (ww)	att dyka	[at 'dyka]
zinken (ov. een boot)	att sjunka	[at 'ɧuŋka]
schatten (mv.)	skatter (pl)	['skatər]

168. Bergen

berg (de)	berg (ett)	['bɛrj]
bergketen (de)	bergskedja (en)	['bɛrj͵ɕedja]
gebergte (het)	bergsrygg (en)	['bɛrjs͵rʏg]

bergtop (de)	topp (en)	['tɔp]
bergpiek (de)	tinne (en)	['tinə]
voet (ov. de berg)	fot (en)	['fʊt]
helling (de)	sluttning (en)	['slɐːtniŋ]

vulkaan (de)	vulkan (en)	[vulʲ'kan]
actieve vulkaan (de)	verksam vulkan (en)	['vɛrksam vulʲ'kan]
uitgedoofde vulkaan (de)	slocknad vulkan (en)	['slʲɔknad vulʲ'kan]

uitbarsting (de)	utbrott (ett)	['ɐt͵brɔt]
krater (de)	krater (en)	['kratər]
magma (het)	magma (en)	['magma]
lava (de)	lava (en)	['lʲava]
gloeiend (~e lava)	glödgad	['glʲœdgad]
kloof (canyon)	kanjon (en)	['kanjɔn]
bergkloof (de)	klyfta (en)	['klʲyfta]

| spleet (de) | skreva (en) | ['skreva] |
| afgrond (de) | avgrund (en) | ['avˌgrʉnd] |

bergpas (de)	pass (ett)	['pas]
plateau (het)	platå (en)	[plʲaˈtoː]
klip (de)	klippa (en)	['klipa]
heuvel (de)	kulle, backe (en)	['kulʲə], ['bakə]

gletsjer (de)	glaciär, jökel (en)	[glʲasˈjæːr], ['jøːkəlʲ]
waterval (de)	vattenfall (ett)	['vatənˌfalʲ]
geiser (de)	gejser (en)	['gɛjsər]
meer (het)	sjö (en)	['ɧøː]

vlakte (de)	slätt (en)	['slʲæt]
landschap (het)	landskap (ett)	['lʲaŋˌskap]
echo (de)	eko (ett)	['ɛkʊ]

alpinist (de)	alpinist (en)	['alʲpiˌnist]
bergbeklimmer (de)	bergsbestigare (en)	['bɛrjsˌbeˈstigarə]
trotseren (berg ~)	att erövra	[at ɛˈrœvra]
beklimming (de)	bestigning (en)	[beˈstigniŋ]

169. Rivieren

rivier (de)	älv, flod (en)	['ɛlʲv], ['flʲʊd]
bron (~ van een rivier)	källa (en)	['ɕɛlʲa]
rivierbedding (de)	flodbädd (en)	['flʲʊdˌbɛd]
rivierbekken (het)	flodbassäng (en)	['flʲʊdˌbaˈsɛŋ]
uitmonden in …	att mynna ut …	[at 'mɣna ʉt …]

| zijrivier (de) | biflod (en) | ['biˌflʲʊd] |
| oever (de) | strand (en) | ['strand] |

stroming (de)	ström (en)	['strøːm]
stroomafwaarts (bw)	nedströms	['nɛdˌstrœms]
stroomopwaarts (bw)	motströms	['mʊtˌstrœms]

overstroming (de)	översvämning (en)	['øːvəˌsvɛmniŋ]
overstroming (de)	flöde (ett)	['flʲøːdə]
buiten zijn oevers treden	att flöda över	[at 'flʲøːda ˌøːvər]
overstromen (ww)	att översvämma	[at 'øːvəˌsvɛma]

| zandbank (de) | grund (ett) | ['grʉnd] |
| stroomversnelling (de) | forsar (pl) | [fo'ʂar] |

dam (de)	damm (en)	['dam]
kanaal (het)	kanal (en)	[ka'nalʲ]
spaarbekken (het)	reservoar (ett)	[resɛrvʊ'aːr]
sluis (de)	sluss (en)	['slʉːs]

waterlichaam (het)	vattensamling (en)	['vatənˌsamliŋ]
moeras (het)	myr, mosse (en)	['myr], ['mʊsə]
broek (het)	gungfly (ett)	['guŋˌfly]
draaikolk (de)	strömvirvel (en)	['strøːmˌvirvəlʲ]

stroom (de)	bäck (en)	['bɛk]
drink- (abn)	dricks-	['driks-]
zoet (~ water)	söt-, färsk-	['sø:t-], ['fæ:ʂk-]

| IJs (het) | is (en) | ['is] |
| bevriezen (rivier, enz.) | att frysa till | [at 'frysa tilʲ] |

170. Bos

| bos (het) | skog (en) | ['skʊg] |
| bos- (abn) | skogs- | ['skʊgs-] |

oerwoud (dicht bos)	tät skog (en)	['tɛt ˌskʊg]
bosje (klein bos)	lund (en)	['lʉnd]
open plek (de)	glänta (en)	['glʲɛnta]

| struikgewas (het) | snår (ett) | ['sno:r] |
| struiken (mv.) | buskterräng (en) | ['busk tɛ'rɛŋ] |

| paadje (het) | stig (en) | ['stig] |
| ravijn (het) | ravin (en) | [ra'vin] |

boom (de)	träd (ett)	['trɛ:d]
blad (het)	löv (ett)	['lʲø:v]
gebladerte (het)	löv, lövverk (ett)	['lʲø:v], ['lʲø:værk]

vallende bladeren (mv.)	lövfällning (en)	['lʲø:vˌfɛlʲniŋ]
vallen (ov. de bladeren)	att falla	[at 'falʲa]
boomtop (de)	trädtopp (en)	['trɛ:ˌtɔp]

tak (de)	gren, kvist (en)	['gren], ['kvist]
ent (de)	gren (en)	['gren]
knop (de)	knopp (en)	['knɔp]
naald (de)	nål (en)	['no:lʲ]
dennenappel (de)	kotte (en)	['kotə]

boom holte (de)	trädhål (ett)	['trɛ:dˌho:lʲ]
nest (het)	bo (ett)	['bʊ]
hol (het)	lya, håla (en)	['lʲya], ['ho:lʲa]

stam (de)	stam (en)	['stam]
wortel (bijv. boom~s)	rot (en)	['rʊt]
schors (de)	bark (en)	['bark]
mos (het)	mossa (en)	['mɔsa]

ontwortelen (een boom)	att rycka upp med rötterna	[at 'rʏka up me 'rœttɛ:ɳa]
kappen (een boom ~)	att fälla	[at 'fɛlʲa]
ontbossen (ww)	att hugga ner	[at 'huga ner]
stronk (de)	stubbe (en)	['stubə]

kampvuur (het)	bål (ett)	['bo:lʲ]
bosbrand (de)	skogsbrand (en)	['skʊgsˌbrand]
blussen (ww)	att släcka	[at 'slʲɛka]
boswachter (de)	skogsvakt (en)	['skʊgsˌvakt]

bescherming (de)	värn, skydd (ett)	['væ:n], [ɦʏd]
beschermen	att skydda	[at 'ɦʏda]
(bijv. de natuur ~)		
stroper (de)	tjuvskytt (en)	['ɕʉ:vˌɦʏt]
val (de)	sax (en)	['saks]

plukken (vruchten, enz.)	att plocka	[at 'plʲɔka]
verdwalen (de weg kwijt zijn)	att gå vilse	[at 'go: 'vilʲsə]

171. Natuurlijke hulpbronnen

natuurlijke rijkdommen (mv.)	naturresurser (pl)	[naˌtʉ:r reˈsurʂər]
delfstoffen (mv.)	mineraler (pl)	[mineˈralʲər]
lagen (mv.)	fyndigheter (pl)	['fʏndiˌhetər]
veld (bijv. olie~)	fält (ett)	['fɛlʲt]

winnen (uit erts ~)	att utvinna	[at 'ʉtˌvina]
winning (de)	utvinning (en)	['ʉtˌviniŋ]
erts (het)	malm (en)	['malʲm]
mijn (bijv. kolenmijn)	gruva (en)	['grʉva]
mijnschacht (de)	gruvschakt (ett)	['grʉ:vˌɦakt]
mijnwerker (de)	gruvarbetare (en)	['grʉ:vˌar'betarə]

gas (het)	gas (en)	['gas]
gasleiding (de)	gasledning (en)	['gasˌlʲedniŋ]

olie (aardolie)	olja (en)	['ɔlja]
olieleiding (de)	oljeledning (en)	['ɔljəˌlʲedniŋ]
oliebron (de)	oljekälla (en)	['ɔljəˌɕæla]
boortoren (de)	borrtorn (ett)	['bɔrˌtʉ:n]
tanker (de)	tankfartyg (ett)	['taŋkˌfa:'tyg]

zand (het)	sand (en)	['sand]
kalksteen (de)	kalksten (en)	[kalʲkˌsten]
grind (het)	grus (ett)	['grʉ:s]
veen (het)	torv (en)	['tɔrv]
klei (de)	lera (en)	['lʲera]
steenkool (de)	kol (ett)	['kɔlʲ]

IJzer (het)	järn (ett)	['jæ:ɳ]
goud (het)	guld (ett)	['gulʲd]
zilver (het)	silver (ett)	['silʲvər]
nikkel (het)	nickel (en)	['nikəlʲ]
koper (het)	koppar (en)	['kopar]

zink (het)	zink (en)	['siŋk]
mangaan (het)	mangan (en)	[man'gan]
kwik (het)	kvicksilver (ett)	['kvikˌsilʲvər]
lood (het)	bly (ett)	['blʲy]

mineraal (het)	mineral (ett)	[minəˈralʲ]
kristal (het)	kristall (en)	[kri'stalʲ]
marmer (het)	marmor (en)	['marmʊr]
uraan (het)	uran (ett)	[ʉ'ran]

De Aarde. Deel 2

172. Weer

weer (het)	väder (ett)	['vɛ:dər]
weersvoorspelling (de)	väderprognos (en)	['vɛ:dər,prɔg'nɔ:s]
temperatuur (de)	temperatur (en)	[tɛmpəra'tʉ:r]
thermometer (de)	termometer (en)	[tɛrmʊ'metər]
barometer (de)	barometer (en)	[barʊ'metər]
vochtig (bn)	fuktig	['fu:ktig]
vochtigheid (de)	fuktighet (en)	['fu:ktig,het]
hitte (de)	hetta (en)	['hɛta]
heet (bn)	het	['het]
het is heet	det är hett	[dɛ æ:r 'hɛt]
het is warm	det är varmt	[dɛ æ:r varmt]
warm (bn)	varm	['varm]
het is koud	det är kallt	[dɛ æ:r 'kalʲt]
koud (bn)	kall	['kalʲ]
zon (de)	sol (en)	['sʊlʲ]
schijnen (de zon)	att skina	[at 'ɧina]
zonnig (~e dag)	solig	['sʊlig]
opgaan (ov. de zon)	att gå upp	[at 'go: 'up]
ondergaan (ww)	att gå ner	[at 'go: ,ner]
wolk (de)	moln (ett), sky (en)	['mɔlʲn], ['ɧy]
bewolkt (bn)	molnig	['mɔlʲnig]
regenwolk (de)	regnmoln (ett)	['rɛgn,mɔlʲn]
somber (bn)	mörk, mulen	['mœ:rk], ['mʉ:lʲen]
regen (de)	regn (ett)	['rɛgn]
het regent	det regnar	[dɛ 'rɛgnar]
regenachtig (bn)	regnväders-	['rɛgn,vɛdəs-]
motregenen (ww)	att duggregna	[at 'dug,rɛgna]
plensbui (de)	hällande regn (ett)	['hɛlʲandə 'rɛgn]
stortbui (de)	spöregn (ett)	['spø:,rɛgn]
hard (bn)	kraftigt, häftigt	['kraftigt], ['hɛftigt]
plas (de)	pöl, vattenpuss (en)	['pø:lʲ], ['vatən,pus]
nat worden (ww)	att bli våt	[at bli 'vo:t]
mist (de)	dimma (en)	['dima]
mistig (bn)	dimmig	['dimig]
sneeuw (de)	snö (en)	['snø:]
het sneeuwt	det snöar	[dɛ 'snø:ar]

173. Zwaar weer. Natuurrampen

noodweer (storm)	åskväder (ett)	['ɔsk‚vɛdər]
bliksem (de)	blixt (en)	['blikst]
flitsen (ww)	att blixtra	[at 'blikstra]

donder (de)	åska (en)	['ɔska]
donderen (ww)	att åska	[at 'ɔska]
het dondert	det åskar	[dɛ 'ɔskar]

| hagel (de) | hagel (ett) | ['hagəlʲ] |
| het hagelt | det haglar | [dɛ 'haglʲar] |

| overstromen (ww) | att översvämma | [at 'øːvə‚svɛma] |
| overstroming (de) | översvämning (en) | ['øːvə‚svɛmniŋ] |

aardbeving (de)	jordskalv (ett)	['juːd‚skalv]
aardschok (de)	skalv (ett)	['skalʲv]
epicentrum (het)	epicentrum (ett)	[ɛpi'sɛntrum]

| uitbarsting (de) | utbrott (ett) | ['ʉt‚brɔt] |
| lava (de) | lava (en) | ['lʲava] |

wervelwind (de)	tromb (en)	['trɔmb]
windhoos (de)	tornado (en)	[tʉ'ŋadʉ]
tyfoon (de)	tyfon (en)	[ty'fɔn]

orkaan (de)	orkan (en)	[ɔr'kan]
storm (de)	storm (en)	['stɔrm]
tsunami (de)	tsunami (en)	[tsu'nami]

cycloon (de)	cyklon (en)	[tsʏ'klʲɔn]
onweer (het)	oväder (ett)	[ʊ:'vɛːdər]
brand (de)	brand (en)	['brand]
ramp (de)	katastrof (en)	[kata'strɔf]
meteoriet (de)	meteorit (en)	[meteʉ'rit]

lawine (de)	lavin (en)	[lʲa'vin]
sneeuwverschuiving (de)	snöskred, snöras (ett)	['snøː‚skred], ['snøː‚ras]
sneeuwjacht (de)	snöstorm (en)	['snøː‚stɔrm]
sneeuwstorm (de)	snöstorm (en)	['snøː‚stɔrm]

Fauna

174. Zoogdieren. Roofdieren

roofdier (het)	rovdjur (ett)	['rʊvˌjʉ:r]
tijger (de)	tiger (en)	['tigər]
leeuw (de)	lejon (ett)	['lʲejon]
wolf (de)	ulv (en)	['ulʲv]
vos (de)	räv (en)	['rɛ:v]
jaguar (de)	jaguar (en)	[jaguar]
luipaard (de)	leopard (en)	[lʲeʊ'pa:d]
jachtluipaard (de)	gepard (en)	[je'pa:d]
panter (de)	panter (en)	['pantər]
poema (de)	puma (en)	['pʉ:ma]
sneeuwluipaard (de)	snöleopard (en)	['snø: lʲeʊ'pa:d]
lynx (de)	lodjur (ett), lo (en)	['lʲʊˌjʉ:r], ['lʲʊ]
coyote (de)	koyot, prärievarg (en)	[ko'jʊt], ['præ:rieˌvarj]
jakhals (de)	sjakal (en)	[ʃa'kalʲ]
hyena (de)	hyena (en)	[hy'ena]

175. Wilde dieren

dier (het)	djur (ett)	['jʉ:r]
beest (het)	best (en), djur (ett)	['bɛst], ['jʉ:r]
eekhoorn (de)	ekorre (en)	['ɛkorə]
egel (de)	igelkott (en)	['igəlʲˌkot]
haas (de)	hare (en)	['harə]
konijn (het)	kanin (en)	[ka'nin]
das (de)	grävling (en)	['grɛvliŋ]
wasbeer (de)	tvättbjörn (en)	['tvætˌbjø:n]
hamster (de)	hamster (en)	['hamstər]
marmot (de)	murmeldjur (ett)	['murməlʲˌjʉ:r]
mol (de)	mullvad (en)	['mulʲˌvad]
muis (de)	mus (en)	['mʉ:s]
rat (de)	råtta (en)	['rota]
vleermuis (de)	fladdermus (en)	['flʲadərˌmʉ:s]
hermelijn (de)	hermelin (en)	[hɛrme'lin]
sabeldier (het)	sobel (en)	['sobəlʲ]
marter (de)	mård (en)	['mo:d]
wezel (de)	vessla (en)	['vɛslʲa]
nerts (de)	mink (en)	['miŋk]

| bever (de) | bäver (en) | ['bɛ:vər] |
| otter (de) | utter (en) | ['ʉ:tər] |

paard (het)	häst (en)	['hɛst]
eland (de)	älg (en)	['ɛlj]
hert (het)	hjort (en)	['jʉ:t]
kameel (de)	kamel (en)	[ka'melʲ]

bizon (de)	bison (en)	['bisɔn]
oeros (de)	uroxe (en)	['ʉˌroksə]
buffel (de)	buffel (en)	['bufəlʲ]

zebra (de)	sebra (en)	['sebra]
antilope (de)	antilop (en)	[anti'lʲʊp]
ree (de)	rådjur (ett)	['rɔ:jʉ:r]
damhert (het)	dovhjort (en)	['dɔvjʉ:t]
gems (de)	gems (en)	['jɛms]
everzwijn (het)	vildsvin (ett)	['vilʲdˌsvin]

walvis (de)	val (en)	['valʲ]
rob (de)	säl (en)	['sɛ:lʲ]
walrus (de)	valross (en)	['valʲˌrɔs]
zeehond (de)	pälssäl (en)	['pɛlʲsˌsɛlʲ]
dolfijn (de)	delfin (en)	[dɛlʲ'fin]

beer (de)	björn (en)	['bjø:ŋ]
IJsbeer (de)	isbjörn (en)	['isˌbjø:ŋ]
panda (de)	panda (en)	['panda]

aap (de)	apa (en)	['apa]
chimpansee (de)	schimpans (en)	[ɧim'pans]
orang-oetan (de)	orangutang (en)	[ʊ'raŋgʊˌtaŋ]
gorilla (de)	gorilla (en)	[gɔ'rilʲa]
makaak (de)	makak (en)	[ma'kak]
gibbon (de)	gibbon (en)	[gi'bʊn]

olifant (de)	elefant (en)	[ɛlʲe'fant]
neushoorn (de)	noshörning (en)	['nʊsˌhø:ŋin]
giraffe (de)	giraff (en)	[ɧi'raf]
nijlpaard (het)	flodhäst (en)	['flʲʊdˌhɛst]

| kangoeroe (de) | känguru (en) | ['ɕɛngurʊ] |
| koala (de) | koala (en) | [kʊ'alʲa] |

mangoest (de)	mangust, mungo (en)	['mangust], ['muŋgʊ]
chinchilla (de)	chinchilla (en)	[ʃin'ʃilʲa]
stinkdier (het)	skunk (en)	['skuŋk]
stekelvarken (het)	piggsvin (ett)	['pigˌsvin]

176. Huisdieren

poes (de)	katt (en)	['kat]
kater (de)	hankatt (en)	['hanˌkat]
hond (de)	hund (en)	['hund]

paard (het)	häst (en)	['hɛst]
hengst (de)	hingst (en)	['hiŋst]
merrie (de)	sto (ett)	['stʉ:]

koe (de)	ko (en)	['kɔ:]
stier (de)	tjur (en)	['ɕʉ:r]
os (de)	oxe (en)	['ʊksə]

schaap (het)	får (ett)	['fo:r]
ram (de)	bagge (en)	['bagə]
geit (de)	get (en)	['jet]
bok (de)	getabock (en)	['jeta̬bɔk]

| ezel (de) | åsna (en) | ['ɔsna] |
| muilezel (de) | mula (en) | ['mʉlʲa] |

varken (het)	svin (ett)	['svin]
biggetje (het)	griskulting (en)	['gris̩kulʲtiŋ]
konijn (het)	kanin (en)	[ka'nin]

| kip (de) | höna (en) | ['hø:na] |
| haan (de) | tupp (en) | ['tup] |

eend (de)	anka (en)	['aŋka]
woerd (de)	andrik, andrake (en)	['andrik], ['andrakə]
gans (de)	gås (en)	['go:s]

| kalkoen haan (de) | kalkontupp (en) | [kalʲ'kʊn̩tup] |
| kalkoen (de) | kalkonhöna (en) | [kalʲ'kʊn̩hø:na] |

huisdieren (mv.)	husdjur (pl)	['hʉs̩jʉ:r]
tam (bijv. hamster)	tam	['tam]
temmen (tam maken)	att tämja	[at 'tɛmja]
fokken (bijv. paarden ~)	att avla, att föda upp	[at 'avlʲa], [at 'fø:da up]

boerderij (de)	farm, lantgård (en)	[farm], ['lʲant̩go:ɖ]
gevogelte (het)	fjäderfä (ett)	['fjɛːdər̩fɛ:]
rundvee (het)	boskap (en)	['bʊskap]
kudde (de)	hjord (en)	['jʉ:ɖ]

paardenstal (de)	stall (ett)	['stalʲ]
zwijnenstal (de)	svinstia (en)	['svin̩stia]
koeienstal (de)	ladugård (en), kostall (ett)	['lʲadʉ̩go:ɖ], ['kostalʲ]
konijnenhok (het)	kaninbur (en)	[ka'nin̩bʉ:r]
kippenhok (het)	hönshus (ett)	['hø:ns̩hʉs]

177. Honden. Hondenrassen

hond (de)	hund (en)	['hund]
herdershond (de)	vallhund (en)	['valʲ̩hund]
Duitse herdershond (de)	tysk schäferhund (en)	['tʏsk 'ʃɛfər̩hund]
poedel (de)	pudel (en)	['pʉ:dəlʲ]
teckel (de)	tax (en)	['taks]
buldog (de)	bulldogg (en)	['bulʲ̩dɔg]

boxer (de)	boxare (en)	['bʊksarə]
mastiff (de)	mastiff (en)	[mas'tif]
rottweiler (de)	rottweiler (en)	['rɔt‚vejlʲer]
doberman (de)	dobermann (en)	['dɔbɛrman]

basset (de)	basset (en)	['basɛt]
bobtail (de)	bobtail (en)	['bʊbtɛjlʲ]
dalmatièr (de)	dalmatiner (en)	[dalʲma'tinər]
cockerspaniël (de)	cocker spaniel (en)	['kɔker ‚spaniəlʲ]

newfoundlander (de)	newfoundland (en)	[nju'faʊnd‚lʲend]
sint-bernard (de)	sankt bernhardshund (en)	['saŋkt 'bɛ:ɳa:dʂ‚hund]

poolhond (de)	husky (en)	['haski]
chowchow (de)	chow chow (en)	['tʃaʊ tʃaʊ]
spits (de)	spets (en)	['spets]
mopshond (de)	mops (en)	['mɔps]

178. Dierengeluiden

geblaf (het)	skall (ett)	['skalʲ]
blaffen (ww)	att skälla	[at 'ɧɛlʲa]
miauwen (ww)	att jama	[at 'jama]
spinnen (katten)	att spinna	[at 'spina]

loeien (ov. een koe)	att råma	[at 'ro:ma]
brullen (stier)	att ryta	[at 'ryta]
grommen (ov. de honden)	att morra	[at 'mo:ra]

gehuil (het)	yl (ett)	['ylʲ]
huilen (wolf, enz.)	att yla	[at 'ylʲa]
janken (ov. een hond)	att gnälla	[at 'gnɛlʲa]

mekkeren (schapen)	att bräka	[at 'brɛ:ka]
knorren (varkens)	att grymta	[at 'grʏmta]
gillen (bijv. varken)	att skrika	[at 'skrika]

kwaken (kikvorsen)	att kväka	[at 'kvɛ:ka]
zoemen (hommel, enz.)	att surra	[at 'sura]
tjirpen (sprinkhanen)	att gnissla	[at 'gnislʲa]

179. Vogels

vogel (de)	fågel (en)	['fo:gəlʲ]
duif (de)	duva (en)	['dʉ:va]
mus (de)	sparv (en)	['sparv]
koolmees (de)	talgoxe (en)	['taljʊksə]
ekster (de)	skata (en)	['skata]

raaf (de)	korp (en)	['kɔrp]
kraai (de)	kråka (en)	['kro:ka]
kauw (de)	kaja (en)	['kaja]

roek (de)	råka (en)	['ro:ka]
eend (de)	anka (en)	['aŋka]
gans (de)	gås (en)	['go:s]
fazant (de)	fasan (en)	[fa'san]

arend (de)	örn (en)	['ø:ɳ]
havik (de)	hök (en)	['hø:k]
valk (de)	falk (en)	['falᵊk]

| gier (de) | gam (en) | ['gam] |
| condor (de) | kondor (en) | ['kɔn‚dor] |

zwaan (de)	svan (en)	['svan]
kraanvogel (de)	trana (en)	['trana]
ooievaar (de)	stork (en)	['stɔrk]

papegaai (de)	papegoja (en)	[pape'gɔja]
kolibrie (de)	kolibri (en)	['kɔlibri]
pauw (de)	påfågel (en)	['po:‚fo:gəlʲ]

| struisvogel (de) | struts (en) | ['struts] |
| reiger (de) | häger (en) | ['hɛ:gər] |

| flamingo (de) | flamingo (en) | [flʲa'mingɔ] |
| pelikaan (de) | pelikan (en) | [peli'kan] |

| nachtegaal (de) | näktergal (en) | ['nɛktə‚galʲ] |
| zwaluw (de) | svala (en) | ['svalʲa] |

lijster (de)	trast (en)	['trast]
zanglijster (de)	sångtrast (en)	['sɔŋ‚trast]
merel (de)	koltrast (en)	['kɔlʲ‚trast]

gierzwaluw (de)	tornseglare, tornsvala (en)	['tʊ:ŋ‚seglarə], ['tʊ:ŋ‚svalʲa]
leeuwerik (de)	lärka (en)	['lʲæ:rka]
kwartel (de)	vaktel (en)	['vaktəlʲ]

specht (de)	hackspett (en)	['hak‚spet]
koekoek (de)	gök (en)	['jø:k]
uil (de)	uggla (en)	['uglʲa]
oehoe (de)	berguv (en)	['bɛrj‚ɵ:v]
auerhoen (het)	tjäder (en)	['ɕɛ:dər]

| korhoen (het) | orre (en) | ['ɔrə] |
| patrijs (de) | rapphöna (en) | ['rap‚hø:na] |

spreeuw (de)	stare (en)	['starə]
kanarie (de)	kanariefågel (en)	[ka'nariə‚fo:gəlʲ]
hazelhoen (het)	järpe (en)	['jæ:rpə]

| vink (de) | bofink (en) | ['bʊ‚fiŋk] |
| goudvink (de) | domherre (en) | ['dʊmhɛrə] |

meeuw (de)	mås (en)	['mo:s]
albatros (de)	albatross (en)	['alʲba‚trɔs]
pinguïn (de)	pingvin (en)	[piŋ'vin]

180. Vogels. Zingen en geluiden

fluiten, zingen (ww)	att sjunga	[at 'ɧuːŋa]
schreeuwen (dieren, vogels)	att skrika	[at 'skrika]
kraaien (ov. een haan)	att gala	[at 'galʲa]
kukeleku	kuckeliku	[kʉkeli'kʉ:]

klokken (hen)	att kackla	[at 'kaklʲa]
krassen (kraai)	att kraxa	[at 'kraksa]
kwaken (eend)	att snattra	[at 'snatra]
piepen (kuiken)	att pipa	[at 'pipa]
tjilpen (bijv. een mus)	att kvittra	[at 'kvitra]

181. Vis. Zeedieren

brasem (de)	brax (en)	['braks]
karper (de)	karp (en)	['karp]
baars (de)	ábborre (en)	['abɔrɵ]
meerval (de)	mal (en)	['malʲ]
snoek (de)	gädda (en)	['jɛda]

zalm (de)	lax (en)	['lʲaks]
steur (de)	stör (en)	['støːr]

haring (de)	sill (en)	['silʲ]
atlantische zalm (de)	atlanterhavslax (en)	[at'lantərhav‚lʲaks]
makreel (de)	makrill (en)	['makrilʲ]
platvis (de)	rödspätta (en)	['røːd‚spæta]

snoekbaars (de)	gös (en)	['jøːs]
kabeljauw (de)	torsk (en)	['tɔːʂk]
tonijn (de)	tonfisk (en)	['tʊn‚fisk]
forel (de)	öring (en)	['øːriŋ]

paling (de)	ål (en)	['oːlʲ]
sidderrog (de)	elektrisk rocka (en)	[ɛ'lʲektrisk‚rɔka]
murene (de)	muräna (en)	[mʉ'rɛna]
piranha (de)	piraya (en)	[pi'raja]

haai (de)	haj (en)	['haj]
dolfijn (de)	delfin (en)	[dɛlʲ'fin]
walvis (de)	val (en)	['valʲ]

krab (de)	krabba (en)	['kraba]
kwal (de)	manet, medusa (en)	[ma'net], [me'dʉsa]
octopus (de)	bläckfisk (en)	['blʲɛk‚fisk]

zeester (de)	sjöstjärna (en)	['ɧøː‚ɧæːŋa]
zee-egel (de)	sjöpiggsvin (ett)	['ɧøː‚pigsvin]
zeepaardje (het)	sjöhäst (en)	['ɧøː‚hɛst]

oester (de)	ostron (ett)	['ʊstrʊn]
garnaal (de)	räka (en)	['rɛːka]

| kreeft (de) | hummer (en) | ['humər] |
| langoest (de) | languster (en) | [lʲaŋ'gustər] |

182. Amfibieën. Reptielen

| slang (de) | orm (en) | ['ʊrm] |
| giftig (slang) | giftig | ['jiftig] |

adder (de)	huggorm (en)	['hʉg,ʊrm]
cobra (de)	kobra (en)	['kɔbra]
python (de)	pytonorm (en)	[py'tɔn,ʊrm]
boa (de)	boaorm (en)	['bʊa,ʊrm]

ringslang (de)	snok (en)	['snʊk]
ratelslang (de)	skallerorm (en)	['skalʲer,ʊrm]
anaconda (de)	anaconda (en)	[ana'kɔnda]

hagedis (de)	ödla (en)	['ødlʲa]
leguaan (de)	iguana (en)	[igu'ana]
varaan (de)	varan (en)	[va'ran]
salamander (de)	salamander (en)	[salʲa'mandər]
kameleon (de)	kameleont (en)	[kamelʲe'ɔnt]
schorpioen (de)	skorpion (en)	[skɔrpi'ʊn]

schildpad (de)	sköldpadda (en)	['ʃœlʲd,pada]
kikker (de)	groda (en)	['grʊda]
pad (de)	padda (en)	['pada]
krokodil (de)	krokodil (en)	[krɔkɔ'dilʲ]

183. Insecten

insect (het)	insekt (en)	['insɛkt]
vlinder (de)	fjäril (en)	['fʲæːrilʲ]
mier (de)	myra (en)	['myra]
vlieg (de)	fluga (en)	['flʉːga]
mug (de)	mygga (en)	['mʏga]
kever (de)	skalbagge (en)	['skalʲ,bagə]

wesp (de)	geting (en)	['jɛtiŋ]
bij (de)	bi (ett)	['bi]
hommel (de)	humla (en)	['humlʲa]
horzel (de)	styngfluga (en)	['stʏŋ,flʉːga]

| spin (de) | spindel (en) | ['spindəlʲ] |
| spinnenweb (het) | spindelnät (ett) | ['spindəl,nɛːt] |

libel (de)	trollslända (en)	['trɔlʲ,slʲɛnda]
sprinkhaan (de)	gräshoppa (en)	['grɛs,hɔpa]
nachtvlinder (de)	nattfjäril (en)	['nat,fʲæːrilʲ]

| kakkerlak (de) | kackerlacka (en) | ['kakɛː,lʲaka] |
| mijt (de) | fästing (en) | ['fɛstiŋ] |

| vlo (de) | loppa (en) | ['lɔpa] |
| kriebelmug (de) | knott (ett) | ['knot] |

treksprinkhaan (de)	vandringsgräshoppa (en)	['vandriŋˌgrɛs'hɔparə]
slak (de)	snigel (en)	['snigəlʲ]
krekel (de)	syrsa (en)	['syʂa]
glimworm (de)	lysmask (en)	['lʲysˌmask]
lieveheersbeestje (het)	nyckelpiga (en)	['nʏkəlʲˌpiga]
meikever (de)	ollonborre (en)	['ɔlʲɔnˌbɔrə]

bloedzuiger (de)	igel (en)	['iːgəlʲ]
rups (de)	fjärilslarv (en)	['fjæːrilʲsˌlʲarv]
aardworm (de)	daggmask (en)	['dagˌmask]
larve (de)	larv (en)	['lʲarv]

184. Dieren. Lichaamsdelen

snavel (de)	näbb (ett)	['nɛb]
vleugels (mv.)	vingar (pl)	['viŋar]
poot (ov. een vogel)	fot (en)	['fʊt]
verenkleed (het)	fjäderdräkt (en)	['fjɛːdəˌdrɛkt]
veer (de)	fjäder (en)	['fjɛːdər]
kuifje (het)	tofs (en)	['tɔfs]

kieuwen (mv.)	gälar (pl)	['jɛːˌlʲar]
kuit, dril (de)	rom (en), ägg (pl)	['rɔm], ['ɛg]
larve (de)	larv (en)	['lʲarv]
vin (de)	fena (en)	['fena]
schubben (mv.)	fjäll (ett)	['fʲælʲ]

slagtand (de)	hörntand (en)	['høːɳˌtand]
poot (bijv. ~ van een kat)	tass (en)	['tas]
muil (de)	mule (en)	['mulʲe]
bek (mond van dieren)	gap (ett)	['gap]
staart (de)	svans (en)	['svans]
snorharen (mv.)	morrhår (ett)	['mɔrˌhɔːr]

| hoef (de) | klöv, hov (en) | ['kløːv], ['hɔːv] |
| hoorn (de) | horn (ett) | ['hʊːɳ] |

schild (schildpad, enz.)	ryggsköld (en)	['rʏgˌɧœlʲd]
schelp (de)	skal (ett)	['skalʲ]
eierschaal (de)	äggskal (ett)	['ɛgˌskalʲ]

| vacht (de) | päls (en) | ['pɛlʲs] |
| huid (de) | skinn (ett) | ['ɧin] |

185. Dieren. Leefomgevingen

leefgebied (het)	habitat	[habi'tat]
migratie (de)	migration (en)	[migra'ɧʊn]
berg (de)	berg (ett)	['bɛrj]

rif (het)	rev (ett)	['rev]
klip (de)	klippa (en)	['klipa]
bos (het)	skog (en)	['skʊg]
jungle (de)	djungel (en)	['jʊŋəlʲ]
savanne (de)	savann (en)	[sa'van]
toendra (de)	tundra (en)	['tundra]
steppe (de)	stäpp (en)	['stɛp]
woestijn (de)	öken (en)	['øːkən]
oase (de)	oas (en)	[ɔ'as]
zee (de)	hav (ett)	['hav]
meer (het)	sjö (en)	['ɧøː]
oceaan (de)	ocean (en)	[ʊsə'an]
moeras (het)	träsk (ett), myr (en)	['trɛsk], ['myr]
zoetwater- (abn)	sötvattens-	['søːt̩vatəns-]
vijver (de)	damm (en)	['dam]
rivier (de)	älv, flod (en)	['ɛlʲv], ['flʲʊd]
berenhol (het)	ide (ett)	['ide]
nest (het)	bo (ett)	['bʊ]
boom holte (de)	trädhål (ett)	['trɛːd̩hoːlʲ]
hol (het)	lya, håla (en)	['lʲya], ['hoːlʲa]
mierenhoop (de)	myrstack (en)	['my̩stak]

173

Flora

186. Bomen

boom (de)	träd (ett)	['trɛːd]
loof- (abn)	löv-	['løːv-]
dennen- (abn)	barr-	['bar-]
groenblijvend (bn)	eviggrönt	['ɛviˌgrœnt]
appelboom (de)	äppelträd (ett)	['ɛpelⁱˌtrɛd]
perenboom (de)	päronträd (ett)	['pæːrɔnˌtrɛd]
zure kers (de)	körsbärsträd (ett)	['çøːʂbæːʂˌtrɛd]
pruimelaar (de)	plommonträd (ett)	['plⁱumɔnˌtrɛd]
berk (de)	björk (en)	['bjœrk]
eik (de)	ek (en)	['ɛk]
linde (de)	lind (en)	['lind]
esp (de)	asp (en)	['asp]
esdoorn (de)	lönn (en)	['lⁱøn]
spar (de)	gran (en)	['gran]
den (de)	tall (en)	['talⁱ]
lariks (de)	lärk (en)	['lⁱæːrk]
zilverspar (de)	silvergran (en)	['silⁱvərˌgran]
ceder (de)	ceder (en)	['sedər]
populier (de)	poppel (en)	['pɔpəlⁱ]
lijsterbes (de)	rönn (en)	['rœn]
wilg (de)	pil (en)	['pilⁱ]
els (de)	al (en)	['alⁱ]
beuk (de)	bok (en)	['buk]
iep (de)	alm (en)	['alⁱm]
es (de)	ask (en)	['ask]
kastanje (de)	kastanjeträd (ett)	[ka'stanjəˌtrɛd]
magnolia (de)	magnolia (en)	[maŋ'nulia]
palm (de)	palm (en)	['palⁱm]
cipres (de)	cypress (en)	[sɣ'prɛs]
mangrove (de)	mangroveträd (ett)	[maŋ'rɔvəˌtrɛd]
baobab (apenbroodboom)	apbrödsträd (ett)	['apbrødsˌtrɛd]
eucalyptus (de)	eukalyptus (en)	[euka'lⁱyptus]
mammoetboom (de)	sequoia (en)	[sek'vɔja]

187. Heesters

struik (de)	buske (en)	['buskə]
heester (de)	buske (en)	['buskə]

| wijnstok (de) | vinranka (en) | ['vin‚raŋka] |
| wijngaard (de) | vingård (en) | ['vin‚go:d] |

frambozenstruik (de)	hallonsnår (ett)	['halʲɔn‚sno:r]
zwarte bes (de)	svarta vinbär (ett)	['sva:ʈa 'vinbæ:r]
rode bessenstruik (de)	röd vinbärsbuske (en)	['rø:d 'vinbæ:ʂ‚buskə]
kruisbessenstruik (de)	krusbärsbuske (en)	['krʉ:sbæ:ʂ‚buskə]

acacia (de)	akacia (en)	[a'kasia]
zuurbes (de)	berberis (en)	['bɛrberis]
jasmijn (de)	jasmin (en)	[has'min]

jeneverbes (de)	en (en)	['en]
rozenstruik (de)	rosenbuske (en)	['rʉsən‚buskə]
hondsroos (de)	stenros, hundros (en)	['stenrʉs], ['hundrʉs]

188. Champignons

paddenstoel (de)	svamp (en)	['svamp]
eetbare paddenstoel (de)	matsvamp (en)	['mat‚svamp]
giftige paddenstoel (de)	giftig svamp (en)	['jiftig ‚svamp]
hoed (de)	hatt (en)	['hat]
steel (de)	fot (en)	['fʉt]

gewoon eekhoorntjesbrood (het)	stensopp (en)	['sten‚sɔp]
rosse populierenboleet (de)	aspsopp (en)	['asp‚sɔp]
berkenboleet (de)	björksopp (en)	['bjœrk‚sɔp]
cantharel (de)	kantarell (en)	[kanta'rɛlʲ]
russula (de)	kremla (en)	['krɛmlʲa]

morille (de)	murkla (en)	['mʉ:rklʲa]
vliegenzwam (de)	flugsvamp (en)	['flʉ:g‚svamp]
groene knolzwam (de)	lömsk flugsvamp (en)	['lʲømsk 'flʉ:g‚svamp]

189. Vruchten. Bessen

vrucht (de)	frukt (en)	['frʉkt]
vruchten (mv.)	frukter (pl)	['frʉktər]
appel (de)	äpple (ett)	['ɛplʲe]
peer (de)	päron (ett)	['pæ:rɔn]
pruim (de)	plommon (ett)	['plʲʉmɔn]

aardbei (de)	jordgubbe (en)	['jʉ:d‚gubə]
zure kers (de)	körsbär (ett)	['ɕø:ʂ‚bæ:r]
zoete kers (de)	fågelbär (ett)	['fo:gəlʲ‚bæ:r]
druif (de)	druva (en)	['drʉ:va]

framboos (de)	hallon (ett)	['halʲɔn]
zwarte bes (de)	svarta vinbär (ett)	['sva:ʈa 'vinbæ:r]
rode bes (de)	röda vinbär (ett)	['rø:da 'vinbæ:r]
kruisbes (de)	krusbär (ett)	['krʉ:s‚bæ:r]

175

veenbes (de)	tranbär (ett)	['tran,bæ:r]
sinaasappel (de)	apelsin (en)	[apɛlʲ'sin]
mandarijn (de)	mandarin (en)	[manda'rin]
ananas (de)	ananas (en)	['ananas]
banaan (de)	banan (en)	['banan]
dadel (de)	dadel (en)	['dadəlʲ]

citroen (de)	citron (en)	[si'trʊn]
abrikoos (de)	aprikos (en)	[apri'kʊs]
perzik (de)	persika (en)	['pɛʂika]
kiwi (de)	kiwi (en)	['kivi]
grapefruit (de)	grapefrukt (en)	['grɛjp,frʉkt]

bes (de)	bär (ett)	['bæ:r]
bessen (mv.)	bär (pl)	['bæ:r]
vossenbes (de)	lingon (ett)	['liŋɔn]
bosaardbei (de)	skogssmultron (ett)	['skʊgs,smulʲtrɔ:n]
bosbes (de)	blåbär (ett)	['blʲo:,bæ:r]

190. Bloemen. Planten

| bloem (de) | blomma (en) | ['blʲʊma] |
| boeket (het) | bukett (en) | [bʉ'kɛt] |

roos (de)	ros (en)	['rʊs]
tulp (de)	tulpan (en)	[tulʲ'pan]
anjer (de)	nejlika (en)	['nɛjlika]
gladiool (de)	gladiolus (en)	[glʲadi'ɔlʉ:s]

korenbloem (de)	blåklint (en)	['blʲo:,klint]
klokje (het)	blåklocka (en)	['blʲo:,klʲɔka]
paardenbloem (de)	maskros (en)	['maskrʊs]
kamille (de)	kamomill (en)	[kamɔ'milʲ]

aloë (de)	aloe (en)	['alʲʊe]
cactus (de)	kaktus (en)	['kaktus]
ficus (de)	fikus (en)	['fikus]

lelie (de)	lilja (en)	['lilja]
geranium (de)	geranium (en)	[je'ranium]
hyacint (de)	hyacint (en)	[hya'sint]

mimosa (de)	mimosa (en)	[mi'mɔ:sa]
narcis (de)	narciss (en)	[nar'sis]
Oostindische kers (de)	blomsterkrasse (en)	['blʲɔmstər,krasə]

orchidee (de)	orkidé (en)	[ɔrki'de:]
pioenroos (de)	pion (en)	[pi'ʊn]
viooltje (het)	viol (en)	[vi'ʊlʲ]

driekleurig viooltje (het)	styvmorsviol (en)	['styvmʊrs vi'ʊlʲ]
vergeet-mij-nietje (het)	förgätmigej (en)	[fø,rʲæt mi 'gej]
madeliefje (het)	tusensköna (en)	['tʉ:sən,ʃø:na]
papaver (de)	vallmo (en)	['valʲmʊ]

| hennep (de) | hampa (en) | ['hampa] |
| munt (de) | mynta (en) | ['mʏnta] |

| lelietje-van-dalen (het) | liljekonvalje (en) | ['lilje kʊn 'valjə] |
| sneeuwklokje (het) | snödropp (en) | ['snø:ˌdrop] |

brandnetel (de)	nässla (en)	['nɛslʲa]
veldzuring (de)	syra (en)	['syra]
waterlelie (de)	näckros (en)	['nɛkrʊs]
varen (de)	ormbunke (en)	['ʊrmˌbuŋkə]
korstmos (het)	lav (en)	['lʲav]

oranjerie (de)	drivhus (ett)	['drivˌhʉs]
gazon (het)	gräsplan, gräsmatta (en)	['grɛsˌplan], ['grɛsˌmata]
bloemperk (het)	blomsterrabatt (en)	['blʲomstərˌrabat]

plant (de)	växt (en)	['vɛkst]
gras (het)	gräs (ett)	['grɛ:s]
grasspriet (de)	grässtrå (ett)	['grɛ:sˌstro:]

blad (het)	löv (ett)	['lʲø:v]
bloemblad (het)	kronblad (ett)	['krɔnˌblʲad]
stengel (de)	stjälk (en)	['ɧɛlʲk]
knol (de)	rotknöl (en)	['rʊtˌknø:lʲ]

| scheut (de) | ung planta (en) | ['uŋ 'planta] |
| doorn (de) | törne (ett) | ['tø:ɳə] |

bloeien (ww)	att blomma	[at 'blʲʊma]
verwelken (ww)	att vissna	[at 'visna]
geur (de)	lukt (en)	['lʉkt]
snijden (bijv. bloemen ~)	att skära av	[at 'ɧæ:ra av]
plukken (bloemen ~)	att plocka	[at 'plʲɔka]

191. Granen, graankorrels

graan (het)	korn, spannmål (ett)	['kʊ:ɳ], ['spanˌmo:lʲ]
graangewassen (mv.)	spannmål (ett)	['spanˌmo:lʲ]
aar (de)	ax (ett)	['aks]

tarwe (de)	vete (ett)	['vetə]
rogge (de)	råg (en)	['ro:g]
haver (de)	havre (en)	['havrə]
gierst (de)	hirs (en)	['hyʂ]
gerst (de)	korn (ett)	['kʊ:ɳ]
maïs (de)	majs (en)	['majs]
rijst (de)	ris (ett)	['ris]
boekweit (de)	bovete (ett)	['bʊˌvetə]

erwt (de)	ärt (en)	['æ:t]
boon (de)	böna (en)	['bøna]
soja (de)	soja (en)	['sɔja]
linze (de)	lins (en)	['lins]
bonen (mv.)	bönor (pl)	['bønʊr]

177

REGIONALE AARDRIJKSKUNDE

Landen. Nationaliteiten

192. Politiek. Overheid. Deel 1

politiek (de)	politik (en)	[pʊli'tik]
politiek (bn)	politisk	[pʊ'litisk]
politicus (de)	politiker (en)	[pʊ'litikər]
staat (land)	stat (en)	['stat]
burger (de)	medborgare (en)	['mɛd‚bɔrjarə]
staatsburgerschap (het)	medborgarskap (ett)	[mɛd'bɔrja‚skap]
nationaal wapen (het)	riksvapen (ett)	['riks‚vapən]
volkslied (het)	nationalhymn (en)	[natʃʊ'nalʲ‚hʏmn]
regering (de)	regering (en)	[re'jeriŋ]
staatshoofd (het)	statschef (en)	['stats‚ʃef]
parlement (het)	parlament (ett)	[parla'mɛnt]
partij (de)	parti (ett)	[pa:'ʈi:]
kapitalisme (het)	kapitalism (en)	[kapita'lism]
kapitalistisch (bn)	kapitalistisk	[kapita'listisk]
socialisme (het)	socialism (en)	[sɔsia'lism]
socialistisch (bn)	socialistisk	[sɔsia'listisk]
communisme (het)	kommunism (en)	[kɔmu'nism]
communistisch (bn)	kommunistisk	[kɔmu'nistisk]
communist (de)	kommunist (en)	[kɔmu'nist]
democratie (de)	demokrati (en)	[demʊkra'ti:]
democraat (de)	demokrat (en)	[demʊ'krat]
democratisch (bn)	demokratisk	[demʊ'kratisk]
democratische partij (de)	Demokratiska partiet	[demɔ'kratiska pa:'ʈi:et]
liberaal (de)	liberal (en)	[libə'ralʲ]
liberaal (bn)	liberal-	[libə'ralʲ-]
conservator (de)	konservativ (en)	[kɔn'sɛrva‚tiv]
conservatief (bn)	konservativ	[kɔn'sɛrva‚tiv]
republiek (de)	republik (en)	[repu'blik]
republikein (de)	republikan (en)	[republi'kan]
Republikeinse Partij (de)	republikanskt parti (ett)	[republi'kansk pa:'ʈi:]
verkiezing (de)	val (ett)	['valʲ]
kiezen (ww)	att välja	[at 'vɛlja]
kiezer (de)	väljare (en)	['vɛljarə]

verkiezingscampagne (de)	valkampanj (en)	['val'kam,panʲ]
stemming (de)	omröstning (en)	['ɔm,rœstniŋ]
stemmen (ww)	att rösta	[at 'rœsta]
stemrecht (het)	rösträtt (en)	['rœst,ræt]

kandidaat (de)	kandidat (en)	[kandi'dat]
zich kandideren	att kandidera	[at kandi'dera]
campagne (de)	kampanj (en)	[kam'panʲ]

| oppositie- (abn) | oppositions- | [ɔpɔsi'ʄʊns-] |
| oppositie (de) | opposition (en) | [ɔpɔsi'ʄʊn] |

bezoek (het)	besök (ett)	[be'søːk]
officieel bezoek (het)	officiellt besök (ett)	[ɔfi'sjɛlʲt be'søːk]
internationaal (bn)	internationell	['intɛːɳatʄʊ,nɛlʲ]

| onderhandelingen (mv.) | förhandlingar (pl) | [før'handliŋar] |
| onderhandelen (ww) | att förhandla | [at før'handlʲa] |

193. Politiek. Overheid. Deel 2

maatschappij (de)	samhälle (ett)	['sam,hɛlʲe]
grondwet (de)	konstitution (en)	[kɔnstitu'ʄʊn]
macht (politieke ~)	makt (en)	['makt]
corruptie (de)	korruption (en)	[kɔrup'ʄʊn]

| wet (de) | lag (en) | ['lʲag] |
| wettelijk (bn) | laglig | ['lʲaglig] |

| rechtvaardigheid (de) | rättvisa (en) | ['ræt,visa] |
| rechtvaardig (bn) | rättvis, rättfärdig | ['rætvis], ['ræt,fæːdʲig] |

comité (het)	kommitté (en)	[kɔmi'teː]
wetsvoorstel (het)	lagförslag (ett)	['lag,fœː'ʂlag]
begroting (de)	budget (en)	['budjet]
beleid (het)	policy (en)	['pɔlisi]
hervorming (de)	reform (en)	[re'fɔrm]
radicaal (bn)	radikal	[radi'kalʲ]

macht (vermogen)	kraft (en)	['kraft]
machtig (bn)	mäktig, kraftfull	['mɛktig], ['kraft,fulʲ]
aanhanger (de)	anhängare (en)	['an,hɛːŋarə]
invloed (de)	inflytande (ett)	['in,flʲytandə]

regime (het)	regim (en)	[re'ʄim]
conflict (het)	konflikt (en)	[kɔn'flikt]
samenzwering (de)	sammansvärning (en)	['samans,væːɳiŋ]
provocatie (de)	provokation (en)	[prɔvʊka'ʄʊn]

omverwerpen (ww)	att störta	[at 'støːʈa]
omverwerping (de)	störtande (ett)	['støːʈandə]
revolutie (de)	revolution (en)	[revʊlʉ'ʄʊn]
staatsgreep (de)	statskupp (en)	['stats,kup]
militaire coup (de)	militärkupp (en)	[mili'tæːr,kup]

crisis (de)	kris (en)	['kris]
economische recessie (de)	ekonomisk nedgång (en)	[ɛkʊ'nɔmisk 'ned‚gɔŋ]
betoger (de)	demonstrant (en)	[demɔn'strant]
betoging (de)	demonstration (en)	[demɔnstra'ɧʊn]
krijgswet (de)	krigstillstånd (ett)	['krigs‚tilʲ'stɔnd]
militaire basis (de)	militärbas (en)	[mili'tæːr‚bas]

| stabiliteit (de) | stabilitet (en) | [stabili'tet] |
| stabiel (bn) | stabil | [sta'bilʲ] |

| uitbuiting (de) | utsugning (en) | ['ʉt‚sʉgniŋ] |
| uitbuiten (ww) | att utnyttja | [at 'ʉt‚nʏtja] |

racisme (het)	rasism (en)	[ra'sism]
racist (de)	rasist (en)	[ra'sist]
fascisme (het)	fascism (en)	[fa'ɕism]
fascist (de)	fascist (en)	[fa'ɕist]

194. Landen. Diversen

vreemdeling (de)	utlänning (en)	['ʉt‚lʲɛniŋ]
buitenlands (bn)	utländsk	['ʉt‚lʲɛŋsk]
in het buitenland (bw)	utomlands	['ʉtɔm‚lʲands]

emigrant (de)	emigrant (en)	[ɛmi'grant]
emigratie (de)	emigration (en)	[ɛmigra'ɧʊn]
emigreren (ww)	att emigrera	[at ɛmi'grera]

Westen (het)	Västen	['vɛstən]
Oosten (het)	Östen	['œstən]
Verre Oosten (het)	Fjärran Östern	['fʲæːran 'œstɛːŋ]

beschaving (de)	civilisation (en)	[sivilisa'ɧʊn]
mensheid (de)	mänsklighet (en)	['mɛnsklig‚het]
wereld (de)	värld (en)	['væːɖ]
vrede (de)	fred (en)	['fred]
wereld- (abn)	världs-	['væːɖs-]

vaderland (het)	hemland (ett)	['hɛm‚lʲand]
volk (het)	folk (ett)	['fɔlʲk]
bevolking (de)	befolkning (en)	[be'fɔlʲkniŋ]
mensen (mv.)	folk (ett)	['fɔlʲk]
natie (de)	nation (en)	[nat'ɧʊn]
generatie (de)	generation (en)	[jenera'ɧʊn]

gebied (bijv. bezette ~en)	territorium (ett)	[tɛri'tʊrium]
regio, streek (de)	region (en)	[regi'ʊn]
deelstaat (de)	delstat (en)	['dɛlʲ‚stat]

traditie (de)	tradition (en)	[tradi'ɧʊn]
gewoonte (de)	sedvänja (en)	['sed‚vɛnja]
ecologie (de)	ekologi (en)	[ɛkʊlʲɔ'giː]
Indiaan (de)	indian (en)	[indi'an]
zigeuner (de)	zigenare (en)	[si'jenarə]

| zigeunerin (de) | zigenska (en) | [si'jenska] |
| zigeuner- (abn) | zigensk | [si'jensk] |

rijk (het)	kejsardöme, rike (ett)	['ɕɛjsardømə], ['rikə]
kolonie (de)	koloni (en)	[kulʲo'niː]
slavernij (de)	slaveri (ett)	[slʲave'riː]
invasie (de)	invasion (en)	[inva'ɧʊn]
hongersnood (de)	hungersnöd (en)	['huŋɛsˌnøːd]

195. Grote religieuze groepen. Bekentenissen

| religie (de) | religion (en) | [reli'jʊn] |
| religieus (bn) | religiös | [reli'ɧøːs] |

geloof (het)	tro (en)	['trʊ]
geloven (ww)	att tro	[at 'trʊ]
gelovige (de)	troende (en)	['trʊəndə]

| atheïsme (het) | ateism (en) | [ate'ism] |
| atheïst (de) | ateist (en) | [ate'ist] |

christendom (het)	kristendom (en)	['kristənˌdʊm]
christen (de)	kristen (en)	['kristən]
christelijk (bn)	kristen	['kristən]

katholicisme (het)	katolicism (en)	[katuli'sism]
katholiek (de)	katolik (en)	[katʊ'lik]
katholiek (bn)	katolsk	[ka'tʊlʲsk]

protestantisme (het)	protestantism (en)	[prutɛstan'tism]
Protestante Kerk (de)	den protestantiska kyrkan	[dɛn prʊtɛ'stantiska 'ɕyrkan]
protestant (de)	protestant (en)	[prʊtɛ'stant]

orthodoxie (de)	ortodoxi (en)	[ɔ:ʈɔdɔ'ksiː]
Orthodoxe Kerk (de)	den ortodoxa kyrkan	[dɛn ɔ:ʈɔ'dɔːksa 'ɕyrkan]
orthodox	ortodox (en)	[ɔ:ʈɔ'dɔːks]

presbyterianisme (het)	presbyterianism (en)	[prɛsbyteria'nism]
Presbyteriaanse Kerk (de)	den presbyterianska kyrkan	[dɛn prɛsbyteri'anska 'ɕyrkan]
presbyteriaan (de)	presbyter (en)	[prɛ'sbytər]

| lutheranisme (het) | lutherdom (en) | ['lʉtərdʊm] |
| lutheraan (de) | lutheran (en) | [lʉte'ran] |

baptisme (het)	baptism (en)	[bap'tism]
baptist (de)	baptist (en)	[bap'tist]
Anglicaanse Kerk (de)	den anglikanska kyrkan	[dɛn aŋli'kanska 'ɕyrkan]
anglicaan (de)	anglikan (en)	['aŋliˌkan]
mormonisme (het)	mormonism (en)	[mɔrmʊ'nism]
mormoon (de)	mormon (en)	[mɔr'mʊn]
Jodendom (het)	judendom (en)	['jʉdənˌdʊm]
jood (aanhanger van het Jodendom)	jude (en)	['jʉdə]

| boeddhisme (het) | Buddism (en) | [bu'dism] |
| boeddhist (de) | buddist (en) | [bu'dist] |

| hindoeïsme (het) | hinduism (en) | [hindʉ'i:sm] |
| hindoe (de) | hindu (en) | [hin'dʉ:] |

islam (de)	islam (en)	[is'lʲam]
islamiet (de)	muselman (en)	[mʉsɛlʲ'man]
islamitisch (bn)	muselmansk	[mʉsɛlʲ'mansk]

sjiisme (het)	shiism (en)	[ʃi'ism]
sjiiet (de)	shiit (en)	[ʃi'it]
soennisme (het)	sunnism (en)	[su'ni:sm]
soenniet (de)	sunnit (en)	[su'nit]

196. Religies. Priesters

| priester (de) | präst (en) | ['prɛst] |
| paus (de) | Påven | ['po:vən] |

monnik (de)	munk (en)	['muŋk]
non (de)	nunna (en)	['nuna]
pastoor (de)	pastor (en)	['pastʊr]

abt (de)	abbé (en)	[a'be:]
vicaris (de)	kyrkoherde (en)	['ɕyrkʊˌhɛ:də]
bisschop (de)	biskop (en)	['biskɔp]
kardinaal (de)	kardinal (en)	[ka:dʲi'nalʲ]

predikant (de)	predikant (en)	[predi'kant]
preek (de)	predikan (en)	[pre'dikan]
kerkgangers (mv.)	sockenbor (pl)	['sɔkənˌbʊr]

| gelovige (de) | troende (en) | ['trʊəndə] |
| atheïst (de) | ateist (en) | [ate'ist] |

197. Geloof. Christendom. Islam

| Adam | Adam | ['adam] |
| Eva | Eva | ['ɛva] |

God (de)	Gud	['gʉ:d]
Heer (de)	Herren	['hɛrən]
Almachtige (de)	Den Allsmäktige	[dɛn 'alʲsmɛktigə]

zonde (de)	synd (en)	['sʏnd]
zondigen (ww)	att synda	[at 'sʏnda]
zondaar (de)	syndare (en)	['sʏndarə]
zondares (de)	synderska (en)	['sʏndɛʂka]

| hel (de) | helvete (ett) | ['hɛlʲvetə] |
| paradijs (het) | paradis (ett) | ['paraˌdis] |

Jezus	Jesus	['jesus]
Jezus Christus	Jesus Kristus	['jesus ,kristus]

Heilige Geest (de)	Den Helige Ande	[dɛn 'helige ,ande]
Verlosser (de)	Frälsaren	['frɛlʲsarən]
Maagd Maria (de)	Jungfru Maria	['juɳfrʉ ma'ria]

duivel (de)	Djävul (en)	['jɛːvulʲ]
duivels (bn)	djävulsk	['jɛːvulʲsk]
Satan	Satan	['satan]
satanisch (bn)	satanisk	[sa'tanisk]

engel (de)	ängel (en)	['ɛŋəlʲ]
beschermengel (de)	skyddsängel (en)	['ɧʏds,ɛŋəlʲ]
engelachtig (bn)	änglalik	['ɛŋlʲalik]

apostel (de)	apostel (en)	[a'postəlʲ]
aartsengel (de)	ärkeängel (en)	['æːrkə,ɛŋəlʲ]
antichrist (de)	Antikrist (en)	['anti,krist]

Kerk (de)	Kyrkan	['ɕyrkan]
bijbel (de)	bibel (en)	['bibəlʲ]
bijbels (bn)	biblisk	['biblisk]

Oude Testament (het)	Gamla Testamentet	['gamlʲa tɛsta'mɛntət]
Nieuwe Testament (het)	Nya Testamentet	['nya tɛsta'mɛntət]
evangelie (het)	evangelium (ett)	[ɛva'ŋeːlium]
Heilige Schrift (de)	Den Heliga Skrift	[dɛn 'heliga ,skrift]
Hemel, Hemelrijk (de)	Himmelen, Guds rike	['himelʲən], ['guds 'rikə]

gebod (het)	bud (ett)	['bʉːd]
profeet (de)	profet (en)	[prʊ'fet]
profetie (de)	profetia (en)	[prʊfe'tsia]

Allah	Allah	['alʲa]
Mohammed	Muhammed	[mʉ'hamed]
Koran (de)	Koranen	[kʊ'ranən]

moskee (de)	moské (en)	[mʊs'keː]
moellah (de)	mullah (en)	[mu'lʲaː]
gebed (het)	bön (en)	['bøːn]
bidden (ww)	att be	[at 'beː]

pelgrimstocht (de)	pilgrimsresa (en)	['pilʲrim,resa]
pelgrim (de)	pilgrim (en)	['pilʲrim]
Mekka	Mecka	['meka]

kerk (de)	kyrka (en)	['ɕyrka]
tempel (de)	tempel (ett)	['tɛmpəlʲ]
kathedraal (de)	katedral (en)	[katɛ'dralʲ]
gotisch (bn)	gotisk	['gʊtisk]
synagoge (de)	synagoga (en)	['syna,gɔga]
moskee (de)	moské (en)	[mʊs'keː]

kapel (de)	kapell (ett)	[ka'pɛlʲ]
abdij (de)	abbedi (ett)	['abədiː]

| nonnenklooster (het) | kloster (ett) | ['klˡɔstər] |
| mannenklooster (het) | kloster (ett) | ['klˡɔstər] |

klok (de)	klocka (en)	['klˡɔka]
klokkentoren (de)	klocktorn (ett)	['klˡɔk͵tʊːɳ]
luiden (klokken)	att ringa	[at 'riŋa]

kruis (het)	kors (ett)	['kɔːʂ]
koepel (de)	kupol (en)	[kʉ'poːlˡ]
icoon (de)	ikon (en)	[i'kon]

ziel (de)	själ (en)	['ɧɛːlˡ]
lot, noodlot (het)	öde (ett)	['øːdə]
kwaad (het)	ondska (en)	['ʊŋ͵ska]
goed (het)	godhet (en)	['gʊd͵het]

vampier (de)	vampyr (en)	[vam'pyr]
heks (de)	häxa (en)	['hɛːksa]
demoon (de)	demon (en)	[de'mɔn]
geest (de)	ande (en)	['andə]

| verzoeningsleer (de) | förlossning (en) | [fœː'lˡɔsniŋ] |
| vrijkopen (ww) | att sona | [at 'sʊna] |

mis (de)	gudstjänst (en)	['guːd͵ɕɛnst]
de mis opdragen	att hålla gudstjänst	[at 'hoːlˡa 'guːd͵ɕɛnst]
biecht (de)	bikt, bekännelse (en)	[bikt], [be'ɕɛːɳəlˡsə]
biechten (ww)	att skrifta	[at 'skrifta]

heilige (de)	helgon (ett)	['hɛlˡgɔn]
heilig (bn)	helig	['hɛlig]
wijwater (het)	vigvatten (ett)	['vig͵vatən]

ritueel (het)	ritual (en)	[ritu'alˡ]
ritueel (bn)	rituell	[ritu'ɛlˡ]
offerande (de)	blot (ett)	['blˡʊt]

bijgeloof (het)	vidskepelse (en)	['vid͵ɧɛpəlˡsə]
bijgelovig (bn)	vidskeplig	['vid͵ɧɛplig]
hiernamaals (het)	livet efter detta	['livet ͵ɛftə 'deta]
eeuwige leven (het)	det eviga livet	[dɛ 'eviga ͵livet]

DIVERSEN

198. Diverse nuttige woorden

achtergrond (de)	bakgrund (en)	['bak‚grʉnd]
balans (de)	balans (en)	[ba'lʲans]
basis (de)	bas (en)	['bas]
begin (het)	början (en)	['bœrjan]
beurt (wie is aan de ~?)	tur (en)	['tʉːr]

categorie (de)	kategori (en)	[kategɔ'riː]
comfortabel (~ bed, enz.)	bekväm	[bɛk'vɛːm]
compensatie (de)	kompensation (en)	[kɔmpɛnsa'ɧʊn]
deel (gedeelte)	del (en)	['delʲ]

deeltje (het)	partikel (en)	[pa:'ʈiːkəlʲ]
ding (object, voorwerp)	sak (en), ting (ett)	['sak], ['tiŋ]
dringend (bn, urgent)	brådskande	['brɔ‚skandə]
dringend (bw, met spoed)	brådskande	['brɔ‚skandə]
effect (het)	effekt (en)	[ɛ'fɛkt]

eigenschap (kwaliteit)	egenskap (en)	['ɛgɛn‚skap]
einde (het)	slut (ett)	['slʉːt]
element (het)	element (ett)	[ɛlʲe'mɛnt]
feit (het)	faktum (ett)	['faktum]
fout (de)	fel (ett)	['felʲ]

geheim (het)	hemlighet (en)	['hɛmlig‚het]
graad (mate)	grad (en)	['grad]
groei (ontwikkeling)	växt (en)	['vɛkst]
hindernis (de)	hinder (ett)	['hindər]
hinderpaal (de)	hinder (ett)	['hindər]

hulp (de)	hjälp (en)	['jɛlʲp]
ideaal (het)	ideal (ett)	[ide'alʲ]
inspanning (de)	ansträngning (en)	['an‚strɛŋniŋ]
keuze (een grote ~)	val (ett)	['valʲ]
labyrint (het)	labyrint (en)	[lʲaby'rint]

manier (de)	sätt (ett)	['sæt]
moment (het)	moment (ett)	[mʊ'mɛnt]
nut (bruikbaarheid)	nytta (en)	['nʏta]
onderscheid (het)	skillnad (en)	['ɧilʲnad]

ontwikkeling (de)	utveckling (en)	['ʉt‚vɛkliŋ]
oplossing (de)	lösning (en)	['lʲœsniŋ]
origineel (het)	original (ett)	[ɔrigi'nalʲ]
pauze (de)	paus (en)	['paus]
positie (de)	position (en)	[pʊsi'ɧʊn]
principe (het)	princip (en)	[prin'sip]

probleem (het)	problem (ett)	[prɔ'blⁱem]
proces (het)	process (en)	[prʊ'sɛs]
reactie (de)	reaktion (en)	[reak'ɧʊn]

reden (om ~ van)	orsak (en)	['ʊ:ʂak]
risico (het)	risk (en)	['risk]
samenvallen (het)	sammanfall (ett)	['sam‚anfalʲ]
serie (de)	serie (en)	['seriə]

situatie (de)	situation (en)	[sitʉa'ɧʊn]
soort (bijv. ~ sport)	slag (ett), sort (en)	['slʲag], ['sɔ:t]
standaard (bn)	standard-	['standa:d̞-]
standaard (de)	standard (en)	['standa:d̞]
stijl (de)	stil (en)	['stilʲ]

stop (korte onderbreking)	uppehåll (ett), vila (en)	['upə'ho:lʲ], ['vilʲa]
systeem (het)	system (ett)	[sʏ'stem]
tabel (bijv. ~ van Mendelejev)	tabell (en)	[ta'bɛlʲ]
tempo (langzaam ~)	tempo (ett)	['tɛmpʊ]
term (medische ~en)	term (en)	['tɛrm]

type (soort)	typ (en)	['typ]
variant (de)	variant (en)	[vari'ant]
veelvuldig (bn)	frekvent	[frɛ'kvɛnt]
vergelijking (de)	jämförelse (en)	['jɛm‚førəlʲsə]
voorbeeld (het goede ~)	exempel (ett)	[ɛk'sɛmpəlʲ]

voortgang (de)	framsteg (ett)	['fram‚steg]
voorwerp (ding)	objekt, ting (ett)	[ɔb'jɛkt], ['tiŋ]
vorm (uiterlijke ~)	form (en)	['fɔrm]
waarheid (de)	sanning (en)	['saniŋ]
zone (de)	zon (en)	['sʊn]